워라밸 시대의
인생 디자인

하버드 MBA가 코칭하는

워라밸 시대의
인생 디자인

—

이쟈(一稼) 지음, 유서영 · 박소은 · 윤경희 옮김

BOOK STAR

들어가며_인생의 바퀴를 굴려라

스탠퍼드 경영대학원에서 가장 인기 있는 리더십 Leadership Fellows 수업을 수강하는 모든 학생은 인생의 바퀴 연습을 해야 한다. 우리의 인생에서 가장 중요한 명제에 대해 각자 만족도에 점수를 매긴다주의: 절대평가가 아니다. 0~10점까지 점수를 매길 수 있으며 10점이 가장 만족, 0점이 가장 불만족을 나타낸다.
한 영역의 점수가 높을수록 바퀴의 바깥 둘레와 가까워지고 점수가 낮을수록 원점과 가깝다. 각 영역별 점수를 매긴 다음, 연결하여 바퀴의 모양을 관찰한다.

바퀴 모양을 관찰한 결과, 많은 학생이 일과 돈에 대한 만족도는 비교적 높았지만 감정, 건강과 사명에 대한 만족도는 비교적 낮았다. 인생의 바퀴 모양이 동그랗지 않아 안정적으로 구를 수 없는 상태였다. 서른 살이 되기 전의 나 역시 굴릴 수 없는 인생의 바퀴를 가지고 있었다.

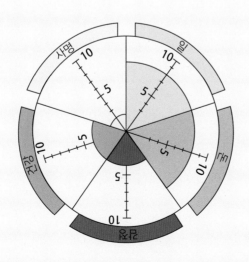

나의 이야기

나는 상하이의 평범한 가정에서 태어났다. 기억 속에 친척이든 이웃이든 어른들은 나의 성적과 내가 다니는 학교에 가장 관심이 많았다. 이러한 분위기에서 나는 대부분의 시간을 공부, 일, 승진에 쏟아부었다. 상해교통대학과 하버드대학 MBA를 거쳐 은행에 취직하였고, 마침내 실리콘밸리에 입성하는 데 성공했다.

하지만 이런 고학력에 좋은 직장까지 갖췄음에도 삶의 질은 결코 높지 않다는 사실을 점점 더 깨닫게 되었다.

- 일: 사실 무슨 일을 하고 싶은지 잘 몰라서 그저 '기업의 유명세 + 연봉' 기준에 따라 직업을 선택했다. 겉으로 보기엔 번지르르했으나 나에게 맞는 일은 아니었다. 갈수록 피로함을 느꼈고 무기력해졌으며 심지어 직장에서 잘리기까지 했다. 정말 좋아하는 일을 하고자 했으나 그 일이 어떤 건지 어떻게 찾아야 하는지 몰랐다.
- 감정: 이전까지 별생각이 없었던 터라 남자랑 어떻게 교류해야 하는지 전혀 알지 못했다. 솔로일 때는 짝사랑이 주특기였고, 연애를 할 때는 남자친구와 다툼이 끊이지 않아 관계가 오래가지 못했다.
- 건강: 운동을 별로 좋아하지 않아서 헬스를 등록해도 1년에 두 번 정도 가고 그조차도 10분 정도만 운동을 하는 척하다가 나왔다. 또 매일 밤 잠이 들었다 깨기를 반복해서 하루에 서너 시

간밤에 자지 못했다. 무엇보다도 체중이 급격히 늘어나고 피부가 뒤집어지고 체력이 떨어져 항상 골골거리는 게 문제였다. 매주 병원 순례를 다니고 꼬박꼬박 보약까지 챙겨 먹었지만 건강은 통제할 수 없을 정도로 나빠졌다.

- 사명: 이게 뭘까? 들어본 적 없었다.
- 돈: 투자나 재테크에 대해서 아는 게 전혀 없었다. 힘들게 번 돈이 어디로 새는지 몰랐다. 나이 서른에 모아둔 돈이 한 푼도 없었다.
- 여성적인 매력: 이미 슈퍼우먼인 것에 익숙했다. 겉으로는 털털하고 쿨해 보였지만 사실 마음속으로는 누군가에게 사랑받고 보살핌을 받고 싶었다. 하지만 여자다운 매력을 발산하는 방법을 몰랐다. 그리고 나에게도 사랑받는 날이 과연 올 수 있을지는 미지수였다.

당시 나아가야 할 방향을 잃어 끝나지 않는 긴 터널을 걷는 듯한 느낌이 들었다. 때때로 산다는 건 원래 이리 고통스럽고 괴로운 일인가 하는 생각도 했다. 이럴 때마다 마음 한쪽에선 '아닐 거야'라는 소리가 들려왔다. 왜냐하면, 또 다른 삶을 목격한 적이 있기 때문이다.

대학 졸업 후 스탠다드차타드 은행에 입사했다. 내 부서 담당 매니저는 매우 품위 있고 아름다운 미모의 소유자였다. 서른 살이라는 어린 나이에 중국 지역 총괄 매니저인 그녀는 매일같이 넘쳐나는 업무에도 항상 생기가 넘쳤고 입가에는 사람의 마음을 사로잡는 미소를 띠고 있었다. 그녀는 모든 일을 순조롭게 척척 해냈다.

매니저는 경력이 화려했을 뿐만 아니라 가정도 무척 화목했다. 한 번은 우리는 가족을 데리고 다 같이 교외로 놀러간 적이 있었다. 매니저의 남편이 하는 모든 행동에는 그녀에 대한 애정이 듬뿍 담겨 있었다. 두 사람은 가끔 서로를 바라보며 웃었는데 그때마다 말로 표현할 수 없지만 손발이 잘 맞는다는 느낌이 들었다. 예닐곱 살 정도 되는 그녀의 딸은 의젓하고 예쁜 꼬마 숙녀였다. 비록 골드칼라 _{전문직 두뇌 노동자}부모 밑에서 곱게 자랐지만 짜증내거나 버릇없이 굴지 않고 항상 기분 좋게 사람들과 어울렸다. 딱히 떼를 쓰는 일도 없었다. 매우 화목한 가족답게 언행에서 행복감과 즐거움이 묻어 나왔다.

매니저는 내게 큰 영향을 주었다. 당시 그 '비결'을 얻고자 나는 종종 그녀를 관찰하곤 했다. 그리고 마침내 그녀의 삶을 통해 '굴러가는 인생의 바퀴'가 실현 가능하다는 것을 깨달았다. 하지만 그 후로도 몇 년간 여전히 제자리걸음만 할 뿐 돌파구를 찾지 못했다. 그러다가 어쩌면 그런 삶은 남의 것일 뿐 내게는 주어지지 않는다고 생각하게 되었다.

서른 살이 되던 그해, 매력이 넘치는 도시 샌프란시스코에 왔다. 이곳에는 실리콘밸리와 스탠퍼드의 진취적인 기상과 이상 그리고 캘리포니아 특유의 여유로움과 생기가 한데 어우러져 있었다. 레깅스를 입은 날씬한 몸매의 금발 미녀와 매우 활동적이고 매력적인 훈남들을 거리 곳곳에서 볼 수 있었고, 도시의 분위기에서 삶에 대한 사람들의 애정과 동경이 묻어 나왔다. 나는 이곳에서 자신만의 의지를 갖고 더 넓은 세계에서 꿈을 키워나가는 친구들을 많이 알게 되었다. 이런 독특한 분위기에서 영감을 받아 다시금 더 나은 삶을 갈망하게 되었고 큰 힘을 얻었다.

샌프란시스코는 자기계발 산업이 매우 발달한 도시다. 세계 정상급의 멘토들이 모여 있기 때문에 전문가들의 도움을 받아 모든 문제를 해결할 수 있다. 오랜 시간 동안 혼자 괴로워하던 나는 이곳에서 마치 물을 만난 물고기처럼 계속해서 나 자신을 더 나은 사람으로 만들 수 있는 기회를 찾아 돌아다녔다.

지난 5년간 100만 위안 원화 약 1억 7,000만 원을 들여 공부를 했고, 깨달음을 얻기 위해 50여 차례의 여행을 떠났으며, 미국의 여러 자기계발 전문가를 스승으로 모셔 강연을 들었다. 또한, 대량의 전문 서적을 섭렵했으며 여러 자격증을 땄다. 내가 공부하고 직접 실천했던 과제 중에는 내면의 에너지, 투자 및 재테크, 사명, 여성적 매력, 연인과 잘 지내는 법, 요가와 영양학 등이 있다. 스승님들의 세심한 지도에 따라 훌륭한 사람들과 어깨를 나란히 할 수 있었고, 나 스스로도 깜짝 놀랄 만큼 빠른 속도로 발전했다. 지난 30년간 지니고 있었던 사고방식과 생활방식을 짧은 시간 안에 바꾸어 놓으니 나의 삶도 완전히 달라졌다.

- 일: 드디어 내가 하고 싶은 일이 무엇인지 깨달았다. 아무 생각

없이 직업을 선택하던 무기력한 상태에서 벗어나 나의 기대에 부합하는 일을 찾았다. 이제는 매일같이 기분이 좋고 행복하다. 그리고 앞으로도 생각 없이 커리어에 관한 선택을 하지 않을 것이다. 왜냐면 나는 이제 무엇을 원하는지 똑똑히 알고 있으니까.

- 감정: 더 이상 우기지도 참지도 않는다. 남편 아톤阿頓과 함께 사랑과 낭만이 넘치는 100점 만점의 결혼생활을 꾸렸다. 매일 행복에 가득찬 결혼생활을 즐기고 있다.

- 건강: 매주 3회 이상 운동하여 균형 잡힌 몸매를 유지하고 있다. 한 번 잠이 들면 해가 뜰 때까지 숙면을 취하고 매주 80시간 일을 해도 여전히 쌩쌩하다. 전체적으로 면역력을 끌어올려 더 이상 골골거리지 않는다는 것이 가장 중요하다.

- 사명: 이제는 더 많은 사람을 도와 인생의 바퀴가 굴러가게 하는 것이 나의 사명임을 잘 알고 있다. 그래서 매주 30시간 이상을 공부와 글쓰기에 몰두하고 있다. 마음에 사명을 품고 있으니 하루하루가 의미 있다.

- 돈: 드디어 재태크와 투자의 비결을 깨우쳐서 하루살이 신세를 벗어났다. 매년 안정적으로 두 자릿수 수익률을 유지하고 있다. 현재 자산은 철저히 계획대로 빠르게 늘고 있으며, 인생의 목표를 향해 꾸준히 앞으로 나아가고 있다.

- 여성적인 매력: 드디어 나에게 어울리는 여성적인 매력을 찾았다. 그리고 가장 본질적인 모습으로 이 세계를 마주하게 되어 매일매일 여성으로서 사랑과 존경을 받고 있다.

10

태어나 처음으로 내가 원하는 모습으로 살게 되었고, 이제 나의 인생의 바퀴는 삐걱거리지 않고 힘차게 구르고 있다. 이는 매우 편안하고 경쾌하며 만족스러운 경험이다. 매일같이 인생이 이토록 아름다울 수도 있다는 점에 감탄하고는 한다.

인생의 바퀴를 굴리는 원동력은 무엇일까?

아름다운 인생을 어렵게 새로 시작하면서 잘한 점과 과거에 잘못한 점에 대해서 생각해 보았다. 어떤 점이 채워져야만 인생의 바퀴가 잘 굴러 갈까? 2년 동안의 관찰과 사고를 통해 명확한 답을 얻게 되었다.

단단하고 완전한 내면 갖추기

내면의 에너지는 인생의 바퀴의 중심이다. 많은 사람의 인생 명제의 문제는 예를 들어 이성 관계가 순조롭지 않은 것, 업무 중 소통이 잘되지 않는 것, 행동력이 떨어지는 것 등 내면의 에너지가 부족한 데서 비롯된다. 이렇게 나약한 내면은 마치 심각하게 훼손된 바퀴처럼 잘 굴러가지 않을 뿐만 아니라 자칫하면 바퀴 자체가 고장 날 수 있다. 이렇게 인생의 명제에 힘이 실리면 많은 문제를 추려내는 동시에 모든 명제에 대한 만족도가 높아지면서 인생의 바퀴가 빠른 속도로 굴러가게 되는 것이다.

우리가 단단하고 온전한 내면을 갖게 될 때 보다 효율적인 학습 능력을 갖추게 된다. 여러 사고방식과 방법론을 이해하게 될 뿐만 아니라, 이를 생활에 적용하여 대명제의 만족도를 끌어올리고 마침내 인생의 바퀴가 둥그런 모양을 갖추게 된다.

즉 단단하고 온전한 내면은 인생의 바퀴를 굴릴 수 있는 원동력이자 가장 빨리 굴러가게 하는 지름길이라고 할 수 있다.

확실한 인생 목표 설정하기

많은 사람이 평생토록 어떤 인생을 살고자 하는지, 어떤 인생의 명제예: 일, 돈, 감정, 사명 등가 자신에게 중요한지, 그리고 각 명제의 구체적인 목표는 무엇인지예: 원하는 인생 동반자, 적합한 일, 재테크 목표 등에 대해서 진지하게 생각해 보지 않는다.

이렇게 목표 없는 인생을 사는 것은, 목표가 명확하지 않은 회사를 경영하는 것과 같아서 관리할 방법이 없다. 명제마다 얼마만큼의 자원을 분배해야 할지, 어떤 능력을 키워야 할지, 그리고 어떤 도움이 필요한지 모르고 있기 때문이다. 만약 우리 스스로가 자신이 원하는 바를 알지 못한다면 그에 걸맞은 노력을 할 수 없을 뿐만 아니라 다른 사람에게 도움도 줄 수 없다. 그렇게 되면 회사든 인생이든 이상적인 결과를 도출해 내는 것이 어려워져 모든 것을 운에 맡기는 수밖에 없다.

인생의 '게임 룰' 파악하기

학교 체육 수업에서 새로운 종목예: 농구, 배구, 탁구, 멀리뛰기 등을 배울 때마다 선생님께서 우리에게 새로운 룰을 알려주신다. 룰을 알아야 반칙을 하지 않고, 더 중요한 것은 어떻게 해야 이기는지 알게 된다.

사실 대다수의 인생 명제에는 그에 맞는 룰이 있다. 하지만 많은 사람이 평생 이 룰을 모르고 살기 때문에 명제를 파악하고 실현하는 데 큰 어려움을 느낀다. 하지만 우리가 이 게임의 룰만 파악하면 명제들이 매우 쉽게 느껴진다.

인생의 명제를 경영하는 스킬 기르기

농구의 룰을 제대로 알기 위해서는 농구를 하는 방법과 스킬에 대해 먼저 공부를 해야 한다. 이처럼 각 대명제의 규칙을 파악해야만 명제를 실현할 능력이 생긴다.

많은 사람이 자신에게 불만족스러운 명제예: 실패한 사랑, 지루하고 따분한 업무, 나아지기를 바라는 건강 등가 있다는 것을 깨닫게 되면 가장 먼저 "나는 실패했어. 나는 남들보다 못났어. 난 할 수 없어"라고 반응한다. 그리고 계속해서 현실 도피를 하면서 스스로의 생각을 마비시킨다. 사실 우리가 명제들을 이해하는 능력을 갖추지 못했을 때 인생이 막연하게 느껴지는 건 당연하다. 이는 마치 농구를 한 번도 접해 보지 못한 사람이 공을 패스하거나 슛을 넣으려고 하는 것과 같다. 한마디로 말이 안 되는 일이다.

어려움이 닥쳤을 때 우리는 명제에 필요한 능력을 갖추기 위해 끊임없이 노력해야 한다. 그러면 언젠가는 오르지도 못할 나무로만 보였던 명제를 통제할 수 있는 때가 온다.

균형잡힌 투자하기

인생의 바퀴를 굴리기 위해서는 개선해야 하는 불만족스런 명제가 많다는 것을 깨닫게 된다. 그래서 대대적인 투자_{예: 시간, 노력, 학비 등}를 통해 명제를 수련하는데 필요한 능력을 갖추려고 한다. 이때 어떤 사람들은 메꿔야 할 부분이 너무 많아서 어디서부터 손을 대야 할지 몰라 난감해 한다.

하지만 개인이 가지고 있는 자원은 제한적이기 때문에 한 번에 모든 걸 메꾸기란 불가능하다. 이때 우리는 실제 상황에 맞춰 지혜롭게 선택과 집중을 해야 한다. 명제의 중요도와 시급성에 따라 모든 명제를 해결할 수 있는 능력을 갖출 때까지 단계별로 공략을 해야 한다. 이는 많은 사람이 겪는 '혹독한 보충기'이다. 혹독한 보충기에는 많은 시간, 노력, 학비 등과 같은 투자가 필요하다.

인생의 바퀴가 경쾌하게 굴러가는 단계에 이르면 우리는 이미 충분한 능력을 갖추었기 때문에 많은 자원을 투입하지 않고도 여러 명제의 만족도를 높일 수 있다. 자원들이 개별 명제에 각각 사용되었던 과거와 달리 이제는 모든 명제를 한 데 이어 모을 능력이 생긴 것이다. 그렇기 때문에 이 단계에서 자원 배분의 핵심은 합리적인 자원 배분을 통해 모든 명제의 높은 만족도를 유지하는 것이다. 취할 건 취하고 버릴 건 버리면서 균형을 유지한다. 이렇게 해야만 인생의 바퀴가 경쾌하게 굴러갈 수 있다. 만약 자원이 풍부하다면 우리는 가장 중요한 명제를 발전시켜 인생의 바퀴가 점점 더 크게 굴러가게 만들 수 있다.

14

만족도로 행복 측정하기

인생의 바퀴로 측정하는 것은 각 인생 명제에 대한 만족도이며 직위, 부의 정도 등과 같은 세속적인 절대 기준이 아니다. 그러므로 기업 CEO가 일반 사원보다 일에 대한 만족도가 반드시 높을 것이라는 보장은 없다. 개개인의 자원, 장점, 목표가 모두 다르기 때문에 각 명제가 인생에서 맡는 역할도 다르다. 먼저 자신을 이해하고 마음의 소리에 귀를 기울이며, 나 자신과의 경쟁을 통해 절대적인 기준이 아닌 개인의 만족도로 인생을 판단하는 것이 중요하다.

내 인생의 주인공은 바로 나, 내가 만족하면 된다.

영원히 변하지 않는 것은 '변화' 그 자체 뿐

우리의 일생은 항상 변하고 있다. 인생의 단계마다 각기 다른 우선순위가 있다. 많은 사람이 젊었을 때는 일을 1순위로 두고 중년이 되어서야 가정과 건강에 중심을 둔다. 대다수 미혼 여성들은 자기관리를 잘한다. 그런데 결혼을 하면, 특히 출산을 한 후에는 균형이 깨져 버린다. 이직, 이사, 질병, 가족의 죽음 등 많은 변수가 우리에게 영향을 미치기 때문에 이때마다 인생의 바퀴를 다시 조정할 필요가 있다.

인생의 바퀴는 영원히 불변하는 것이 아니다. 이미 경쾌하게 굴러가는 단계에 이르렀다 해도 어떤 변수로 인해 인생의 바퀴의 균형이 흔들릴 수도 있다. 새로운 명제가 인생에 나타나면 오래된 명제가 사라지거나 다른 명제의 만족도가 대폭 하락할 수도 있다. 이는 지극히 정상적인 일이다. 이때마다 우리가 '단단한 내면 갖추기+새로운 명제의 룰 파악하기+인생 명제 경영 스킬 기르기'라는 사고방식을 따르고 조금만 노력한다면 인생의 바퀴가 다시 굴러가게 될 것이다.

위에서 말한 방법은 너무 다양하고 복잡해서 무엇부터 손을 대야 할지 모르겠다고 느끼는 사람들이 많다. 물론 충분히 그럴 수 있다. 사실 몇 년 전의 나도 한 가지도 제대로 갖추지 못했었다. 어떻게 이 조건들을 갖춰야 할지에 대해서는 이 책에서 구체적으로 이야기할 것이다.

나는 왜 이 책을 썼는가

2014년에 「30세, 나 자신을 만나다」라는 짧은 글을 썼다. 친구들과 성장에 대한 깨달음을 나누고 싶었을 뿐인데 이 글이 인터넷에서 엄청난 파장을 일으킬 줄은 상상하지 못했다. 이 글은 엄청나게 많이 공유되고 조회 수도 100만 뷰를 돌파했다. 많은 사람이 글에 담긴 단서를 토대로 나의 SNS를 찾아냈고 계속 메시지를 남겼다. 내가 느꼈던 막연함과 막막함에 사람들은 공감했다. 그리고 또 나의 생각들이 자신들에게 새로운 희망을 주었으니 더 많은 글을 공유해 달라고 부탁을 했다.

보잘것없는 나의 SNS는 몇 주 동안 수많은 사람의 메시지로 가득 찼다. 그래서 내가 전에 느꼈던 막연함이 예외적인 게 아니라는 것을 알게 되었다. 글을 남긴 사람들에게서 지난날의 내 모습을 보았

16

다. 자기계발 담당자로부터 인생의 비결을 몰래 배우던 나, 불만이 가득한 현실을 벗어나기 위해 발버둥치던 나, 더 나은 삶을 꿈꾸지만 어떻게 해야 할지 몰랐던 나, 마치 하루살이처럼 이리저리 부딪치던 나, 아름다운 삶이 너무 멀리 있다고 느끼던 과거의 내 모습이 보였다. 앞날이 깜깜하다고 느낄 때 나는 줄곧 누군가 내게 앞으로 가야 할 방향을 제시해 주면 얼마나 좋을까 하고 생각했었다.

그래서 이 책에는 사실 내가 어렸을 적 그토록 갈망하던, 하지만 결국 얻지 못했던 '경험자의 노하우'가 담겨 있다. 이 책에는 다년간 인생의 바퀴를 만들기 위해 쏟아부었던 나의 모든 노력과 생각이 정리되어 있다. 이 책을 통해 여러분들이 아래의 목표를 성취할수 있기를 바란다.

- 명확한 인생 목표를 세워 체계적으로 인생 계획하기.
- 내면의 에너지를 채워 인생의 바퀴의 중심 세우기.
- 일, 감정, 돈, 사명, 건강 이 5대 인생 명제를 경영할 수 있는 정확한 방법 배우기.

간단히 말하면 이 책은 여러분들이 인생의 바퀴에 대해 가지고 있는 모든 궁금증을 전부 해결해 줄 것이다. 나는 행동파이기 때문에 여러분과 나누는 내용은 나 자신과 친구들이 이미 사용해서 효과를 본 것들이다. 이제부터 책에서 소개할 내용들은 세계에서 전위적인 이론과 방법론, 그리고 나의 경험으로부터 비롯된 것이다. 이 책이 삶과 타협하지 않고 용감하게 자신의 인생을 개척하고 인생의 바퀴를 굴려 진정으로 원하는 삶을 살고자 하는 모든 사람에게 도움이 되기를 바란다. 여러분의 행복을 기원하며!

이쟈(一稼)
샌프란시스코에서

CONTENTS

PART

1

삶의 목표 관리:
현재의 생활에 만족하는가

들어가며…

대다수의 사람들은 타인의 기대에 부응하며 살아간다. 마치 산송장이 외나무다리를 건너는 것처럼. 자아를 잃어버리는 동시에 매우 치열한 경쟁 속에서 점점 더 초조해진다. 인생의 바퀴를 굴리기 위해서는 자신이 원하는 이상적인 삶은 어떤 모습인지 먼저 알아야 한다. 목표가 명확해지면 아름다운 삶에 대한 열망이 강해지면서 자기도 모르게 이상적인 삶으로 향하는 길을 닦게 된다.

- 명확한 인생 목표가 생기면 자아를 실현하여 초조함에서 벗어나며 자원을 쉽게 끌어모아 목표를 달성할 수 있다.
- 인생의 바퀴를 수련함으로써 이상적인 삶의 모습을 찾을 수 있다.
- 현재의 상태를 정확히 분석하고 아름다운 미래를 그리게 되면, 목표를 달성할 때까지 잠재의식 속에서 해결 방안을 찾으려고 노력하게 된다.

인생은 아슬아슬한
외나무다리가 아니다

　2017년 여름, 3개월간 세계 여행과 집필을 하며 휴가를 보냈다. 그리고 이 기회를 활용하여 여러 도시에서 독자와의 만남을 가졌다. 독자와의 만남은 매우 간단한 형식으로 진행되었다. 강연 없이 질의응답으로만 조용하게 이루어졌다. 독자들은 고민거리가 무척 많았다. 독자와의 만남을 가질 때마나 예정 시간을 훨씬 넘겨 장소 대관이 끝나서야 겨우 자리를 뜨곤 했다. 독자들로부터 몇백 개의 질문을 받고 나서 매우 흥미로운 점을 발견했다. 대다수의 사람들은 어떤 삶을 원하는지에 대해 제대로 고민을 해 본 적이 없다는 것이다.

　유명한 자기계발 전문가 토니 로빈스Tony Robbins는 "이 세상에 게으른 사람은 없다. 오직 목표가 불명확한 사람만 있을 뿐이다"라는 말을 남겼다. 비록 '목표가 불명확'하다는 것은 하나의 현상이지만 여기에는 세 가지 부류의 사람들이 존재한다.

- 될 대로 되라형: 이 유형의 사람들은 태생적으로 매우 단순한 편이다. 인생에서 특별히 바라는 것도 계획한 것도 없다. 어떤

상황에도 잘 적응하고 만족하기 때문에 꽤 행복한 편이다. 현재의 상황에 불만이 없고 인생에 대한 만족도도 높은 편이며, 현재의 삶을 유지해도 괜찮기 때문에 무언가를 굳이 하지 않아도 된다. 하지만 이 유형의 사람은 극히 드물다.

- 무력 돌파형: 이 유형의 사람들은 인생의 목표를 설정하여 더 나은 삶을 살고자 한다. 하지만 방법과 멘토의 부재로 줄곧 돌파구를 찾지 못해 잠깐 생활과 타협을 한 상태다. 자신을 이끌어줄 멘토와 돌파할 수 있다는 희망만 있다면 한 순간에 빠르게 도약하여 자신의 목표를 향해 나아갈 수 있는 가능성을 가지고 있다. 돌파구를 찾아야겠다는 강한 의지와 동기를 갖고 있기 때문에 멘토의 도움을 받아 인생의 목표를 찾아야 한다. 전체 인구에서 이 유형의 사람들이 차지하는 비중 역시 낮은 편이다.

- 자아 마비형: 이 유형의 사람들은 사회의 영향을 받아 생겨났으며 전체 인구 중에서 차지하는 비중이 높다. 서양의 개인주의와는 다르게 동양사회는 가정주의와 전체주의를 중요시한다. 서양인들이 개성을 중시하고 자신을 위한 삶을 살아가는 반면 대다수의 동양인들은 가정, 가족, 회사와 사회 여러 방면에서 압박을 받으며 타인의 기대에 부응해야 한다는 마음으로 살아가고 있다. 예를 들어 전공 선택, 직업 선택, 결혼, 출산, 육아, 내집 마련 등등이 있다. 따라서 많은 사람이 이런 환경 속에서 자아마비라는 방법을 선택한다. 자아를 내려놓고 타인의 기대에 부응하며 살아감으로써 여러 기대와 싸우지 않기 때문에 모두

가 동일한 모습으로 살게 되는 것이다. 이런 연유로 많은 동양인들의 '인생 목표'는 거의 비슷하다. 명문대 진학, 대기업 입사, 승진, 고연봉, 내 집 마련, 결혼, 출산… 그리고 아이를 낳으면 자녀의 명문대 진학, 대기업 입사, 승진, 고연봉, 내 집 마련, 결혼, 출산… 이러한 인생 목표가 다음 세대에서 또 그다음 세대로 계속해서 이어진다.

사람들은 편해지려고 세상과 타협하고 자주권을 포기한다. 그런데 이러면 정말 삶이 편해질까? 우리는 수능이 인생의 외나무다리라는 말을 듣고 자랐다. 대다수 사람들의 인생은 위태로운 외나무다리를 건너는 것과 같다. 모두 같은 목표와 수단을 가지고 사니 초조할 수밖에 없다. 몇억 명이나 되는 사람들이 같은 목표와 수단으로 치열한 경쟁을 하는데 이런 상황에서 초조하지 않은 사람이 이상한 것이다. 그래서 현재 '초조함'은 이 시대의 대명사가 되었다. 많은 사람이 엄청난 초조함 속에서 다른 사람이 정해 놓은 하나의 목표를 위해 일생을 노력하다가 자신이 진정으로 원하는 삶을 잃어버리게 된다.

이 악순환에서 빠져나오려면 먼저 인생 목표부터 찾아야 한다. 우리가 몇억 명의 사람들과 같은 목표를 향해 경쟁을 하지 않고 진정한 인생 목표를 찾게 되면 초조함이 순식간에 사라지게 된다. 예를 들어, 수능을 경험해 본 사람은 평생 수능 시험 볼 때의 그 초조함을 절대 잊을 수 없을 것이다. 나는 지금도 수능과 관련된 악몽을 꾸곤한다. 내 고등학교 때 친구들은 성적과 상관없이 항상 긴장한 상태로 밤낮없이 죽도록 공부만 했다. 그러지 않았던 건 옆 반의 한 여자아이 뿐이었다. 이 여학생은 고등학교 3년 내내 항상 멋을 내고 다녔다. 흑인의 레게머리를 하고 헤드폰을 쓴 채 항상 R&B 음악을 들었다. 학원을 다니지도 않았으며 입가엔 항상 여유로운 미소가 감돌았다. 그 아이는 어떻게 그렇게 여유로울 수 있는지 늘 궁금했다. 나중에 다른 친구를 통해 그 아이는 졸업 후 바로 유학을 가기로 결정되어 있어서 수능을 보지 않았다는 말을 전해 들었다. 그제서야 그 아이가 그토록 여유로울 수 있었던 건 공부를 잘하거나 멘탈이 강해서도 아니라, 우리와 다른 목적을 가지고 있어 함께 경쟁할 필요가 없기 때문이라는 것을 깨달았다.

인생 역시 마찬가지다. 우리가 원하는 것이 무엇인지 깨닫고, 선택하면 초조함과 스트레스가 순식간에 반으로 줄거나 사라진다. 그러므로 과도한 경쟁의 압박감으로 더 깊은 초조함에 빠진 사람들에게 가장 필요한 것은 바로 인생의 목표를 찾아 남들과 똑같은 삶을 벗어나는 일이다.

많은 사람에게 자아실현을 위해서든 초조함을 벗어나기 위해서든 인생 목표를 찾는 건 반드시 내디뎌야 하는 첫걸음이다. 이 외에도 인생 목표를 찾는 건 끌어당김의 법칙을 극대화하는 것과 같이 매우 중요한 역할을 하기도 한다.

목표가 명확하면
온 세상이 도와준다

끌어당김의 법칙이란 무엇일까? 흔히 말하는 '우주에서 가장 강력한 법칙'은 우리가 자주 말하는 "간절히 원하고 바라면 이루어진다心想事成"와 같은 말이다. 무언가를 간절하게 원할 때 그 일에 필요한 자원들이 우리 앞에 나타나 멀게만 느껴졌던 일을 할 수 있도록 도와주었던 경험이 한 번쯤 있었을 것이다.

전 세계 판매량이 4,000만 권을 돌파한 슈퍼베스트셀러 『시크릿』의 저자 론 번다Rhonda Byrne는 "우리 삶에 일어나는 모든 일들은 목표와 관련이 있다"는 말을 남겼다. 끌어당김의 법칙이 실현되기 위해서는 반드시 명확한 목표가 필요하다. 목표가 정확하고 뚜렷할수록 에너지가 더 커져서 더 쉽게 자원을 끌어들일 수 있다.

우주를 매우 큰 주방이라고 가정하고 우리의 목표를 메뉴로 삼아 주문해 보자. 주문이 정확할수록채소요리 2개+생선 4마리+태국 쌀밥 2그릇, 요리사는 추측할 필요 없이 주문서를 보자마자 우리가 원하는 요리를 만들어 준다. 이처럼 매우 쉬운 일이다!

주문을 애매하게채소요리+고기요리+주식할수록 요리사는 우리가 무엇을 원하는지 제대로 이해하지 못한다. 그래서 주문서를 한 곳으로 밀치고 아무 요리나 대충 만들어 준다. 그러면 우리는 제대로 음식을 맛보지도 못하고 요리사를 원망하게 될 것이다. 이게 과연 요리사 탓일까?

그러므로 명확한 인생 목표는 자아를 실현시키고 초조함을 벗어나는 첫걸음일 뿐만 아니라, 더욱 유용한 자원을 끌어들이고 목표를 달성하는 가장 중요한 걸음이기도 하다. 목표가 명확할수록 우리를 도와주는 에너지가 많아져서 더욱 쉽게 목표를 달성할 수 있다.

그렇다면 어떻게 인생 목표를 세울 수 있을까?

작은 실천으로
인생 목표를 세운다

사실 답은 이미 우리 마음속에 정해져 있기 때문에 인생 목표를 찾는 건 어려운 일이 아니다. 하지만 대부분의 사람은 마음의 답을 얻는 방법을 모르고 있다. 독자와의 만남에서 자신이 무엇을 원하는지 모르는 독자들에게 잘 정리된 답변으로 작은 팁을 제시하면 사람들은 이내 곧 쉽게 인생 목표를 찾을 수 있다.

이 책의 시작에서 인생의 바퀴를 통해 우리의 인생 목표, 현재 삶의 상태와 향후 목표를 파악했다. 인생의 바퀴는 사람들이 전체적으로 자신이 추구하고자 하는 삶을 파악하는 것이다. 인생의 명제를 통해 실현해야 하는 구체적인 목표는 각 장에서 심도 있게 다루도록 하겠다.

STEP 1 자신에게 가장 중요한 것은 무엇인가?

많은 인생 명제 중에서 가장 중요한 명제들만 인생의 바퀴에 올려두어야 한다. 하지만 선택하는 명제는 개인에 따라 차이가 있다. 그렇다면 지금 가장 중요한 명제가 어떤 것들인지 고민해 보고 최대 8

개를 넘지 않도록 하자. 아래는 우리가 자주 보는 인생 명제이니 참고하여 자신의 상황에 맞게 다른 명제를 추가해도 좋다.

종류	내용
사회 관계형	일, 재테크, 봉사활동
친밀 관계형	부모, 어른, 동반자, 자녀, 친구, 형제
자아 관계형	사명, 자기계발
기타	건강, 여가, 사교, 여행

인생의 바퀴는 역동적으로 구성되어 있기 때문에 각 단계마다 각기 다른 명제가 있다는 것을 유의해야 한다. 예를 들어 어렸을 때는 건강에 신경을 안 쓰다가 건강이 나빠지면 비로소 건강의 중요성을 깨닫는다. 그래서 이때부터 건강은 나의 인생의 바퀴 한구석을 쭉 차지한다. 그러므로 지금은 자신한테 가장 중요하다고 생각되는 명제를 고르면 된다. 오늘 어떤 명제를 써넣든 간에 다음 단계에서는 다른 명제로 대체될 수도 있기 때문이다.

STEP 2 현재 상황을 평가한다.

1. 현재 상황에서 각 명제에 대한 만족도를 평가한다.
   (0~10점, 10점이 가장 만족, 0점이 가장 불만족)

2. 매주 각 명제에 투자하는 시간을 계산한다.

【예시】

명제	만족도	매주 소요 시간(시간)
돈	7	0
사명	3	0.5
일	8	55
건강	5	2
감정	6	3
여가	9	10

그리고 다음 순서에 따라 다시 표를 정리해 보자.

1. 만족도가 낮은 순부터 높은 순으로 정리한다.
2. 만약 만족도가 같다면 매주 소요 시간이 낮은 순에서 높은 순으로 정리한다.

이렇게 하면 개선해야 하는 명제를 순서대로 알 수 있다.

【예시】

명제	만족도	매주 소요 시간(시간)
사명	3	0.5
건강	5	2
감정	6	3
돈	7	0
일	8	55
여가	9	10

미국 제트블루항공의 조엘 피터슨_{Joel Peterson} 회장은 "자신에게 중요한 것은 말이 아닌 행동으로 증명하라!"고 강조했다. 이런 연습을 통해 우리가 얼마나 '언행이 불일치한 삶'을 살고 있는지 알 수 있다. 앞의 예시에서 가장 먼저 개선이 필요한 명제인 사명, 건강, 감정 부분에는 거의 시간을 들이지 않는 것을 볼 수 있다. 그에 반해, 만족도가 높아 개선할 필요가 없는 여가와 일에는 매주 65시간이나 할애하고 있다. 그러므로 이 두 부분을 고려하여 개선해야 되는 명제에 필요한 자원을 다시 분배할 수 있다.

STEP3 인생의 바퀴를 관찰한다.

나는 자신의 인생의 바퀴를 직접 관찰할 수 있는 앱을 출시했다. 나의 공식 계정 '이쟈—稼'에서 각 대명제에 대한 만족도를 입력하기만 하면 바로 자신의 인생의 바퀴가 어떤 모습인지 확인해 볼 수 있다. 자신의 현재 인생의 바퀴 모양을 눈으로 직접 관찰하면서 현 상황을 전체적으로 파악할 수 있다.

인생의 바퀴를 한번 잘 살펴보자. 인생의 바퀴가 충실하게 꽉 차 있는지, 둥글둥글한 모습인지, 경쾌하게 굴러갈 수 있는지. 둥글지 않아도 괜찮다. 처음부터 완벽하게 둥근 인생의 바퀴는 없기 때문이다. 다음 장에서 각 대명제를 개선하여 인생의 바퀴를 둥글게 만들 수 있는 방법에 대해 이야기할 것이다.

워라밸 시대의 인생 디자인

이상적인 인생의 미래를 그려 본다.

토니 로빈슨은 "인생은 가능성과 관련되어 있다"라고 말했다. 미래에 대한 뚜렷한 비전이 있을 때 우리의 뇌는 새로운 길을 그리게 된다. 이때부터 대뇌는 우리의 계획대로 한 걸음 한 걸음 앞으로 나아간다. 이제 아름다운 미래를 그려 보도록 하자!

인생의 바퀴에 놓여 있는 모든 명제의 만족도가 8점 이상으로 높을 때 바퀴는 다음과 같이 자유롭고 경쾌하게 굴러갈 수 있는 원형을 갖추게 된다.

이처럼 만족도가 높은 삶을 사는 것이 어떤 느낌일지 상상해 보자.

| 인생의 바퀴 |

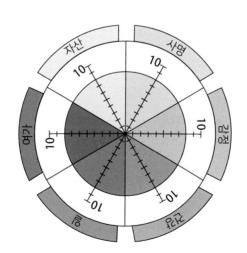

- 나이는?

- 거주하는 도시는?

- 사는 집은?

- 입고 있는 옷은?

- 같이 사는 사람은?

- 하는 일은?

- 하루의 일정은?

- 매일 기분과 상태는?

최대한 구체적이고 생동적으로 적어보자. 그리고 눈을 감고 마음이 이끄는 대로 아름다운 미래를 그려 보자.

결국 현재 상황에 맞는 인생 목표를 찾게 될 것이다! 그리고 다음 장에서는 구체적인 인생 목표를 실현하여 인생의 바퀴를 경쾌하게 굴리는 방법에 대해서 논의할 것이다.

PART

2

내면의 에너지:
알려지지 않은 행복의 지름길

들어가며…

무엇을 하든 기본기가 튼튼해야 한다. 춤을 추기 위해서는 스트레칭이 필요하고, 농구를 하기 위해서는 드리블을 먼저 배워야 한다. 인생의 기본기는 에너지의 힘이라고 할 수 있다. 많은 사람이 기본기 익히는 걸 고생스럽고 재미없다고 생각해서 지름길로 재미있는 기술과 방법론 등을 익히려고 한다. 하지만 실상은 어떤 돌파구를 찾기는커녕 빙빙 돌아서 결국 제자리로 돌아왔다는 것을 발견하게 된다. 마음을 잘 수련하는 것이야말로 인생의 바퀴를 굴리는 지름길이다.

- 우리의 내면은 본래 단단하고 온전하다. 하지만 성장하는 동안 여러 가지 부정적인 인식이 겹겹이 쌓여서 옴짝달싹 못 하게 된 것이다.
- 사실 자체는 옳고 그른 게 아니며 오직 인식 중에서만 옳고 그름이 존재한다. 우리는 종종 '인식'을 '사실'이라고 오인하여 평생 자각하지 못한다.
- 실사구시(實事求是)의 원칙을 지키고 부정적인 인식과 사실을 구별하여 부정적인 인식을 제거하면 동시에 새로운 부정적인 인식의 양을 줄일 수 있다.
- 이미 깊이 뿌리내린 부정적인 인식은 전문적인 도움을 받아 제거해야 한다.

단단한 내면을 가지고 있으면

단단한 내면은 개별적인 명제로 감정, 일, 돈처럼 인생 목표에 자주 출현하지는 않지만, 인생의 바퀴의 중심에 있다. 단단한 내면은 인생의 바퀴가 굴러갈 때의 동력과 저항력을 좌지우지한다. 동시에 다른 명제의 만족도를 결정하는 핵심 요소이기도 하다.

우리의 내면이 단단해지면 객관적인 환경에 변화가 없어도 이 세상이 예전보다 살만하다고 느낀다. 스스로를 수년간 괴롭혔던 많은 문제가 해결되며 내면에 힘이 가득 차게 된다. 그리고 인생의 바퀴는 '적은 저항력'과 '강한 중심축'의 시너지 효과로 점차 구르게 된다.

이와 동시에 우리의 학습 능력과 탈바꿈 속도 역시 급상승하게 된다. UCCCUS – China Chan College 스자오時照 선사는 이렇게 말했다.

"심법心法을 제대로 수련하지 않으면 아무리 좋은 명법인식, 사유 방법, 방법론, 지식 등도 제 것으로 만들 수 없다. 심법을 제대로 수련하면 모든 사람에게서 원하는 만큼 배워 제 것으로 만들 수 있다."

이 말을 들은 사람들은 종종 불만을 터뜨린다.

"무슨 말인지는 알겠는데, 사는 게 어디 그렇게 쉽습니까?"

이는 심법을 제대로 수련하지 못한 전형적인 사람이다. 심법을 제대로 수련한 사람들은 학습 속도가 빠를 뿐만 아니라 배운 내용들을 바로 일상에 적응하여 각 대명제의 만족도를 순식간에 끌어올려 인생의 바퀴를 둥글게 만든다.

그러므로 단단한 내면은 인생의 바퀴가 경쾌하게 구르도록 만드는 지름길이라고 할 수 있다. 하지만 단단한 내면을 갖추기 위해서는 더 정확히 말하자면 회복하려면, 우리는 먼저 내면의 에너지가 억제된 이유부터 알아야 한다.

함정을 인식하자!
내면의 에너지는 어떻게 억제되어 있는가?

모든 사람은 완벽하게 태어났다. 갓난아기일 때 울고 싶으면 울고 웃고 싶으면 웃고 똥을 누고 싶으면 누었다. 절대로 "난 너무 뚱뚱해", "난 사랑 받을 자격이 없어", "난 옆에 있는 아기보다 못났어", "어른들이 이렇게 날 놀리는 게 싫어. 그런데 집에 흉이 될까봐 울지를 못하겠어"라는 생각을 하지 않는다. 그래서 일부 문화권에서는 몇 개월 된 갓난아기가 '신'으로 여겨지는 경우가 있다. 갓난아기의 내면이 온전하며 제한적이지 않기 때문에 진정한 천인합일天人合一이라고 여기기 때문이다.

나이를 먹고 많은 일을 겪으면서 인생의 노하우가 쌓여간다. 하지만 내면의 에너지는 오히려 점점 억제되어 자기 자신을 받아들이지 못하고, 스스로를 믿지 못하며, 존중하지 않음으로써 점점 더 무기력해진다. 그 이유는 무엇일까?

이는 성장하는 과정 중 계속해서 생겨나는 부정적인 인식이 겹겹이 쌓이면서 우리의 내면을 옴짝달싹 못 하게 만들기 때문이다. 마라톤에 참여하고 싶은데 몸은 물 먹은 솜처럼 무거워 결국 무기력증에 빠지는 것과 같다. 이런 인식 문제는 통제할 수 없다. 오로지 인식은 자동적으로 이루어지는 것이며 대뇌가 우리 주위에서 일어나는 모든 일을 소화할 때 반드시 거쳐야 하는 과정이다.

어떤 사건이 발생할 때 대뇌는 일어난 일을 그대로 기억하지 않고 항상 인식층_{긍정적 인식과 부정적 인식}을 한 겹 씌워서 기억한다. 이런 인식은 항상 상식이나 진리로 우리의 의식과 잠재의식에 저장된 '배경음악'으로 무의식중에 우리의 모든 결정과 행동을 지배한다.

이 과정의 구체적인 단계는 다음과 같다.

- 사건 발생
- 대뇌가 자동으로 사건에 인식을 추가한다.
- 인식이 우리의 결정과 행동을 지배한다.

이 과정의 이해를 돕기 위해 나의 경험을 살펴보도록 하자.

초등학교 5학년 때 상하이 교외 지역에서 시내로 전학을 갔다. 개학 첫날 배정받은 새로운 반에서 나는 그 당시 최신 유행 옷을 입고 자신감에 가득 차 있는 '도시 아이들' 50명을 보았다. 하필 첫 수업이 영어 수업이었다. 반 친구들은 4학년 때부터 영어를 배웠지만 나는 그때까지 알파벳을 본 적도 없는 완전 까막눈이었다. 그날 태어나서 처음으로 내 자신이 너무나도 촌스럽고 멍청하게 느껴졌다. 그때 이후로 나의 잠재의식에는 '나는 남보다 못났어'라는 부정적인 인식이 생겼다. 이후로 그날의 일을 잊긴 했지만 내 대뇌에 부정적인 인식이 생겼다는 사실을 깨닫지 못했다.

워라밸 시대의 인생 디자인

그런데 몇 년 후 아무리 해도 고쳐지지 않는 나쁜 습관을 갖고 있다는 것을 알게 되었다. 바로 인내심이 부족하다는 것이었다. 사소한 일들로 엄청난 짜증이 자주 몰려오곤 했다. 이 단점은 많은 사람에게 나와 가장 친한 이들에게도 지적받았고 고치기 위해 다양한 방법을 시도해 보았다. 예를 들면 이렇게 스스로 꾸짖어보는 것이다.

"이건 정말 예의가 없는 일이고 잘못된 거야. 다른 사람들한테 상처를 주는 행동이라고 남들이 그러는 데는 다 이유가 있을 거야. 나도 전에는 아무것도 몰랐잖아."

매번 짜증이 날 때마다 마음속으로 1부터 10까지 세면서 감정을 다스린 다음 말을 꺼내곤 했다. 하지만 결론적으로 아무것도 소용이 없었다. 결국 끝내 포기하고 나 자신과 주위 사람들에게 선포했다.

"이게 바로 나야. 나는 나를 바꿀 능력이 없으니 나를 그냥 있는 그대로 받아줘."

그 후 내면의 에너지에 관한 수업을 많이 들은 후에야 초등학교 5학년 때의 보잘것없는 기억으로 인해 부정적인 인식이 생긴 것을 깨달았다. 바로 '나는 남보다 못해'라는 부정적인 인식이 생겨 인내심이 부족해졌고 은근히 남을 깎아내리고 나를 치켜세우면서 안정감을 지키고자 한 것이다. 이게 바로 문제의 근원이었다. 이 부정적인 인식은 아래와 같은 방식으로 나를 통제해 왔다.

• 사건 발생: 다른 학생들은 모두 영어를 배웠지만 나는 배운 적

이 없다.
- 대뇌가 자동으로 사건에 인식을 추가한다: 나는 남보다 못하다.
- 인식이 우리의 결정과 행동을 지배한다: 인내심 결핍으로 남을 깎아내리고 나를 무시당하는 걸 피하고 내가 다른 사람보다 똑똑하다는 사실을 증명한다.

이렇게 초등학교 5학년 때 형성된 보잘것없는 부정적인 인식이 20년간 나를 옭아맸다. 가장 중요한 것은 나에게 부정적 인식이 생겼다는 사실조차 까맣게 몰랐다는 것이다. 심지어 줄곧 나 자신을 매우 자신감이 넘치고 안정감이 있는 사람이라고 생각했다. 이 부정적인 인식이 어둠 속에서 교활하게 나의 모든 행위와 감정을 통제한 것이다.

물론 이는 내게만 일어나는 일이 아니라 모든 사람의 대뇌에서 끊임없이 일어나는 일이다. 우리가 성장하는 과정에서 여러 가지 일이 계속해서 일어난다. 예를 들어 우리의 대뇌는 가정교육, 성장 경험, 문화, 종교, 사회 관념 등의 영향을 받아 자동적으로 각종 인식을 형성한다. 우리는 이런 인식을 상식과 진리로 받아들여 우리의 '배경음악'으로 삼는다. 또 이런 인식의 진위를 전혀 의심하지 않는다. 심지어 그 존재조차 의식하지 못해 이런 인식의 지배를 받으며 평생을 살아간다.

긍정적인 인식도 있고 부정적인 인식도 있다. 긍정적인 인식은 '나는 내 삶의 주인이다', '나는 존중받을 가치가 있다', '나는 사랑받을 자격이 있다', '나는 할 수 있다', '노력을 한 만큼 대가가 있다' 등이 있다. 이런 긍정적인 인식은 우리가 더욱 단단하고 강하게 성장하는 데 도움을 준다. 하지만 '아무도 날 사랑하지 않아', '난 아무것도 못해', '사람들은 모두 이기적이야', '아무도 믿어서는 안 돼'와 같은 부정적인 인식은 물 먹은 솜처럼 우리의 내면의 에너지를 짓눌러 우리가 아무것도 할 수 없도록 무기력하게 만든다.

그렇다면 어떻게 하면 이 겹겹이 쌓인 부정적인 인식을 벗겨내고 본래 가지고 있던 내면의 에너지를 발휘할 수 있을까?

부정적 인식을 개선하여
내면의 에너지를 회복한다

부정적 인식을 개선하고 단단한 내면을 회복하기 위해서는 끊임없이 탈바꿈해야 한다. 이는 마치 애벌레가 나비가 되기 위해 변태를 하는 과정처럼 우리 역시 부정적인 인식을 한 겹 한 겹 벗겨내면서 본래 단단하고 완전했던 내면의 모습을 되찾아야 한다. 그리고 저 멀리 자유롭게 날아갈 수 있어야 한다.

탈바꿈하는 과정은 다음 두 가지로 구성이 되어 있다.

부정적 인식 정리하기

기억의 근원에서 우리는 근원적 사건을 기억하는 부정적 인식과 근원적 사건을 기억하지 못하는 부정적 인식, 두 종류로 나눌 수 있다.

그렇다면 근원적 사건이란 무엇일까? 앞에서 우리는 이미 대뇌 인식 과정에 대해서 배웠다.

- 사건 발생

- 대뇌가 자동으로 사건에 인식을 추가한다.
- 인식이 우리의 결정과 행동을 지배한다.

이 과정의 근원에는 사건이 있는데 이것이 바로 근원적 사건이다. 근원적 사건은 큰일일 수도 있고 작은 일일 수도 있다. 예를 들어 눈빛, 칭찬, 비난, 이별, 병, 파산 등이 있다. 근원적 사건은 전학, 사기, 이별 등처럼 일회성인 것일 수도 있다. 그리고 부모님의 좌우명, 신앙, 언론이 전달하는 가치 등처럼 지속적인 것일 수도 있다.

근원적 사건은 우리가 또렷한 기억력을 갖게 된 후로 생겨난 비교적 큰 사건이기 때문에 우리가 기억하는 것이다. 예를 들어 나의 5학년 전학 경험, 성적 하락, 구애 실패, 대중 앞에서의 망신 등이 기억하는 근원적 사건이다.

하지만 우리는 대부분의 근원적 사건을 기억하지 못한다. 어떤 일들은 우리가 기억을 갖기 전에 이미 발생한다. 갓난 아기 때 받았던 학대, 유년기 때 집에서 일어났던 가정폭력 등이 있다. 또 어떤 일들은 우리가 흔히 보고 들은 일이라서 마치 매일 숨쉬는 공기와 같이 익숙하다. 어렸을 적부터 부모님과 어른들에게 자주 들었던 말들, "넌 아직도 부족해", "어떤 학교에 들어갔어?", "어디서 일하니?", "결혼 안 하니?", "아이는 안 낳을 거니?", 그리고 주위 친구들이 "너 같은 애가 어떻게 잘 살겠어"라는 말들이 모두 기억하지 못하는 근원적 사건에 해당된다.

부정적 인식을 제거하는 방법이 다소 상이할 수 있기 때문에 근원적 사건을 기억하는 것과 기억하지 못하는 것, 이 두가지로 분류해 정리해야 한다.

근원적 사건을 기억하는 부정적 인식 제거 방법

근원적 사건을 기억하는 부정적 인식을 제거하기 위해서는 실사구시의 원칙을 적용해서 해당 사건을 있는 그대로 기억해야 한다. 인위적으로 추가된 부정적 인식과 객관적 사건을 분리해야 하는데 이 과정은 다음 네 단계로 구성되어 있다.

첫째, 오랫동안 마음을 괴롭히던 고충을 선택한다.

먼저 항상 마음에 품고 있었던 고충을 찾아 해결하도록 한다. 예를 들어 나는 나 자신에게 늘 만족하지 못했고, 인내심이 부족했으며, 다른 사람과 자꾸만 비교했고, 내 권리를 주장하지 못했다. 그리고 내가 사랑받을 가치가 없다고 생각했다.

여기서 주의할 것은 반드시 마음속에 있는 고충을 선택해야 한다는 것이다. "나는 재테크를 못해", "내 독해 속도가 너무 느려", "영어를 못해" 등과 같은 기술적인 문제를 선택해서는 안 된다.

둘째, 처음 이런 고충을 갖게 된 것이 언제였는지 회상해 본다.

이 과정을 통해 우리는 근원적 사건을 분별할 수 있다. 가끔은 근원적 사건의 최초 발생 시기를 서너 살 어린 시절에서 찾기도 한다. 놀라지 마시길. 어떤 사람들은 정말 서너 살 때 일어난 일들을 기억하기도 한다. 한 번쯤은 차분히 시간을 갖고 이런 고충이 생겼을 때가 언제인지 생각해 보자.

워라밸 시대의 인생 디자인

어떤 근원적 사건은 큰일인 데다가 발생 시점도 늦어서 분별하기가 쉽다. 예를 들어 앞서 언급한 전학 사건은 내가 남들보다 못하다는 것을 강하게 인식하고 인내심이 부족하게 된 결정적 계기가 되었다. 그리고 다른 예를 들자면, 나의 친구 메리는 소심해서 자기 자신을 드러내지 못했다. 20세 때 당했던 성폭행 사건이 그녀에게는 근원적 사건이 되었다.

또 다른 근원적 사건은 발생 시점이 너무 이르거나 사소한 일이어서 분별하기 어려우므로 시간을 할애해 진지하게 기억을 더듬어 볼 필요가 있다. 기억해내지 못해도 괜찮다. 많은 인식이 대부분 기억하지 못하는 근원적 사건으로부터 비롯된 것이다. 이런 상황에서는 먼저 첫 단계로 돌아가서 다른 고충을 선택하거나 다음 단계로 가서 기억하지 못하는 인식을 정리하는 것도 상관없다.

우리가 기억하지만 일회성이 아닌 장기적으로 여러 번 발생한 근원적 사건이 있다는 점도 주의해야 한다. 앨리스는 능력도 출중하고 성공한 편에 속한다. 하지만 그녀는 자신을 믿으면서도 한편으로는 스스로에게 만족하지 못하는 딜레마에 빠져 있었다. 그래서 많은 일을 제대로 해내지 못하고 있다는 생각에 불행했다. 시간이 흘러 그녀는 이런 완벽에 대한 집착이 생긴 이유를 알게 되었다. 초등학교 1학년 시험에서 100점을 맞았을 때 그녀의 아버지가 매우 기뻐하며 그녀가 가장 좋아하는 해물 누들을 사주었다. 그러나 두 번째 시험에서 98점을 받자 아버지가 불같이 화를 내며 혼냈던 것이다. 그 후로 앨리스는 해물 누들을 먹고 싶지 않았다. 앨리스에게

'98점 사건'은 일회성으로 끝난 사건이 아니었다. 성장 과정에서 아버지의 완벽에 대한 집착은 그녀에게 영향을 주었고 스스로 완벽하지 않은 것을 매우 두려워하게 되었다.

이런 부정적 인식 중에는 '98점 사건'처럼 우리가 기억하는 부정적 인식도 있지만 일상 속에서 너무 자주 일어나거나 기억도 못 하는 근원적 사건이 반복적으로 일어나 부정적 인식으로 형성되어 버린 것도 있다. 그러므로 이런 부정적 인식을 없애기 위해서는 기억하는 것과 기억하지 못하는 부정적 인식을 모두 제거해야 한다.

셋째, 근원적 사건이 발생한 이후 어떤 부정적 인식이 생겼는지 알아야 한다.

근원적 사건이 발생한 후, 스스로에게 어떤 말을 했고 어떤 부정적 인식이 생겼는지 알아야 한다. 예를 들어 전학 사건 이후 나는 줄곧 스스로에게 "나는 남보다 못났어. 그래서 나 자신을 증명해야만 무시당하지 않을 거야"라고 말하곤 했다. 메리는 성폭력을 당한 후, "난 더러워", "나 자신을 드러내는 건 무서운 일이야"라고 말했다. 그리고 '98점 사건'과 같은 일을 무수히 겪은 앨리스는 "완벽하지 않은 건 두려운 일이야. 완벽하지 않은 건 용납할 수 없어"라고 되뇌곤 했다.

넷째, 부정적 인식과 객관적 사물 자체를 구별한다.

셰익스피어는 다음과 같이 말했다.

"좋고 나쁜 것은 아무것도 없다. 다만 생각이 그렇게 만들어 낼 뿐이다."

워라밸 시대의 인생 디자인

여기서 말하는 생각이 바로 인식을 뜻한다.

　근원적인 사건이 발생한 후 우리는 인식이 추가된 것을 객관적인 사건으로 받아들인다. 그리고 이것을 의심할 여지가 없는 상식과 진리로 삼아 대뇌의 '배경음악'으로 저장해 둔다. 객관적인 사실 자체는 옳고 그름, 좋고 나쁨, 선과 악, 높음과 낮음과는 전혀 관련이 없다. 즉 사건 자체에는 아무런 의미가 없기 때문에 그 어떤 감정적 에너지도 포함되어 있지 않다.

　그렇다면 다음 몇 가지 객관적인 사실을 보도록 하자.

- 나는 영어를 배운 적이 없는데 반 친구들은 이미 영어를 배웠다.
- 나는 성폭력을 당했다.
- 98점을 받았지만 아빠가 해물 누들을 사주지 않았다. "다음엔 100점을 받아와"라고 소리를 질렀다.
- 그와 헤어졌다. 그가 다른 사람을 좋아하게 되었다.
- 아빠가 나를 때렸다.
- 부모님이 이혼했다.

　이것들이 객관적인 사실일 뿐 사실상 아무런 의미가 없다는 것을 깨달았을 것이다. 그리고 그 어떤 감정적 에너지도 담고 있지 않다. 하지만 이 근원적 사건을 따라 자동적으로 인식이 생겨나면서 다양한 의미와 감정이 더해진다. 그렇다면 다음 몇 가지 인식을 살펴보도록 하자.

- 나는 영어를 배운 적이 없는데 반 친구들은 이미 영어를 배웠다. → 나는 남보다 못났다.
- 나는 성폭력을 당했다. → 이 모든 건 나의 잘못이다. 나는 순결을 잃었고 나 자신을 드러내는 건 두려운 일이다.
- 98점을 받았지만 아빠가 해물 누들을 사주지 않았다. "다음엔 100점을 받아와"라고 소리를 질렀다. → 완벽하지 못한 건 두려운 일이다. 무조건 완벽해야 한다.
- 그와 헤어졌다. 그가 다른 사람을 좋아하게 되었다. → 내가 더 잘했어야 했는데, 나는 사랑받을 자격이 없다. 남자_{여자}는 다 믿을 만한 게 못 된다.
- 아빠가 나를 때렸다. → 아빠는 나를 사랑하지 않는다.
- 부모님이 이혼했다. → 부모님은 나를 사랑하지 않는다. 이 모든 게 나의 잘못이다.

아무 의미 없는 일에 이런 부정적 인식이 더해진 후 감정적인 충격, 속박, 그리고 무기력함을 느낀 적이 있는가? 이런 연유로 부정적 인식들이 우리의 인생에 매우 큰 영향을 미치는 것이다.

부정적 인식을 제거하려면 우리는 먼저 사건 자체와 부정적 인식을 구별해야 한다. 먼저 종이에 원 두 개를 그려 본다. 첫 번째 원에는 객관적인 사실을 적고, 두 번째 원에는 더해진 부정적 인식을 적는다.

【나의 예】

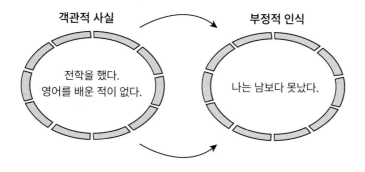

객관적 사실 → 부정적 인식

전학을 했다.
영어를 배운 적이 없다.

나는 남보다 못났다.

【메리의 예】

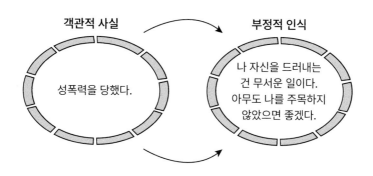

객관적 사실 → 부정적 인식

성폭력을 당했다.

나 자신을 드러내는
건 무서운 일이다.
아무도 나를 주목하지
않았으면 좋겠다.

【앨리스의 예】

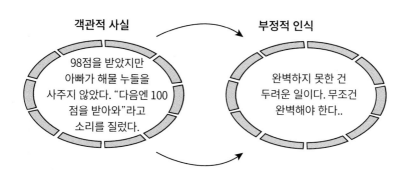

객관적 사실 → 부정적 인식

98점을 받았지만
아빠가 해물 누들을
사주지 않았다. "다음엔 100
점을 받아와"라고
소리를 질렀다.

완벽하지 못한 건
두려운 일이다. 무조건
완벽해야 한다..

근원적 사건과 부정적 인식을 성공적으로 분리하게 되면 부정적 인식이 완전히 노출되어 더 이상 어둠 속으로 숨을 필요가 없게 된다. 이때 우리는 비로소 부정적 인식이 아닌 사건 자체를 볼 수 있게 된다. 즉 부정적 인식은 더 이상 사실이 아니므로 힘을 잃고 우리에게 큰 영향을 미치지 못하게 된다.

"나는 남보다 못났어"라는 생각이 스스로 만들어 낸 인식이라는 것을 의식하게 되자 나는 결코 남보다 못나지 않았다는 것을 깨달았다! 그리고 그때부터 부정적 인식은 내게 아무런 영향을 주지 못했다. 나 자신이 '남보다 못나지 않았다'는 사실을 깨달았기 때문에 더 이상 '인내심 부족'이라는 방법으로 내가 남들보다 똑똑하다는 사실을 증명할 필요가 없었다. 그래서 점점 짜증을 내는 빈도가 줄어들었다. 한번은 독자와 1:1 상담을 한 적이 있다. 두 시간 가까이 속마음을 터놓은 그녀는 1시간이 넘도록 말을 끊지 않고 귀 기울여서 모든 이야기를 경청한 나의 행동에 진심으로 고마워했다. 그때 내가 정말 변했고 20년간 나를 괴롭히던 문제가 이미 사라졌다는 사실을 깨달았다.

메리를 처음 만났을 때 그녀는 머리부터 발끝까지 검은 옷을 입고 있었다. 심지어 온몸을 꽁꽁 둘러 싸매고 얼굴과 손만 내놓고 있었다. 실내인데도 목도리를 하고 있었다. 자신의 이야기를 할 때 온몸을 떨면서 숨죽여 울었다. 그녀가 사건 자체인 '나는 성폭력을 당했다'와 부정적 인식인 '나는 순결을 잃었다. 나 자신을 드러내는 것을 두려운 것이다'를 성공적으로 분리하자 그녀의 표정에는 큰 변

워라밸 시대의 인생 디자인

화가 있었다. 더 이상 울지도 몸을 떨지도 않았으며 눈물 자국이 가득한 얼굴에는 미소가 꽃처럼 번졌다. 무거운 짐을 내려놓은 것처럼 보였다.

1년 후 그녀의 페이스북 프로필 사진이 바뀌었다. 사진 속의 그녀는 검은색 민소매를 입고 있었는데 아름다운 쇄골과 목선이 보였다. 올림머리를 하고 큰 링 귀걸이를 했으며, 짙은 스모키 화장을 한 채로 눈을 감고 무대에서 노래를 하고 있는 모습이었다. 이 사진을 본 순간 내 입가에도 미소가 번졌다.

그러므로 근원적 사건을 기억하는 부정적 인식을 제거해 내는 핵심은 객관적 사실 자체와 우리가 만들어낸 부정적 인식을 제대로 구분하는 일이다. 우리가 이 두 가지를 제대로 구분하면 이런 부정적 인식들이 모두 거짓이며 더 이상 우리를 지배하지 못한다는 것을 깨닫게 된다.

나를 처음 만났을 때 이렇게 말했다. 자신의 조건이 훌륭하다는 것을 알고 있지만 불행했고, 남편은 항상 기대치에 못 미쳤다. 커리어에 대해서 자신감이 있지만 또 한편으로는 만족스럽지 않아서 스스로 딜레마에 빠졌다. 이 모든 것의 근본적인 원인이 '완벽하지 않은 것은 두려운 일이다'라는 부정적 인식 때문이라는 것을 그녀가 알게 되었을 때 두 눈이 반짝이는 것을 보았다. 이 모든 문제의 근원을 드디어 찾게 된 것이다. 엄청난 발전이 아닐 수 없다.

하지만 그녀의 완벽에 대한 집착이 단순히 '98점 사건' 때문에 생긴 것만은 아니었다. 아버지는 그녀가 성장하는 동안 여러 차례 비숫한 일로 이러한 인식을 각인시켰다. 그녀 스스로 "이건 사실이 아니야"라고 말하는 걸로는 문제를 해결할 수 없었다. 오랜 시간 동안 그녀를 괴롭힌 근원적 사건에 영향을 미친 부정적 인식을 제거하기 위해서는 다음 방법을 같이 사용해야 한다.

근원적 사건을 기억하지 못하는 부정적 인식 제거 방법

우리는 어떤 사건이 발생했는지 잘 모르기 때문에_{혹은 앨리스처럼 엄청난 근원적 사건만 기억하거나} 객관적인 사실 자체와 부정적 인식을 구분하기 어렵다. 그러므로 전문가의 도움을 받아 이런 인식을 제거해야 한다.

여기서 나의 어두운 과거를 고백하려 한다. 남편 아톤_{阿顿}을 처음 만났을 때 나는 질투심에 가득 찬 불안정한 여자였다. 아톤은 매우 활동적이고 쾌활해서 주변에 친구가 많았다. 아톤이 매번 다른 여자친구와 밥을 먹을 때면 기분이 매우 언짢았다. 심지어 그가 출장을 갈 때면 불안감이 극에 달했다. 매일 나와 영상통화를 해도 소용이 없었다. 결국, 더는 참을 수 없는 지경에 이르러 크게 다투고 말았다. 그래서 그는 매번 멀리 떠날 때마다 내가 이유 없이 싸움을 걸지는 않을까 걱정부터 했다.

아톤 역시 여러 가지 방법으로 나를 안심시키려고 했다. 매번 모임이 있을 때마다 가능하면 나를 데려가려고 했다. 만약 내가 보지 못했던 여자친구와 만나는 자리엔 나를 꼭 데려가려고 했다. 하지만 마음속 불안감이 극에 달할 때면 아톤이 베푸는 그 어떤 친절도 나를 안심시키지 못했다.

아톤이 유럽으로 출장을 갔을 때의 일이다. 일정이 7일밖에 되지 않아서 6일 동안은 안간힘을 다해 참았다. 하지만 출장 마지막 날 난 스스로 제어할 수 없었고, 정말 사소한 일로 그가 머무는 유럽 시간으로 새벽이 될 때까지 크게 다투었다. 아톤은 그날 중요한 회의가 있었는데 나 때문에 제대로 자지 못했다. 아톤의 피곤한 모습을 보니 갑자기 너무 부끄러운 마음이 들어서 어쩔 줄 몰랐다. 정말 너무 불안하고 속이 좁은 나 자신을 너무 견딜 수가 없었다. 그래서 변해야겠다고 다짐을 했다. 하지만 왜 이토록 불안한지 도저히 알 수 없었고 어떻게 해야 하는지도 몰랐다. 다양한 심리 상담을 받은 후에야 이 문제를 완전히 해결할 수 있었다.

당시 나는 내 심리상담사였던 제시카와 반년 이상 상담을 해오던 중이었다. 그리고 여러 가지 크고 작은 부정적 인식을 제거하여 속박에서 벗어난 것처럼 매우 가볍게 느껴지던 참이었다. 하지만 이 불안한 마음은 좀처럼 가시지가 않았다. '유럽 사건' 이후 나는 다시 한번 제시카에게 도움을 요청했다. 그녀의 도움을 받아 불안감을 뿌리 뽑고 싶었다. 그리고 제시카와 수차례의 상담을 진행한 결과 잠재의식 치료가 가장 인상 깊고 효과가 있었다. 치료 과정의 대화는 다음과 같다.

제시카	당신과 아톤은 어디에 있나요?
나	우리는 바닷가 모래사장 위에 있어요. 분명 심리상담실에 있는 사실을 알고 있었는데 우리가 '바닷가'에 있다고 느꼈다.
제시카	아톤은 어디에 있죠? 당신은 어디에 있어요?
나	아톤은 바닷가에서 여러 사람과 어울리고 있어요. 나는 바닷가 근처에 있는 동굴에 혼자 앉아 있어요.
제시카	어떤 느낌이 들죠?
나	매우 외롭고 불안해요. 아톤이 어서 동굴로 돌아와 나랑 놀아줬으면 좋겠어요.
제시카	그럼 아톤은 어때요?
나	아톤은 바닷가에서 사람들이랑 즐겁게 놀고 있어요. 가끔 나를 보러오기는 하지만 주로 내가 나가서 같이 놀았으면 해요.
제시카	그럼 동굴 밖으로 나가서 둘러볼 생각이 있나요?

제시카의 도움을 받으며 여러 가지 실험을 한 끝에 드디어 일어나서 동굴 밖으로 나가 보기로 했다. 동굴 밖으로 발을 내딛던 그 순간 밝은 빛과 행복의 에너지가 나의 몸을 휘감는 것을 느낄 수 있었다. 나의 마음이 완전히 열렸다. 햇빛을 느끼며 해변의 바닷소리와 사람들이 웃고 떠드는 소리가 들려왔다.

제시카	이제 뭐 하고 있어요?

워라밸 시대의 인생 디자인

나 _{미소를 지으며} 바닷가에서 기분 좋게 뛰어 놀면서 크게 웃고 있어요. 가끔 아톤과 아톤 친구들이랑 같이 놀기도 해요. 아톤이 와서 나와 내 친구들과 같이 놀 때도 있고요. 또 우리 둘뿐일 때도 있고요. 또 가끔은 혼자서 바닷가에서 혼자만의 시간을 보내기도 해요. 그런데 전부 다 좋아요! 매우 행복해요!

그 순간 나를 고독한 동굴 속에 가두고 있던 건 나 자신이라는 사실을 깨달았다. 그동안 나는 아톤이 자신이 속해 있는 멋진 세계를 버리고 동굴로 와서 나와 함께 있어야만 마음이 놓였고 그제서야 그가 나만의 아톤이며 나를 사랑한다고 믿었던 것이다. 그리고 아톤이 내 옆에 없을 때는 모든 신경이 온통 그에게 쏠려 있어 끊임없이 초조하고 불안했다.

그렇지만 정말 그렇게 살 필요가 없었다. 나는 이 동굴을 벗어나 더 나은 세계로 나아가는 동시에 아톤에게 자유와 존중을 주었다. 이 심리 상담을 통해 나의 두 가지 선택이 완전히 다른 에너지를 가져다 준다는 것을 느꼈다. 자유롭고 개방적이며 햇살이 밝은 에너지가 이렇게 내 마음에 자리 잡게 되었다.

이때부터 나는 동굴을 벗어났고 아톤의 대인 관계에 신경을 쓰지 않게 되었다. 더 이상의 집착도 없었다. 아톤은 매우 빠르게 나의 변화를 알아차렸다. 하지만 여전히 내가 일시적으로 나아진 건지 정말 치료가 된 건지 장담할 수 없었다. 그래서 아톤은 모임이 있거나 멀리 떠날 때마다 진지하게 나의 감정을 다독여 주었다. 전에는 그가 어딜 가야 된다고 할 때마다 나는 그가 안 갔으면 했지만, 겉으로는 아닌 척 "잘 다녀와"라고 말하곤 했다. 그리고 나중에 꼬투리를 잡아 그와 크게 싸웠다. 그런데 지금은 '이런 일까지도 나한테 말해야 되나? 할 일 있으면 하고 오지' 하는 생각이 든다.

몇 달 후, 아톤은 또 열흘간의 출장 길에 올랐다. 그가 정말 그리웠지만 이번에는 나를 위한 시간을 보내기로 했다. 예전부터 하고 싶었지만 시간이 없어서 하지 못했던 일을 즐겁게 했다. 책을 보고 글을 쓰고 스스로 변화하기 위한 강의를 듣고, 친구와 밥을 먹고 스파에 갔다. 아톤의 취향이 아닌, 내가 좋아하는 영화도 실컷 보고, 맛집도 찾아다녔다. 하루하루가 즐거운 나날이었다. 아톤은 출장에서 돌아와 내가 예전처럼 난리 칠까 봐 걱정됐는데 아무 일도 없고, 오히려 활기가 가득한 나를 보고서야 정말 변했다는 걸 믿을 수 있다고 했다.

그렇다. 난 정말 변했다. 그 후 몇 년이 흘렀지만 다시는 증상이 재발하지 않았다. 어떤 일들은 한 번 내려놓으면 평생 내려놓을 수 있다. 마치 애벌레가 나비로 변태하는 것처럼 내 자아 역시 변할 수 있다.

그러므로 기억하지 못하는 근원적 사건의 부정적 인식을 제거하는 가장 효율적인 방법은 심리상담 혹은 관련 전문가의 도움을 받는 것이다. 좋은 전문가는 우리의 마음을 정화해 주고 겹겹이 쌓인 부정적 인식을 걷어내 가벼운 마음으로 다시 여정에 오를 수 있게 해준다. 이때 우리의 내면은 그 어떤 속박도 받지 않은 상태에서 큰 에너지를 발휘한다. 이로써 우리는 전과 달리 가볍고 자신 있는 마음으로 일처리를 할 수 있게 된다.

정기적으로 마음 치유하기

십여 년간 심지어 수십 년간 쌓인 부정적인 인식을 제거하게 되면 단단하고 온전한 내면을 갖게 된다. 이때 우리는 훨훨 날아갈 듯이 마음이 가벼워 어떤 일이든 잘 처리할 수 있다. 하지만 이게 영원히 지속되는 건 아니다. 그렇다면 어떻게 하면 앞으로 남은 세월 동안 가벼우면서도 강한 상태를 유지할 수 있을까? 두 가지 단계로 나누어 살펴보자.

첫째, 문제를 있는 그대로 바라보고 부정적 인식의 형성과 영향을 덜 받도록 해야 한다. 다시 한번 인식이 생기는 과정을 되짚어 보자.

- 사건 발생
- 대뇌가 자동으로 사건에 인식을 추가한다.
- 인식이 우리의 결정과 행동을 지배한다.

대다수의 사람에게 이 과정은 완전히 자동적으로 이루어진다. 하지만 문제를 있는 그대도 보는 걸 배운 사람들은 습관적으로 사건 자체를 객관적으로 본다. 그리고 부정적 인식이 형성되는 것을 물론 완전히는 어렵지만 최대한 피한다. 부정적 인식과 객관적 사건을 구별할 수 있기 때문에 이 둘을 혼동하지 않는다. 이때 부정적 인식은 우리에게 큰 영향을 미치지 않게 된다. 이미 그게 사실이 아니라는 것을 알고 있으니까.

문제를 있는 그대로 보는 법을 배운다는 것은 부정적 인식이 최대한 적게 생기게 하는 법과 우리에게 최대한 상처를 적게 주는 법을 배운다는 것과 동일하다.

둘째, 정기적으로 전문가의 상담을 받아 새로 생겨난 부정적 인식을 바로 제거하자.

우리는 신이 아니라 인간이다! 항상 모든 일은 100% 완벽하게 처리할 수 없다. 이 말은 즉, 부정적 인식이 생겨나고 우리에게 영향을 미치는 걸 100% 차단할 수 없다는 뜻이다. 그러므로 우리는 정기적으로 전문가의 도움을 받아 새로 생겨난 부정적 인식을 제거해야 한다. 이건 마치 정기적으로 팩을 하는 것처럼 마음을 치유하는 일이다.

미국에서는 개인 헤어 디자이너, 개인 피부관리사가 있는 것처럼 많은 사람이 개인 심리상담사를 두고 있다. 미드 「섹스앤더시티」에서 이런 말이 나온다. "뉴욕에서는 누구나 심리상담사가 있다. 심리상담사마저도 자신의 심리상담사가 있다."

주위에 좋은 심리상담사가 있으면 마음이 많이 편해진다. 왜냐하면, 우리는 무슨 일이 있든 우리의 뒤에는 우리를 도와 감정 쓰레기를 처리해 주고 힘을 회복하는 데 도움을 주는 든든한 내 편이 있다는 것을 알고 있기 때문이다.

오랫동안 우리를 속박했던 부정적 인식을 제거한 다음, 사실에 입각해서 새로운 부정적 인식의 발생과 영향력을 줄인다. 그리고 전문가의 도움을 받아 정기적으로 마음을 치유하면 우리의 내면은 장기적으로 온전하고 제약 없는 상태를 유지할 수 있다. 이렇게 되면 우리는 무엇을 하든지 가볍고 단단한 상태로 살아갈 수 있으며 인생의 바퀴에도 새로운 힘을 실을 수 있을 것이다.

/ 부록 /

어떻게 나에게 맞는 심리상담사를 찾아야 할까

좋은 심리상담사를 찾는 건 마치 연애를 하는 것과 비슷하다. 상대의 교양과 수준도 매우 중요하지만 둘 사이의 합슴과 신뢰가 무엇보다 중요하다. 나는 심리상담사를 4번 바꾼 뒤에야 지금의 제시카를 만났다. 그러니 첫 심리상담사가 별로라서 혹은 여러 번 시도했는데도 나에게 맞지 않는 심리상담사를 만났다고 해서 포기하지 않기 바란다. 이건 마치 나쁜 남자 몇 명을 만나보고 나서 "남자들은 다 똑같아, 결혼 안 하고 혼자 살 거야"라고 말하는 것과 같다. 만약 이렇게 생각한다면 이것은 사실이 아닌 부정적 인식임을 깨닫기를 바란다.

현재 많은 상담사가 SNS 공식 계정을 가지고 있다. 어떤 상담사의 글이나 문제를 해결하는 방식이 마음에 든다면 직접 찾아가서 상담을 시도해 볼 수도 있다.

많은 심리상담사가 마치 결혼 정보회사 웹사이트처럼 자신의 사진과 간략한 소개를 공개적으로 올려놓았다. 보통 경력 즉 상담 비용 순으로 분류되어 있는데 시간당 몇백 위안에서 몇천 위안까지 매우 다양하다.

먼저 마음속으로 수용 가능한 최대 비용을 정해 놓자. 최대 비용은 감당할 수 있는 수준에서 정하는 게 좋다. 심리상담은 효과가 나타날 때까지 시간이 조금 걸리는 편이다. 특히 상담 초기에는 시간이 더 오래 걸릴 수도 있다. 그래서 만약 너무 비싸다고 생각되어 상담 횟수가 너무 적거나 중간에 그만둔다면 말짱 도루묵이 된다.

심리상담 비용을 정한 이후 심리상담센터 사이트에서 이 수용 가격 범위 내에 있는 상담사를 찾아본다. 그리고 인터넷에서 친구를 고르는 것처럼 사진을 본다. 친근해 보이고 말을 걸고 싶은 사람을 찾은 후 이력을 보고 상담사가 쓴 글도 읽어 본다.

그 후에 상담사와 약속을 잡는다. 첫 만남에서 상담사는 전체적으로 내담자를 파악하기 위해 1시간 반에서 2시간 정도 상담을 진행한다. 어떤 상담사는 첫 만남에서 설문지를

워라밸 시대의 인생 디자인

통해 내담자를 더 잘 파악하려고 한다. 이는 모두 매우 중요한 절차이므로 진지하고 솔직한 태도로 임하길 바란다.

직접 만나본 후 정말 실력이 있는 상담사라든지 인연이 있다고 생각되면 이미 첫 만남에서 소득이 있다는 것을 뜻한다. 이토록 빨리 자신과 맞는 상담사를 찾게 된 것을 축하한다. 하지만 또 인연이 아니거나 신뢰가 전혀 안 가거나 소득이 없는 경우도 있으니 그럴 때는 바로 다른 상담사로 바꾸는 것을 추천한다.

처음 만났을 때 그저 그렇다고 생각되는 경우가 대부분이다. 서로 잘 통하려면 시간이 필요하므로 몇 번 더 상담을 받아 보는 걸 추천한다. 보통 몇 번 더 만나보면 이 상담사가 문제를 해결해 줄 능력이 있는지 없는지 알 수 있다.

PART

사랑에 대하여:
아름다운 사랑은 하늘에서
떨어지는 것이 아니다.

들어가며…

회사를 잘 경영하기 위해서는 좋은 파트너가 필요하고 스스로도 경영 능력을 갖춰야 한다는 사실을 잘 알고 있다. 그렇지 않으면 회사가 오랫동안 버틸 수가 없다. 사실 사랑을 경영하는 것도 마찬가지다. 대부분의 사람들이 아름다운 사랑을 꿈꾸지만 사랑이라는 꽃에 물을 주는 정확한 방법을 모른다. 그래서 결국 사랑에 실패한다. 이는 실로 안타까운 일이다.

이번 장에서는 어떻게 '솔로 탈출'을 하고 사랑을 경영하는지 분석하여 '사랑 경영 시스템'을 제시한다. 이것만 파악한다면 행복의 열쇠를 손에 넣은 것이나 다름없다.

- 파트타이머를 찾는 자세로 파트너를 찾지 말자. 오래 가는 행복을 얻기 위해서는 완벽한 '솔로 탈출'부터 실행해야 한다.
- 한 커플이 오랜 시간 동안 안정적 관계를 유지하기 위해서는 서로 통하는 다섯 가지 매력이 있어야 한다. 어떤 사람에게 매력을 느끼는지(혹은 느끼지 않는지) 알아야 주변의 자원을 이용하여 '솔로 탈출'을 할 수 있다.
- 여성이 매력을 뽐내기 위해서는 평정심을 가지고 사랑하고 데이트에 임해야 한다. 그리고 외모, 여성적인 매력 중 하나라도 잘 가꾸면 된다. 물론 다 잘하면 잘할수록 좋다.
- '솔로 탈출'에 어려움이 있다면 다양한 방법을 찾아보자.
- 결혼 전에 앞으로 발생할 문제점을 해결할 수 있는 준비가 필요하다. 나와 잘 안 맞는 연인에게 언제든지 이별을 고할 수 있다.
- 우리가 상대방을 받아들이는 법을 배우고 서로를 이해하고 집착하지 않으며 공통점을 찾게 되면 대부분의 갈등을 쉽게 해소할 수 있다. 사랑의 수위 역시 고공행진할 수 있다.
- 상대방이 원하는 방식으로 사랑할 때 둘 사이의 친밀감이 형성될 뿐만 아니라 사랑이 가득한 일상 속에서 사랑의 수위도 역시 나날이 높아질 것이다.

연애 백치에서
모범 커플이 되기까지

어렸을 때부터 나는 사랑이란 감정에 대해 기대가 많았다. 인생의 동반자를 일찍 만나 서로 아껴주고 사랑하며 행복하게 사는 나날들을 동경했다. 하지만 운명의 장난인지 서른 이전의 나의 감정은 이런 목표와 정반대 방향으로 흘러갔다. 많은 사람을 만났고 그중 마음이 가는 사람도 있었지만 돌고 돌아 결국 솔로였다. 사람들에게 지극히 자연스러운 '솔로 탈출'이라는 일이 왜 나에게는 이토록 어려운 일인지 도무지 알 수 없었다. 한번은 길을 지나가다가 연인이 베란다에 서로 기대고 서서 도심의 야경을 바라보는 부동산 광고를 보았다. 당시 마음 한편에 숨어 있던 외로운 감정이 불현듯 밀려왔다.

'내게 이런 집이 있어도 함께 야경을 구경할 연인은 옆에 없겠지.'

그 후 드디어 나에게도 첫 데이트를 하는 날이 왔다. 처음에는 연인과 떨어지기 싫었고 항상 붙어서 사랑의 달콤함을 만끽하고 싶었다. 하지만 머지않아 문제의 원인을 보는 시각과 해결 방식이 지극히 다르다는 점을 깨달았다. 우리는 시도 때도 없이 싸웠다. 나는 자주 답답하고 초조한 상태에 놓였다. 수년간 다툰 끝에 마침내 둘

사이에 원칙적 충돌이 있다는 사실을 받아들인 후 첫 만남의 종지부를 찍었다.

오랫동안 솔로 탈출과 연인 찾기에 실패했지만 사랑에 대한 믿음을 잃지 않았고 오히려 더욱 차분하고 느긋해졌다. 이미 은연중에 이제 완벽하게 '솔로 탈출'을 하는 비결을 손에 넣었다고 생각한 것이다! 그래서 내가 수년간 직접 겪은 이 소중한 경험들을 정리해서 하나의 솔로 탈출 시스템으로 만들었고 이후에 있을 완벽한 솔로 탈출 프로젝트를 위해 만반의 준비를 했다.

역시 나의 예감은 틀리지 않았다. 이 시스템대로 행동한 지 30일 만에 지금의 남편인 아톤을 만났다. 서로 알아가는 시간을 가진 후 우리는 대부분의 원칙적인 문제에서 상당히 잘 맞는다는 것을 발견하고는 매우 기뻤다. 혼자서 한숨을 돌리자마자 새로운 문제가 나타났다.

아톤과 나는 비록 원칙적인 충돌은 없었지만 매번 사소한 일로 서로 자기 말이 맞다고 주장하면서 다투곤 했다. 매번 싸울 때마다 나는 강경한 자세로 다툼의 연유를 열거하면서 그를 설득하려고 했지만 성공한 적은 단 한 번도 없다. 나의 이런 소통 방식에 대해서 아톤은 여러 차례 진지하게 이의를 제기했다. 그는 내가 소리를 지르는 걸 싫어했지만 나는 여전히 "당신이 먼저 잘못했어", "난 원래 목소리가 커"라는 식으로 대응했다. 우리는 갈수록 다투는 횟수가 많아졌고 화해하는 속도는 더 더뎌져 앙금이 깊어만 갔다. 나는 매일 우울했고 연애가 행복하기보다는 고통스럽다고 생각했다.

워라밸 시대의 인생 디자인

고생 끝에 낙이 온다는 옛말처럼 나의 사랑도 우여곡절 끝에 새로운 전환기를 맞았다. 우연한 기회에 미국의 한 대인관계 전문가의 강의 광고를 보았다. 그녀도 예전에는 연애에 대해서는 백치였다고 한다. 스스로를 존중하지 않았고 남자를 잘 몰랐으며 소통하는 법도 잘 알지 못했다. 마흔 가까이 될 때까지 이 남자에게 차이고 저 남자에게 차이는 신세였다. 그 후 계속해서 학습과 성장을 통해 지금은 그녀를 아끼고 사랑해 주는 남편과 행복한 가정을 꾸리게 되었다. 그녀의 강의는 배우자 선택, 심리, 에너지, 소통 등 다방면에서 여성들이 이상적인 사랑을 성취할 수 있도록 도와주는 내용으로 구성되어 있었다.

이 광고를 보자마자 가장 먼저 이런 생각이 들었다. "사랑을 경영하는데도 이렇게 많은 걸 배워야 하는데 왜 지금까지 아무도 가르쳐 주지 않았지? 몇 년 동안 고생만 실컷 하고." 그래서 그 자리에서 바로 강의를 등록하고 공부하기 시작했다. 2주라는 짧은 시간 동안 100시간에 가까운 강의를 들으면서 답답했던 마음이 뻥 뚫렸다. 이 강의는 다양한 사고방식을 가르쳐 주고 많은 기술을 전수해 주었다. 과거 내가 가진 이성과의 소통 방식이 얼마나 유치하고 비효율적이었는지도 알게 되었다. 새로운 길이 내 앞에 펼쳐졌다.

이때부터 사랑의 기술을 연마하는 데 심혈을 기울이기 시작했고 여러 사랑 전문가의 강의를 1,000시간 이상 들었다. 여성 전문가의 시각, 남성 전문가의 시각, 그리고 부부 문제 전문가의 견해와 사랑에 대한 그들의 비결을 알게 되었다. 6개월 동안 평일에는 퇴근을 하자마자, 주말에는 컴퓨터 앞에 앉아 동영상 강의를 필기까지 하면서 들었고, 선생님이 내준 과제도 열심히 했다.

점점 나의 사고방식과 대인 교류 방식에 큰 변화가 생기기 시작했다. 끊임없이 공부하면서 나도 모르게 기존의 방식에서 벗어나게 되었다. 강의를 통해 배운 여러 기법을 일상생활에 적용하면서 한 차례의 자아 탈바꿈을 완성했다. 그러면서 나의 감정도 180도 다른 방향으로 나아가게 되었다.

지난 몇 년 동안 아톤과 싸운 적이 없다. 이제 우리는 영혼의 동반자이자 생활의 동반자, 그리고 비즈니스 파트너이기도 하다. 매일같이 즐겁고 행복하며 사랑이 넘치는 나날들을 보내고 있다. 오늘의 행복을 누릴 수 있게 된 것은 단지 운이 좋아서가 아니라 정확한 방법으로 계속 마음을 다스린 결과라는 사실을 우리 스스로는 알고 있다.

톨스토이는 이렇게 말했다. "화목한 가정은 모두 엇비슷하다." 사랑 역시 다른 수많은 명제처럼 사랑에만 적용되는 규칙이 있다. 이 규칙을 정확하게 파악해야만 더 완벽한 사랑을 할 수 있게 된다. 우아하게 '솔로 탈출'을 하는 단계부터 가볍고 즐겁게 사랑을 경영하는 단계까지 하나의 체계적인 시스템으로 정리를 해두었다. 이 시스템의 도움을 받아 어렸을 적부터 꿈꾸던 완벽한 사랑을 하게 되었다. 더 많은 사람이 도움을 받아 하루라도 빨리 꿈에 그리던 사랑을 할 수 있기를 소망한다.

워라밸 시대의 인생 디자인

완벽한 솔로 탈출 비결

많은 사람이 '솔로 탈출'을 단순히 연애로 보고 '어떻게 말을 걸까', '어디서 짝을 만날까', '어떻게 하면 인터넷에서 효율적으로 친구를 사귈까'와 같은 빠른 솔로 탈출 방법에 연연해 한다. 이런 기술들은 꽤나 유용한 편이지만 완벽한 솔로 탈출의 전부는 아니다. 만약 단순히 연애만 하는 게 목표가 아니라 안정적으로 지속되는 사랑을 오랫동안 하고자 한다면 파트타이머를 뽑는 태도로 당신의 연인을 찾아서는 안 된다. 한 번 안 맞는 사람을 만나게 되면 맞추기가 매우 힘들기 때문이다.

100층짜리 백화점 건물을 짓기 위해서는 기초 공사를 튼튼하게 해야 한다. 오랫동안 행복을 누리기 위해서는 먼저 완벽한 솔로 탈출 프로젝트부터 시작해야 하는데, 이게 바로 필수적인 기초 공사에 해당된다. 기초 공사를 착실히 하면 나중에 힘을 덜 들이고 효율적으로 사랑을 경영할 수 있다. 그러니 부디 솔로 탈출의 중요성을 간과하지 않기를 바란다.

그다음에는 솔로 탈출의 핵심을 파악한 후 아름다운 미래를 위한 기초를 다져야 한다.

어떤 사람이 가장 적합한 연인일까

우리는 이미 '인생에서 발생하는 모든 일이 목표와 관련이 있다'는 사실을 알고 있다. 그렇다면 완벽하게 솔로 탈출을 하기 위해서는 먼저 어떤 사람이 연인으로 가장 적합할지 생각해 보아야 한다. 많은 사람이 솔로 탈출을 위해서 소개팅에 나가기 바쁘다. 그리고 한순간 사랑에 빠지게 된다. 하지만 정작 자신이 어떤 연인을 원하는지 생각하지 않는다. 사랑에 빠지고 심지어 결혼까지 한 다음에서야 둘이 잘 안 맞는다는 사실을 알게 된 후 정을 떼려고 하지만 이는 매우 어려운 일이다. 이성을 만날 때 뚜렷한 기준이 있어야 '발에 채이는 대로 아무나 만나는' 불상사를 피할 수 있다.

그렇다면 어떻게 해야 나와 잘 맞는 사람을 만날 수 있을까? 흔히 볼 수 있는 배우자 선택 기준에 '삼관일치三觀一致*', '집안 경제력 및 수준', '동일한 인생 목표' 등이 있다. 이 기준 역시 틀린 건 아니지만 추상적이고 모호하기 때문에 실제 응용 난이도가 상당히 높은 편이다. 연인을 만날 때는 구체적인 개념보다는 보다 뚜렷하고 명확한 목표가 필요하다. 즉 자신이 바라는 이상적인 연인이 갖추고 있는 자질과 능력을 구체적으로 그려야 한다. 이것들을 정리하면 자신이 가장 행복한 상태가 언제인지 파악할 수 있다.

※ 삼관(三觀)이란 세계관, 인생관, 가치관을 뜻하며, 이 세 가지 가치관이 맞는 것을 삼관일치(三觀一致)라고 한다. - 역자 주

내가 가장 행복한 상태

많은 심리학자가 연인을 찾는 행복 공식을 밝혀내기 위해 연구하고 있는데, 미라 커센바움Mira Kirschenbaum도 그중 한 명이다. 그녀는 수천 쌍의 행복한 커플과 행복하지 않은 커플을 심층 상담한 내용을 담은 베스트셀러 『이 남자가 정말 내 남자일까?Is He Mr. Right 』에서 한 커플이 오랫동안 안정적인 관계를 유지할 수 있는 관건은 다섯 가지 감정에 달려 있다고 밝혔다.

- 편안함: 둘이 함께 있을 때 긴장이 풀리고 차분하면서도 마음이 편한가? 서로 생각이 통한다고 느끼는가? 마음을 터놓고 이야기를 하는가? 상대방이 나를 있는 그대로 편하게 받아들이고 사랑한다고 믿을 수 있는가?
- 안정감: 마음이 놓이는가? 상대방과 감정 싸움에서 주도권을 두고 신경전을 벌이는가? 상대방이 육체적으로나 정신적 폭력을 가할까 봐 두려운가? 만약 누군가가 당신에게 무례하게 군다면 상대방이 나서서 지켜줄 것 같은 믿음이 있는가?
- 즐거움: 같이 있을 때 즐거운가? 혹시 따분하거나 지겹다는 생각이 드는가?
- 친밀감: 연인 간에 통하는 느낌이 들거나 매우 친밀한 느낌이 드는가? 상대방과의 성관계에 만족하는가?
- 존중감: 가끔 상대방을 무시하는 듯한 감정이 생기는가? 상대방의 결정을 존중하는가? 상대방의 생각과 제안을 수용할 의향이 있는가?

연인 사이에 이 다섯 가지 감정이 완벽하게 맞아야 할 필요는 없다. 각 항목마다 만족도가 높게 나온다면 그 자체로 이미 훌륭하다. 여기서 중요한 점은 이 다섯 가지 감정 중에서 하나라도 없어서는 안 된다는 것이다. 이는 마치 인생의 바퀴에서 항목 하나라도 빠지면 굴러가지 못하는 원리와도 같다. 만약 어떤 감정의 만족도가 매우 낮다면 다른 감정의 만족도가 아무리 강하다고 한들 시간이 지나면서 애정 전선에 문제가 생길 수밖에 없다. 다음 내용들에 대해서 곰곰이 생각해 보자.

- 둘이 감추는 일 없이 모든 걸 공유하고 서로를 매우 신뢰하며 존중한다. 하지만 속궁합이 안 맞아서 쾌감과 친밀감이 부족하여 장기적으로 섹스리스 상태라면 과연 행복할까?
- 상대방이 매우 쾌활하고 유머 감각이 뛰어나며 헌신적이지만 고정적인 수입이 없어서 생활이 불안정하다면 이런 감정이 오래 갈 수 있을까?
- 두 사람 모두 사회적 지위도 높고 경제적으로 넉넉하지만 함께 같이 있을 때 할 말이 없고 친밀감도 없다면 과연 행복할까?
- 상대방이 사회적 지위가 높은 고소득자지만 대화를 하면서 종종 무시당하는 느낌을 받는다면 평등한 관계일까?

그러므로 둘이 같이 있을 때 편안함, 안정감, 즐거움, 친밀감과 존중감을 느껴야만 둘이 오래도록 안정적인 관계를 유지할 수 있다.

이 다섯 가지 감정이 통하는 사람이 바로 자신에게 어울리면서 오랫동안 함께할 수 있는 연인이다.

그렇다면 여기서 중요한 문제는 어떤 사람과는 이 다섯 가지 감정을 느끼지만 어떤 사람과는 못 느낀다는 것이다.

어떤 사람에게 다섯 가지 감정을 느낄까

사람들은 각자 다섯 가지 감정에 대한 요구치가 다르므로 매력을 느끼는 포인트도 다르다. 그렇기 때문에 연인을 선택하는 기준에 모범 답안은 없으며, 우리에게 어울리는 연인이 누군지 아무도 알려줄 수 없다. 가장 좋은 방법은 이전의 연애 경험과 데이트 경험에서 찾는 것이다. 모든 답안은 그 안에 있다.

이전의 연애 경험과 데이트 경험을 되짚어 보면서 이전 연인들의 어떤 모습과 자질에 매력을 느꼈는지 생각해 보자. 혹은 어떤 점에 매력을 느끼지 못했는지 생각해 보자. 다음 예시를 보자.

편안함

- 당신은 깔끔한 걸 좋아하는 사람이다. 옛 연인은 정리정돈을 못 해서 너무 괴로웠다. 그래서 깔끔한 사람을 만나기로 다짐했다.
- 완벽주의자를 만난 적이 있다. 잘못을 지적당할까 봐 항상 긴장한 채로 있었다. 그래서 성격이 잘 맞는 사람을 만나기로 다짐했다.
- 마음을 잘 여는 당신은 매우 폐쇄적인 사람을 만난 적이 있다.

당신과 무언가를 공유하거나 소통을 하려고 하지 않아 상대방의 생각을 도무지 종잡을 수 없어 매우 외롭다는 느낌을 받았다. 그래서 마음을 터놓고 이야기할 수 있는 사람을 만나기로 다짐했다.

• 조금 예민한 편인 당신은 무던한 사람을 만난 적이 있다. 스트레스 없이 마음 편하게 관계를 유지할 수 있었다. 그래서 자신과 무던한 사람이 잘 어울린다는 것을 깨달았다.

안정감

• 계획 없이 돈을 쓰고 고정 수입이 없는 사람을 만난 적이 있다. 미래가 불투명하고 막막했다. 그래서 성숙한 경제 관념을 갖고 있는 사람을 만나기로 다짐했다.

• 성격이 난폭하고 짜증을 쉽게 내는 사람을 만난 적이 있다. 늘 살얼음판을 걷는 기분이었다. 그래서 성격이 온화한 사람을 만나기로 다짐했다.

• 당신을 항상 응원해 주는 사람을 만난 적이 있다. 누군가 당신을 비난을 할 때마다 무조건적으로 옆에서 당신을 지지하고 보호해 줬고 이때마다 마음이 놓이며 감동을 받았다. 그래서 나를 지지하고 믿어 주는 사람을 만나고 싶다는 것을 깨달았다.

즐거움

• 정말 재미없는 사람을 만난 적이 있다. 너무 무료해 심지어 지

겹다는 생각까지 들었다. 그래서 재미있는 사람을 만나기로 다짐했다.

- 모험을 좋아하고 자극적인 일에 도전하는 사람을 만난 적이 있다. 그 사람을 따라다니는 게 너무 피곤하다고 느껴졌다. 그래서 안정적인 것을 추구하는 사람을 만나기로 다짐했다.
- 예술적인 면모가 뛰어난 사람을 만난 적이 있다. 여러 예술 활동을 같이 하면서 아름답고 낭만적인 나날들을 보냈다. 그래서 예술 감각이 있는 사람을 좋아한다는 것을 깨달았다.

친밀감

- 성에 무관심한 사람을 만난 적이 있어 고통스러웠고 성적인 욕구가 채워지지 않았다. 그래서 성생활을 즐길 줄 아는 사람을 만나야 한다는 것을 깨달았다.
- 애정 표현을 전혀 하지 않는 사람을 만난 적이 있다. 연인 간 포옹, 키스, 칭찬이 없어서 거리감이 느껴졌다. 그래서 애정 표현을 잘하는 사람을 좋아한다는 것을 깨달았다.
- 매우 귀여운 사람을 만난 적이 있다. 항상 당신을 즐겁게 해주어 하루하루가 즐겁고 행복했다. 그래서 귀여운 면이 있는 사람을 좋아한다는 것을 깨달았다.

존중감

- 허풍이 심한 사람을 만난 적이 있다. 이 점이 너무 싫어서 정직

하고 솔직한 사람을 좋아한다 것을 깨달았다.

- 명품을 너무 좋아하는 사람을 만난 적이 있다. 물질만능주의 성향과 과시하는 게 싫어 물욕이 적은 사람을 좋아한다는 것을 깨달았다.
- 독서를 좋아하고 박학다식하며 두뇌 회전이 빠른 사람을 만난 적이 있다. 당신은 다른 사람의 견해를 듣는 것을 좋아하고 상대방의 의견을 매우 신뢰하는 편이다. 그래서 지혜로운 사람을 좋아한다는 것을 깨달았다.

위의 예시에서 우리는 저마다 요구하는 매력 포인트와 감정이 다르다는 것을 알 수 있다. 어떤 사람에게 특정 자질과 능력은 매우 중요하지만, 또 어떤 사람에게는 중요하지 않을 수도 있다. 그러므로 오직 자신의 경험을 통해서만 중요 포인트를 파악할 수 있다. 나는 이 다섯 가지 매력을 기준으로 이전의 데이트 상대와 감정을 분석하고 정리하여 표로 만들었다. 이를 통해 아래의 자질과 능력이 표에 자주 나타난다는 사실을 발견했고, 내게 직접적인 영향을 끼친다는 것도 알았다. 나의 연인이 반드시 갖춰야 하는 조건은 다음과 같다.

- 정직함
- 성실함
- 실속 있는 성격

- 가정적인 성향
- 똑똑함
- 따뜻한 애정
- 책임감
- 진취적 태도
- 성숙하고 건전한 경제관념

대부분이 부정적인 경험으로부터 추려낸 것이라는 게 무척 흥미로웠다. 사실 나 역시 예전에는 매우 이상적인 생각만 가지고 있었지 배우자에 대한 뚜렷한 기준이 없었고 단순히 나만 사랑하면 된다고 생각했다. 하지만 실망과 실연의 아픔을 반복한 후 사랑만으로는 부족하다는 것을 깨달았다. 나의 연인이 특정한 자질과 능력을 갖춰야만 이 다섯 가지 매력 포인트가 통한다는 사실을 인정했다. 위에 나열한 자질은 과거의 실패한 연애 경험에서 피눈물을 흘리면서 깨닫게 된 것이다. 우리는 항상 무언가를 잃고 나서야 소중함을 깨닫는다. 그래서 나는 젊었을 때 연애를 많이 하고, 설령 당신의 연인이 당신과 잘 맞지 않아도 신경 쓰지 말라고 이야기한다. 가끔은 긍정적인 경험보다 부정적인 경험을 통해 우리에게 더 중요한걸 깨닫게 되고, 이는 우리가 결정을 할 때 큰 도움이 된다.

5가지 매력 포인트로 연인 선별하기

우리는 성공적으로 삼관三觀, 집안 경제력 및 수준, 같은 인생 목표 등 추상적인 개념을 자신의 상황에 맞춰 구체적인 연인 선택 기준을 세웠다. 그다음 구체적이고 분별하기 쉬운 연인 선택 기준을 데이트를 할 때 적용하여 끊임없이 나와 맞는 사람을 선택하거나 나와 맞지 않는 사람을 걸러내야 한다. 그리하여 마지막에는 선택한 연인과는 원칙적 충돌이 없어야 한다. 실리콘밸리에는 "시행 착오는 빠를수록 좋다"라는 개발 원칙이있다. 즉 실패도 빨리 해야 한다는 뜻이다. 일반적으로 신제품 개발은 수많은 자원을 투입하고 수년간의 노력 끝에 시장에 출시된다. 이때 제품에 하자가 발견되면 큰 손실을 입게 된다. 반대의 경우는 아이디어가 떠오르면 얼른 간단하게 샘플을 만들어 타켓 고객을 대상으로 제품 테스트를 해본다. 그리고 나서 가장 가능성 있는 제품을 골라 집중적으로 개발하면 된다. "시행 착오는 빠를수록 좋다" 원칙은 연애 초기에도 적용할 수 있다. 명확한 연인 선택 기준을 세운 후 최대한 다양한 대상과 만남을 갖도록 하자. 원칙적 충돌이 발생하게 되면 감정 소모를 많이 하기 전에 만남을 중단하고 가장 잘 맞는 대상과 관계를 이어나가도록 한다.

물론 연인 선택 조건 역시 연애 초기의 이성적 원칙에 불과하다. 이 조건을 세운 목적은 당신에게 어울리지 않는 대상을 선택지에서 제거하기 위함이다 명확한 연인 선택 기준의 다른 목적에 대해서는 뒷부분에서 이야기하겠다. 하지만 안정적인 단계에 접어든 후 연인 선택 기준의 기능이 점점

워라밸 시대의 인생 디자인

약해지게 된다. 당신의 연인과 마지막까지 함께 갈 것인가? 이는 두 사람이 여전히 5가지의 매력을 느끼고 있는지에 달려 있다. 만약 두 사람 사이에 5가지 매력 중 하나라도 잘 통하지 않는다면 당신이 중요하게 여기는 자질과 능력이 결여되어 있을 가능성이 높다. 만약 5가지 매력이 모두 통한다면 정말 잘 어울리는 연인을 찾은 것이다.

여기서 주의해야 할 점은 이 매력은 두 사람이 함께 느껴야 한다는 것이다. 자신에게 부족한 점이 많을수록 상대방에게 바라는 것이 더 많아진다. 이렇게 되면 연인을 선택하는데 더 큰 어려움을 겪게 된다. 반대로 자신이 충분한 자질을 갖추고 있을수록 상대방에게 바라는 게 적고 선택하는 데에는 어려움을 훨씬 덜 느끼게 된다.

물론 이런 가능성도 있다. "난 너무나 훌륭하니 더 나은 조건의 사람을 만나야지."

다음 예시를 보자.

- 만약 당신이 불안정한 사람이라면, 상대방이 아무리 진실되고 책임감이 있다고 해도 당신에게 안정감을 줄 수 없다. 반대로 당신이 안정적인 사람이라면, 상대방이 모든 사람의 주목을 받으며 엄청난 인기를 몰고 다녀도 마음이 편할 것이다.
- 만약 당신이 가난해서 자신이 원하는 삶을 살 수 없다면, 상대방이 경제적으로 넉넉한 사람이어야 물질적인 안정감과 편안함을 받을 수 있다. 반대로 당신이 경제적으로 부유한 사람이라면, 상대방의 경제력에 대한 요구치가 낮거나 아무것도 바라지 않고 순수한 사랑만 좇을 수도 있다.

- 만약 당신이 선천적으로 어둡고 부정적인 에너지가 가득한 사람이라면, 상대방이 아무리 밝고 쾌활한 사람이라고 해도 유쾌한 관계를 만들어 가기가 어렵다. 반대로 만약 당신이 유머 감각이 뛰어나고 긍정적인 사람이라면, 상대방을 이끌어 즐겁고 유쾌한 관계를 만들 것이다.

이렇기 때문에 '내면의 에너지'를 거듭 강조하는 것이다. 내면이 강하고 온전할수록 인생의 바퀴의 저항력이 약해지고 동력이 강해져서 각 명제를 파악하는 일이 더 쉬워진다. 연인에게 매력을 느끼지 못한다면 이것이 연인의 자질 부족 때문인지 아니면 자신의 내면 결핍 때문인지 객관적으로 분석해야 한다.

다른 사람과 동일하게 못 느끼는 매력 포인트가 있다고 가정해 보자. 항상 불안정하고 행복하지 않다면, 연인 선택 기준에 문제가 있거나 사귀는 사람이 모두 안정적이지 않은 사람이거나 나 자신의 마음의 문제일 수도 있다.

마지막으로 시간을 들여서 5가지 매력 포인트를 중심으로 과거의 데이트 경험과 연애 경험을 분석해 보자. 그리고 연인의 어떤 자질과 능력이 5가지 매력 포인트에 어떤 직접적인 영향을 미쳤는지 결론을 내린 후 자신만의 기준을 정리하여 적어 보자. 직접 적어 보는 것이 매우 중요하다. 생각으로만 그리는 목표에는 힘이 없다. 하지만 직접 써 내려간 목표는 큰 힘을 가지고 있으므로 연인 선택 기준을 정확히 써 보도록 하자.

스스로의 매력 키우기

명확한 연인 선택 기준을 세운 다음에는 자신의 매력을 키워야 한다. 연인 선택 기준이 높을수록 자신의 조건도 더 좋아야 한다. 이유는 간단하다. 쇳가루를 모으고 싶다면 나 자신이 자석이 되어야 하는 것과 같은 이치다.

사람들은 연인 선택 기준이 너무 높으면 어떡하냐며 종종 물어본다. 그럴 때마다 나는 기준이 높은 건 문제가 아니라고 말한다. 다만 당신이 그만큼 괜찮은 사람인지가 중요하다. 친한 친구 중에서 연인에 대한 요구 조건이 상당히 높은 친구가 있었다.

- 본인도 엄청 똑똑하지만 더 똑똑한 사람을 원한다.
- 성공한 커리어를 가지고 있지만 그보다 더 성공한 사람을 원한다.
- 훌륭한 외모를 지녔지만 더 준수한 외모를 가진 사람을 원한다.
- 미식가였지만 나보다 더 음식을 즐기는 사람을 원한다.
- 고향 지역 사투리를 즐겨 사용하므로 반드시 같은 지역 출신을 원한다.

이 연인 선택 기준을 들으면 다들 웃으면서 "아직 태어나기는 했나 모르겠네" 혹은 "우리 아들이 크면 소개해 줄게"라고 놀려댔다. 친구는 이런 말들을 들을 때마다 그저 웃어넘기고 자기 관리를 더욱 열심히 하면서 연인 선택 기준을 포기하지 않았다. 그리고 마침내 그녀는 이 모든 조건에 부합하는 남자를 만났다. 완벽한 조건을 갖춘 이 남자는 아주 오랫동안 그녀와 같은 여자를 기다렸노라 말했다. 우리는 놀라움을 금치 못했으나 믿을 수밖에 없었다.

목표를 높게 세우는 것이 자기를 더 좋은 방향으로 이끄는 동력이 된다면 삶의 주체가 되어 용감하게 미래를 창조해 나갈 수 있다. 그러나 목표만 높게 설정해 놓고 조건이 안 되는데도 자기계발을 열심히 안 한다면 쓸데없이 눈만 높은 것이다. 그러므로 목표가 높은 것 자체는 문제가 되지 않는다. 목표가 아무리 높아도 자신의 매력을 기르고 더 나은 조건을 갖추도록 노력만 한다면 이 세상에 연인 선택 기준에 부합하는 사람이 단 한 명밖에 없다 해도 결국 내 사람이 된다.

그렇다면 어떻게 하면 매력을 키울 수 있을까?

사랑을 대하는 올바른 자세

시험을 잘 보는 비결 중 하나가 시험 전 좋은 컨디션을 유지하는 것이다. 이처럼 옳은 자세로 사랑을 대한다면 이미 반은 성공한 셈이다. 나는 사랑을 '가벼운 사치품'으로 여기라고 말한다. 그렇다면 왜 필수품이나 그냥 사치품도 아닌 가벼운 사치품이라고 여기라고 하는 것일까?

만약 사랑을 필수품이라고 여긴다면 '사랑 없이는 불행할 거야'라는 생각이 들기 쉽다. 이런 생각이 들면 초조해지기 쉽고 인생이 완전하지 않고 불행하다고 느껴 맹목적으로 사랑을 좇게 된다.

또 만약 사랑을 사치품으로 여긴다면, 우리는 사랑을 이룰 수 없는 갈망으로 여기게 된다. 이런 생각이 들면 사랑 따위는 내 것이 아니라는 생각에 빠져들게 되고, 노력해서 사랑을 얻을 동기마저 상실하게 되어 수동적이고 폐쇄적인 태도를 취하게 된다.

대부분의 사람은 가벼운 사치품을 감당할 정도의 능력이 있다. 하지만 정말 좋아하고 자신에게 어울리는 물건을 발견했을 때만 지갑을 연다. 사랑을 가벼운 사치품으로 여기면 우리 역시 이런 마음으로 사랑을 찾아 떠난다. 사랑이 '있으면 좋고 없으면 말고'라는 카테고리로 분류되는 것이다. 그래야만 초조함과 긴장감, 폐쇄적인 태도를 벗어나 보다 개방적이고 따뜻하면서 편안한 마음으로 사랑을 마주할 수 있다. 이런 태도는 남성들에게 매력적으로 다가온다. 남성들은 이러한 여성들에게 사랑에 대한 동경심이나 기대를 갖는다. 그뿐만 아니라 앞으로 연인의 인생에 도움을 줄 수 있다고 생각한다. 사실 우리의 삶 자체는 아름답고 완벽하기 때문에 사랑으로 결핍을 채울 필요가 없다. 남성들도 이런 삶의 일부가 되어 자신의 삶을 더욱 아름답게 만들고 싶어 한다. 게다가 남성들은 자신들이 조건을 갖추지 않았다면 선택받지 못했을 것이라는 사실을 알기 때문에 선천적인 사냥꾼 기질을 발휘하여 가장 좋은 모습으로 사랑을 받으려고 노력한다.

데이트의 필수품: 평정심

사실 여성에게 데이트는 쉬운 일이다. 친구와 즐겁게 수다를 떠는 것처럼 많은 기술이 요구되지 않기 때문이다. 자신을 숲속에 사는 자유롭고 행복한 요정이라고 설정해 보자. 하루하루를 즐겁게 사는 동시에 호기심을 가지고 진실하고 개방적인 태도로 우리 삶에 등장하는 모든 사람을 마주한다. 예쁘게 꾸민 후 늦지 않게 데이트에 나가서 미소를 지으며 상대방의 말에 귀 기울이다가 재미있는 이야기가 나오면 웃고, 칭찬할 만한 이야기가 있으면 칭찬을 해준다. 관심 있는 화제에 대해서는 질문을 더 많이 하고, 질문을 받으면 솔직하게 대답을 한다. 데이트가 끝날 때면 시간을 내준 것에 대한 감사의 인사를 전한다. 마치 새 친구를 사귀는 것처럼 자연스럽게 행동하고, 나머지는 전부 남성에게 리드를 맡기면 된다.

이는 여성들의 기본 데이트 에티켓으로 대부분의 여성은 이 정도만 해도 바로 '솔로 탈출'이 가능하다. 물론 이보다 적극적이거나 고단수의 스킬도 있다. 많은 여성이 관심을 갖는 '남자의 마음을 사로잡는 기술'이 있다. 남자의 마음을 사로잡는 것 자체가 난이도가 꽤 있는 스킬이지만 누가 시도하느냐에 따라 그 난이도도 천차만별 달라진다. 당신은 마인드 컨트롤을 잘하고 남자의 마음을 사로잡는 데 능숙한 스킬을 가지고 있는가? 그럼 미리 축하한다. 당신에게 솔로 탈출은 누워서 떡먹기다. 하지만 나처럼 남자의 마음을 사로잡는 기술에 숙맥이라면 기술을 익히는 데 어려움이 있으므로 남성에게 주도권을 맡기고 나서지 않는 편이 낫다.

예를 들어서 자동차 운전석은 하나뿐이다. 남자의 마음을 사로잡는 데 능숙한 여성은 조수석에 앉아서 운전석에 있는 남성과 이런

워라밸 시대의 인생 디자인

저런 농담도 하면서 분위기를 이끌 것이다. 하지만 남자의 마음을 사로잡는 스킬이 없는 사람은 운전석에 앉아 데이트를 어떻게 리드할지 고민한다. 이 경우 남성은 수동적인 태도로 여성의 말만 듣고 데이트의 주도권을 잃게 된다. 이렇게 되면 남성은 성취감을 얻을 수 없게 된다. 한번 생각해 보자. 남성이 숲으로 신나게 사냥을 하러 갔다. 그런데 누가 먼저 그물로 사냥감을 잡아서 요리까지 해서 먹으라고 갖다주면 사냥의 즐거움을 언제 느끼겠는가? 남성은 간과 쓸개를 다 빼서라도 사냥감을 잡는 즐거움을 느끼고자 하니 그 즐거움을 빼앗지 않기를 바란다.

평정심을 가지고 데이트에 임하자. 사실 데이트는 무척 쉽고 즐거운 놀잇거리이다.

눈길을 사로잡는 비주얼

신데렐라 스토리 영화의 주인공은 스타일이 바뀌면서 운명이 변하게 된다. 이것이 가장 간편하면서도 효과가 가장 빠른 방법이기 때문이다. 스타일이 바뀌면 다른 사람에게 풍기는 인상까지 같이 바뀌게 된다. 아톤을 만나기 전 나는 데이트를 하지 않고 6개월간 집에서 자기계발에 몰두했다. 운동, 헤어스타일 바꾸기, 쇼핑, 피부 관리 등등을 하느라 매우 바쁜 시간을 보냈다. 싱글 라이프를 온전히 즐기고 나서 데이트에 나갈 준비가 되었다고 생각하니 부담 없이 데이트를 즐길 수 있게 됐다. 당시 매우 자신감이 넘치는 상태였던 나는 한 달이 채 되지도 않아 아톤과 사랑에 빠졌다. 스스로를 아름답게 꾸미면 부담 없이 유쾌한 데이트를 즐길 수 있다. 남성이 여성에게 매력을 느껴서 적극적으로 데이트를 리드하게 되면 여성은 즐기기만 하면 된다.

'세상에 못 생긴 여자는 없다, 게으른 여자만 있을 뿐이다'라는 말은 진리다. 시간을 조금만 들이면 절세미녀까지는 될 수 없더라도 사람들의 눈을 사로잡는 미녀 정도는 될 수 있다. 아름다움의 관건은 돈과 시간이 아니라 자신에게 어울리는 스타일을 찾는 것이다. 아래 내용은 힘들이지 않고 외모를 꾸미는 방법이다. 나는 이런 사소한 기술들로 외모를 가꾸는 노하우를 익혔다. 모두에게 도움이 되기를 바란다.

헤어스타일

맨디를 처음 만나던 날 그녀는 긴 흑녹색 치마를 입고 있었다. 치마를 따라 그녀의 아름다운 몸매 라인이 드러났다. 빛나는 피부에 옅은 화장을 하니 이목구비가 더욱 뚜렷해 보였다. 어깨까지 늘어뜨린 머리는 윤기가 넘쳐 흘렀다. 잠시지만 그녀에게 매혹되는 기분을 느꼈다. 엄청난 미인이라고 생각했다. 그리고 몇 년 후 맨디가 샌프란시스코에 놀러와 같이 커피 한 잔을 하게 되었다. 몇 년 전 그녀의 모습을 떠올리며 얼마나 더 아름다워졌을까 기대했다. 그런데 그녀가 나타난 순간 깜짝 놀랐다. 여전히 본판은 아름다웠고 화장도 예쁘게 했지만 볼품없는 앞머리에 시선이 꽂혔다. 한순간 선녀가 일반인들 사이에 파 묻혀버린 듯한 느낌이었다.

사람을 볼 때 가장 먼저 눈에 들어오는 것이 바로 헤어스타일이다. 잘 어울리는 헤어스타일은 이미지를 개선하는 데 크게 도움이 된다. 하지만 자신과 어울리지 않는 헤어스타일은 장점마저도 가려버리기 때문에 헤어스타일을 고를 때는 심사숙고해야 한다.

많은 사람이 헤어 디자이너는 그 분야의 전문가이므로 헤어스타일을 고르는 일도 이들의 몫이라고 생각한다. 그래서 매번 "머리 어떻게 하고 싶으세요?"라는 질문을 받을 때마다 "알아서 해 주세요"라고 답변하는데, 이건 마치 신혼집을 인테리어 디자이너에게 알아서 꾸며달라고 맡기는 것과 같은 이치다. 디자이너 마음대로 리모델링된 집이 과연 내 마음에 들까? 헤어 디자이너와 적극적으로 소통해야 자신에게 잘 어울리는 스타일을 만들어 낼 수 있다. 헤어 디자이너가 전문가인 것은 사실이지만 손님의 성격, 선호하는 스타일, 직업을 전혀 모르는 상황에서 마음에 들만한 머리를 하는 건 어려운 일이다. 헤어 디자이너는 그저 욕을 먹지 않을 정도로만 스타일을 만들어줄 것이다.

그러므로 커트를 하기 전, 특히 새로운 미용실에 가거나 헤어스타일을 바꾸고자 하면 그 전에 미리 공부할 필요가 있다. 마음에 드는 헤어스타일 사진 찾기, 헤어 디자이너와 좋아하는 스타일과 싫어하는 스타일에 대해서 이야기하기, 평소 하는 일 알려주기 등이 있다. 헤어 디자이너가 당신에 대해서 충분히 파악하고 나면 어떤 스타일로 할지 감을 잡을 수 있다. 이때 고집을 부릴 것이 아니라 헤어 디자이너가 몰두할 수 있도록 협조해야 한다. 모델에게 잘 어울리는 스타일이 자신에게 꼭 잘 어울리라는 법은 없다. 사전에 준비한 사진은 헤어 디자이너와 선호하는 스타일에 대해서 효율적으로 소통하기 위한 도구일 뿐이다.

패션

옷장이 꽉 찼는데도 계속해서 옷을 사들이는 여성들이 있다. 이들은 보통 비슷한 스타일의 옷을 사기 때문에 새로운 일 데이트, 회의 등이 생길 때마다 옷을 사게 된다. 그리고 애매한 스타일의 옷을 사서 개성을 못 살리는 여성들도 있다. 또 옷을 살 때 스타일과 색만 보고 품질을 고려하지 않아서 언뜻 보기엔 패셔너블하지만 질이 떨어지는 옷을 사기도 한다.

미국 뉴욕타임스의 베스트셀러 작가 제니퍼 스콧 Jennifer Scott 이 파리에서 1년 동안 생활하면서 관찰한 결과 파리 여성들은 미니멀리즘을 지향한다는 것을 발견했다. 이들은 패션 트렌드에 관심이 없고 옷장도 매우 작아서 계절별로 10개 정도의 아이템만 갖고 있다. 하지만 자신에게 어울리는 스타일을 잘 파악하고 있어서 옷장에는 즐겨 입는 옷들로 가득 차 있다. 그리고 레이어드를 해도 결코 과한 느낌 없이 개성을 잘 표출한다. 그러므로 만약 나처럼 예쁜 걸 좋아하지만 시간을 많이 할애하고 싶지 않을 때 돈도 많이 쓰고 싶지 않을 때 파리 여성들처럼 자신의 스타일에 맞춰서 필요한 아이템만 들어 있는 옷장을 갖는 것이 나을 수 있다.

스스로에게 어울리는 스타일을 찾는 가장 쉽고 빠른 방법은 전문적인 스타일리스트의 도움을 받는 것이다. 스타일리스트에게 패션 테러 리스트가 되지 않도록 어울리는 스타일과 어울리지 않는 스타일을 알려달라고 하자. 수년 전 나는 상하이에서 이미지 컨설턴트를 초빙해서 이미지 메이킹에 관한 구체적인 솔루션을 제공받았다. 솔루션에는 내게 어울리는또는 어울리지 않는 색, 스타일, 재질 등이 포함되어 있었다. 지금까지도 그때 배운 대로 스타일링을 하고 있다. 그래서 지금은 꼭 필요한 물건만 사고 있으며, 사 놓고 쓰지 않는 경우는 거의 없다.

어울리는 스타일의 방향을 설정하면 스스로 혹은 스타일리스트의 도움을 받아서 계절과 장소에 어울리는 옷을 구매할 수 있다. 여기에 목도리, 액세서리, 안경 등과 같은 멋진 아이템을 더하면 파리 여성들처럼 우아하게 여러 장소에 어울리는 아이템이 들어 있는 옷장을 가지게 될 것이다.

메이크업

크리스는 이목구비가 뚜렷하고 가지런한 치아를 가진 미인이다. 중요한 자리에 참석할 때마다 공을 들였다는 것을 알리기 위해 몇 시간 동안 화장을 하곤 한다. 하지만 너무 과한 나머지 빼어난 이목구비와 진한 화장이 어울리지가 않았다. 차라리 옅은 화장이 더 잘 어울렸다. 옷처럼 메이크업 역시 본인과 잘 어울리는 게 가장 중요하다.

인터넷에 메이크업 동영상이 넘쳐나니 몇 번만 따라서 해보면 자신에게 어울리는 색과 메이크업 방법을 찾게 될 것이다. 어떤 메이크업 기술은 난이도가 상당히 높아서 제대로 하지 않으면 오히려 안 하느니만 못하므로 주의해야 한다. 만약 나처럼 '똥손'이라면 자신에게 어울리는 메이크업 방법을 찾거나 기본적인 방법 몇 개만 터득해도 된다. 아이섀도와 립스틱의 색을 바꾸고 농도를 조절하면 다양한 장소를 커버할 수 있다. 비밀이지만 나는 웨딩 메이크업도 15분 만에 혼자 뚝딱 해치웠다. 여러분들만 알고 계시길.

자세

학부 때 같은 과에 미인으로 소문난 린 언니가 있었다. 사실 린 언니의 이목구비는 좋게 말하면 청순한 편이었고, 어찌 보면 그냥 평범했다. 그런데 린 언니만 보면 후광이 비추는 느낌이 들었다. 왜 그런지는 모르겠지만 언니가 매우 돋보이는 사람같이 느껴졌다. 한번은 강의실에서 내 룸메이트가 멀리서 오고 있는 미인을 보고 말했다.

"이쟈, 저기 오는 사람이 린 언니 맞지?"

나는 힐끔 보고 확신 있게 말했다.

"아니."

룸메이트는 다시 한번 더 쳐다보더니 또 말했다.

"맞는 것 같은데?"

나는 잠시 생각하다가 말했다.

"린 언니는 구부정한 자세로 걷지 않아. 그런데 저 사람은 어깨가 좀 굽어 있어."

가까이 가서 보니 린 언니와 비슷한 체형을 가진 미인이었지만 같은 느낌은 없었다.

수수하게 입고, 화장을 하지 않고 체형이 왜소해도 자세만 바르면 좋은 인상을 남길 수 있다. 대부분 사람들이 스마트폰을 사용하고, 텔레비전을 보고 밥을 먹고 책을 보느라 목만 앞으로 쭉 나온 거북목 자세를 하고 있다. 장시간 동안 이런 자세로 있으면 몸이 이를 기억하고 편한 자세로 고정되는 것이다. 이 '신체 기억'을 개선하려면 몸이 다른 자세를 기억하게 해야 한다. 가슴을 펴고 허리를 곧게 세우고 앉아서 몸이 자연스럽게 이 자세를 기억하게 만들어야 한다. 이렇게 하려면 반복해서 몸이 새로운 자세를 기억하게 하는 방법밖에 없다.

운동하고 춤 추는 사람들이 자세가 좋은 이유가 바로 이 때문이다. 나 역시 예전에는 자세가 구부정했지만 요가를 하면서 많이 좋아졌다. 한번은 처녀자리인 엄마한테서 허리가 곧다고 칭찬도 들었다. 습관을 바꾸는 가장 좋은 방법은 다른 습관으로 원래 습관을 바꾸는 것이다.

향수

한번은 얼굴도 옷차림도 평범한 한 남성이 버스를 탔다. 처음에는 별 관심을 갖지 않았지만 내 옆에 앉았을 때 은은한 향을 풍겼다. 이

순간 매우 남성적이면서도 섹시하다는 느낌이 들었다. 그와 동시에 주관이 뚜렷하며 생활을 즐길 줄 아는 남성적 이미지가 떠올랐다. 그래서 계속해서 몰래 그 사람을 훔쳐봤다. 갑자기 그가 매우 남자답게 생겼고 입고 있는 옷도 좋아 보였으며 센스 있는 사람으로 느껴졌다.

자신에게 잘 어울리는 향수를 뿌리면 매력이 급상승하게 된다. 여기서 중요한 것은 자신에게 잘 어울려야 한다는 것이다. 명품에 집착하지 말자. 내게 어울리지 않는 향수는 마치 뜬구름 잡는 소리를 하는 것처럼 역효과를 내니 안 뿌리는 것만 못하다. 만약 자신에게 어울리는 향수를 찾는 게 어렵다면 조급해 하지 말고 천천히 시도해 보자. 나는 예전에 100여 개의 향수 샘플을 사서 몇 달 동안 뿌려 본 끝에 마침내 내게 어울리는 향을 찾았다.

뿌리는 향수 양도 중요하다. 가까이 다가 갔을 때 향이 은은하게 느껴지는 정도가 적당하다. 체향보다 살짝 더 진한 정도면 충분하다. 회의실, 헬스장, 작은 레스토랑처럼 밀폐된 공간에서는 다른 사람에게 피해가 갈 수 있으므로 향수를 뿌리지 않는 게 좋다. 언젠가 레스토랑에서 식사를 하는데 옆 테이블에 앉은 여성의 향수 향이 너무 강해서 음식에 집중을 할 수가 없었다. 사실 이것은 조용하고 작은 레스토랑에서 큰 소리로 떠들면서 사람들한테 자신의 말을 들으라고 강요하는 것과 다름없다.

향수를 어디에 뿌릴지 고민이라면 마릴린 먼로가 이야기했던 것처럼 당신이 키스를 받고 싶은 부위에 살짝 뿌리면 된다.

워라밸 시대의 인생 디자인

여성적인 매력으로 더욱 돋보이기

에이미의 외모는 객관적으로 평범한 편에 속했다. 이목구비가 뚜렷하지 않았고 살짝 통통한 편인 데다가 대충 꾸미고 다녔다. 하지만 어렸을 때부터 지금까지 에이미는 이성들에게 인기가 많았다. 정말 다양한 스타일의 남자들이 에이미의 매력에 푹 빠지곤 했다. 에이미는 32세 때 자기보다 다섯 살이 어리고, 키 크고 잘생기고, 재력 있는 남자와 결혼했다. 에이미의 친구들은 모두 깜짝 놀라며 부러워했다. 에이미의 가장 큰 장점은 여성적인 매력이 물씬 풍긴다는 것이다.

만약 훌륭한 외모가 외용약이라고 가정하면 여성적인 매력은 병의 뿌리부터 제거하는 내복약이기 때문에 효과가 더 좋고 지속력이 오래 간다. 여성적인 매력은 여성이 행복해지는 성공하는 비밀 병기이므로 우리가 가지고 태어난 장점을 최대한 발휘할 수 있도록 노력해야 한다.

자, 그럼 지금부터 어떻게 하면 여성스러운 매력을 키울 수 있는지 이야기해 보겠다.

STEP 1   어떤 여성이 되고 싶은가?

목표를 실현하기 위해서는 먼저 명확한 목표를 세워야 한다. 여성적인 매력을 키우는 것도 마찬가지다. 사람마다 원하는 여성적인 매력이 다르다. 청순하고 귀여운 여성, 품위 있고 우아한 여성, 자유분방하고 섹시한 여성 등 각기 다른 여성상을 지향한다. 자신이 어떤 여성이 되고 싶은지 파악하기만 하면 어떤 모습이든 다 상관없다. 곰곰이 생각해 보자. 여성적인 매력이 넘치는 여성은 어떤 자질을 갖추고 있는가? 누가 이런 자질을 갖추고 있는가? 자질은 비교적 추상적인 개념이므로 구체적인 뮤즈가 있다면 참고할 때 유용하다.

예를 들면 내가 생각하는 매력적인 여성은 아래의 자질들을 갖추고 있다.

- 지혜롭고 온화하며 마음이 넓다. 나의 상담사인 제시카가 바로 전형적인 예다. 상담실 문을 열고 들어갈 때마다 웃으며 나를 반겨 준다. 이런 모습을 보면 마음이 놓이면서 모든 걱정거리가 사라진다.
- 자신감이 넘치고 독립적이며 에너지가 가득하다. 페이스북 최고 운영책임자COO 셰릴 샌드버그Sheryl Sandberg가 바로 이 타입이다. 모든 행동에 강단이 느껴지고 자신의 에너지로 세상에 큰 영향력을 끼친다. 잠재력과 실력을 모두 갖춘 여왕 같은 존재다.
- 우아하면서 기품이 넘친다. 오스카 여신 케이트 블란쳇Cate Blanchett이 단연 군계일학群鷄一鶴이다. 가까이 하기엔 너무나 먼 동경의 대상이다.
- 매력이 넘치고 섹시하다. 안젤리나 졸리Angelina Jolie처럼 사람을 사로잡는 매력이 있으면서도 자유분방하다. 그녀를 실제로 본 사람은 성별을 막론하고 모두 그녀의 아름다움을 찬양한다. 그리고 우리는 그녀를 보며 생명은 본래 이토록 아름다운 것이란 것을 새삼 깨닫는다.

워라밸 시대의 인생 디자인

이 모든 게 바로 내가 생각하는 여성적인 매력이 넘치는 여성이 갖춘 자질들이다. 모두에게 도움이 되기를 바라는 마음으로 나의 이상적인 롤모델을 공유해 보았다. 그리고 이제 자신이 생각하는 매력적인 여성의 자질과 롤모델의 장점을 적어 보자.

STEP 2 자신이 갖추고 있는 자질과 없는 자질을 분석한다.

어떤 여성이 되고 싶은지 곰곰이 생각한 후 이런 여성이 갖고 있는 자질 중에서 자신이 이미 갖추고 있는 자질과, 부족하지만 채우기 위해 노력해야 하는 자질에 대해 분석해 보자.

나의 이야기를 해보겠다. 나는 오랜 시간 동안 공부하고 변화하는 과정을 겪으면서 내 안에 숨겨진 긍정적인 면모를 발견하게 되었다. 이러한 자질들이 더욱 발전하고 자리 잡을 수 있도록 노력하는 것이 중요했다. 나에겐 성적 매력이 부족했다. 성적 매력은 내가 가장 추구하던 여성적인 매력 중에서 가장 바라는 매력이기도 했다. 이런 분석을 통해 지금까지 내가 왜 성적 매력이 부족하다고 생각했는지, 그리고 왜 성적 매력을 갖춰야 하는지 알게 되었다.

여기까지 왔다면 이제는 자신이 지향하는 여성상이 갖춘 자질을 분석하여 스스로가 이미 갖추고 있는 자질, 갖춰 나아가고 있는 자질, 전혀 갖추지 못한 자질을 찾아야 한다.

STEP 3 자신이 추구하는 이상적인 자질을 더욱 깊숙이 파악하고 갖추기 위해 노력해야 한다.

여성적인 매력을 키우기 위해 여러 가지 방법을 시도해 봤다. 이 중에서 가장 효과가 있었던 건 '여성 에너지 댄스'였다.

내가 나의 라이프 코치 데이비드 오스왈드David Oswald에게 나만의 여성적인 매력을 찾고 싶다고 말했을 때 웃으며 다음과 같이 말했다.

"사실 우리가 갖고 싶어 하는 여성적인 매력은 마음속에 있어요. 단지 어떤 사람은 얕은 곳에 숨겨져 있고, 어떤 사람은 깊은 곳에 숨겨져 있는 게 다를 뿐이죠. 우리가 해야 할 일은 마음속에 숨겨져 있는 자질을 효율적으로 발견해서 제대로 싹이 날 수 있도록 하는 거예요. 이렇게 하면 자연스럽게 우리의 한 부분으로 자리 잡게 되죠. 여성적인 매력을 키우는 가장 효율적인 방법은 '여성 에너지 댄스'를 배우는 거예요."

'여성 에너지 댄스'란 음악과 몸의 움직임을 통해 우리 내면에 있는 여성 에너지를 캐내어 영원한 연결고리를 만드는 것이다. 댄스의 효과는 매우 빠르게 나타났다. 2주 후에는 나 자신이 온화한 사람으로 변했다. 억지로 그런 척한 것이 아니었다. 바로 내면에 숨겨져 있던 여성미가 발산되기 시작했다. 태어나서 처음으로 '여성다움'을 찾은 것이다.

몇 달 전, 여성적인 매력 관련 특별 강좌를 준비하면서 다시 '여성 에너지 댄스'를 연습하고 기초 스텝을 복습했다. 연습한 지 며칠이 채 되지 않았을 때 회사에서 봉사활동을 하게 되었다. 처음 보는 남자 동료들과 같이 어린이들에게 자전거를 조립해 주는 일이었다.

흥미로운 점은, 조금이라도 힘든 일을 하려고 하면 10초도 안 되어서 남자 동료가 달려와 대신 일을 해주는 것이었다. 봉사활동을 하는 날이었기 때문에 화장도 안 하고 편한 옷차림으로 일을 하러 갔는데도 말이다. 그래서 여성적인 매력은 외모가 아닌 내면의 에너지에서 발산되는 것이라는 사실을 깨달았다. 이는 다시 한번 여성 에너지 댄스의 효과에 깜짝 놀라는 계기가 되었다.

그럼 이제 여성 에너지 댄스를 배워 보도록 하자. 모두 자신만의 여성적인 매력을 빨리 찾을 수 있기를 바란다.

여성 에너지 댄스

먼저 섹시하고 편안하고 안전하게 홀로 춤출 수 있는 분위기를 만든다. 어둠이 내린 저녁, 집에서 혼자 춤을 추기로 마음먹었다면 불을 끄고 초를 켠 다음 장미향 아로마오일 꽃을 준비한다. 그리고 가장 좋아하는 음악을 켠 다음 섹시한 레이스 속옷을 입고 하이힐을 신는다. 즐겨 하는 액세서리를 하고 화장을 옅게 하거나 립스틱을 바르고 샴페인 한 잔을 따라 놓는다. 만약 춤추는 모습에 자신이 있다면 전신 거울을 앞에 두고 거울 속 자신의 움직임을 봐도 좋다. 물론 거울이 없어도 상관없다. 어쨌든 더할 나위 없이 섹시하면서 분위기 있는 환경을 만들어 주면 된다.

다른 사람이 있을 때 춤추는 걸 추천하지는 않는다. 여성 에너지 댄스는 안정적이고 편안한 분위기에서 자기 내면의 여성적 에너지를 끌어내는 것이므로 설령 배우자일지라도 주위에 다른 사람이 있으면 100% 자연스럽게 행동하기 힘들기 때문에 효과를 보기 힘들다.

이어서 아래 4가지 여성 에너지 특성에 맞춰 춤을 추기 시작한다. 매 항목마다 한 곡씩 춤을 추도록 한다. 더욱 신경을 써서 키우고 싶은 자질은 두 곡씩 추어도 좋다. 전체 연습 시간은 약 20~30분이 소요된다.

처음 시작한 몇 주 동안은 주 2회 연습을 하고 그 이후에는 주 1회 혹은 비정기적으로 연습을 하면 된다. 물론 연습을 더 많이 해도 상관없다. 운동 삼아 하는 것이니 부작용 같은 건 절대 없다!

- 과감하게nasty. 불 같은 에너지로 열정이 가득하여 치명적인 매력을 뜻한다. 이전의 에너지에 맞춰 춤을 출 때 스스로를 구속받지 않는 자유롭고 과감한 스트리퍼라고 생각을 하면서 유혹적인 동작을 해보자. 고양이 자세로 바닥을 기어가거나 랩댄스 Lap Dance 를 춰보자. 최대한 섹시하게 춤을 추자!
- 활기차게sassy. 흙 같은 에너지로 트렌디하며 아름답고 활력이 넘치는 매력을 뜻한다. 이전의 에너지에 맞춰 춤을 출 때 「섹스 앤 더 시티」의 여주인공 캐리 브래드쇼가 뉴욕 5번가를 따라 걸으면서 자유로움을 만끽하며 활짝 웃으며 걷는 모습을 생각해 보라. 최대한 활력 있게 춤을 추자!
- 우아하게graceful. 공간의 에너지로 아름다우면서도 고고한 자태가 필요하다. 눈에 보이지만 함부로 대할 수 없다. 케이트 블란

워라밸 시대의 인생 디자인

챗 Cate Blanchett 이 오스카 레드카펫을 걷고 있을 때 사람들이 눈을 떼지 못하는 장면을 상상해 보자. 물론 당신의 마음속에 간직한 우아함의 대명사는 오드리 햅번 Audrey Hepburn 혹은 다이애나 왕비일지도 모른다. 누구여도 상관없다. 내가 생각하는 우아함의 여신과 같은 움직임을 상상하면서 느낌에 따라 춤을 춰보자. 최대한 우아하게 춤을 추자!

• 유혹하면서 flirty. 공기 같은 에너지로 매우 가볍고 재빠른 느낌이다. 이런 에너지에 따라 춤을 출 때 레이스 치마를 입은 요정이 숲속에서 행복한 모습으로 뛰어다니는 모습을 상상해 보자. 한쪽에서는 한 남자가 홀린 듯이 당신을 바라보고 있다. 당신은 장난을 치면서 짓궂게 웃는다. 그가 자기도 모르는 사이에 당신을 따라다닐 것이다. 최대한 유혹하는 느낌을 가지고 춤을 추자!

• 섹시하게 seductive. 물 같은 에너지로 매우 요염하며 섹시한 느낌이다. 이런 에너지대로 춤을 출 때 아름다우면서도 신비로움을 간직한 중동 출신 벨리 댄서와 이들의 파도와 같은 움직임을 떠올려보자. 혹은 영화 「미스터 & 미세스 스미스 Mr. and Mrs. Smith」에 나오는 안젤리나 졸리가 영화 시작 부분 흰색 레이스 치마를 입고 군중 속에서 살랑살랑 춤을 추며 브래드 피트를 유혹하는 듯이 춤을 추는 것처럼 춤을 춰보자. 최대한 사랑스럽게 춤을 추자!

에너지 댄스를 어떻게 추어야 할지 모르겠다면 대충 비슷하게 흥

내 내서 추면 된다. 아이들이 병원 놀이를 할 때 의사 역할을 알고 하는 게 아니다. 청진기를 들고 의사 흉내를 내면서 논다. 여성 에너지 댄스도 마찬가지다. 처음엔 상상력을 발휘해 기대어 비슷하게 흉내를 내는 것이다. 연기를 하는 게 아니니 거울을 볼 필요도 없고 어떻게 춤을 추든 모두 상관없다. 마음속의 여신이 어떻게 춤출지 상상해 보라. 케이트 블란쳇, 마릴린 먼로, 안젤리나 졸리, 스트리퍼가 춤을 추는 모습을 상상해 보자……. 그래도 상상이 잘 안 된다면 인터넷에서 영상을 찾아보자. 그런 느낌으로 춤을 추면 된다. 춤추다 보면 그에 상응하는 에너지가 내면에서 뿜어져 나오게 되고 몸이 이 에너지를 기억하여 당신의 일부분이 된다. 그리고 자연스럽게 여성적인 매력을 가진 사람이 되어 가장 진실된 모습으로 이 세상을 마주하게 될 것이다.

내공을 쌓아 진정한 승자가 되기

중국인 왕 여사는 26세 때 미국에 와서 결혼을 세 번 했다. 결혼을 할 때마다 능력이 더 좋은 남편을 만났다. 현재 왕 여사의 남편은 포춘지 표지에 나오는 억만장자 사업가이다. 남다른 인생을 살아온 그녀에게 많은 사람이 호기심을 갖는다. 그리고 그녀가 엄청나게 빼어난 미인이라고 추측한다. 하지만 그녀를 직접 봤을 때 모든 환상이 산산조각이 나버린다. 왕 여사는 50대 초반 왜소한 체격에다 화장을 하지 않고 약간 보수적인 옷차림을 하고 있다. 매우 딱딱한 인상을 가졌으며 부드러움이라고는 눈을 씻고도 찾아볼 수 없다.

머리부터 발끝까지 치장한 부잣집 사모님들 사이에서 그녀는 마치 집사처럼 보인다. 오직 반짝이는 눈동자만이 그녀가 살아온 인생을 이야기해 준다. 평범한 가정에서 태어난 왕 여사는 우여곡절 끝에 미국에 왔다. 밑바닥부터 시작한 그녀는 이제 실리콘밸리의 벤처 투자자이자 여러 일류 심리 트레이닝 센터의 이사직을 맡고 있다. 그녀가 겪은 세월은 책으로 써도 될 만큼 풍파가 많았다. 하지만 그녀는 절대로 굴복하지 않고 단단한 내공을 가진, 이 세상에 하나밖에 없는 여성으로 성장했다. 그리고 성공적으로 사랑까지 성취했다.

나는 내공을 인생 경험, 지혜, 지식의 복합체라고 생각한다. 성별을 막론하고 내공은 궁극적인 매력이며, 이 에너지는 준수한 외모와 여성적인 매력을 뛰어넘는다. 연애 중이든 아니든 어떤 장소에 있든 상관없이 내공이 있는 사람은 오랫동안 존중과 사랑을 받기 때문에 멋진 사랑을 할 확률이 더 높다.

내공을 쌓는 방법은 매우 간단하다. 기나긴 세월 동안 공부하고 경험한 내용을 쌓아서 이를 바탕으로 더 나은 사람으로 거듭나는 것이다. 이 말이 지금은 마음에 잘 와 닿지 않을 것이란 사실을 잘 알고 있다. 이는 마치 집을 지을 때처럼 벽돌을 하나하나씩 차곡차곡 쌓아 올리는 과정처럼 지름길은 없다. 하루하루 열심히 살고 시간을 소중히 여기고 최대한 많은 시간을 자기계발에 쏟는 것은 절대로 낭비가 아니다. 언젠가 내공이 있는 사람으로 성장할 수 있다. 지금은 몇 가지 기본 원칙을 공유하고자 한다.

- 삶에 대한 호기심과 열정을 가져야 한다. 실패를 두려워 말고 많이 경험하고 도전하자.
- 투자의 귀재 워런 버핏Warren Buffett과 찰리 멍거Charlie Munger는 공부가 가장 중요하다고 말한다. 공부는 일생에 걸쳐서 해야 하는 일이다. 시간을 친구로 삼아 자기 자신에게 투자해야만 나이를 먹을수록 많은 깨달음을 얻고 내공도 쌓을 수 있다
- 자기계발 연설가 짐 론Jim Rohn은 "당신과 가장 많은 시간을 보내는 다섯 사람의 평균이 바로 당신의 인생이다"라고 말했다. 주관 있고 끊임없이 노력하는 사람을 가까이하고, 당신의 격을 떨어뜨리는 사람은 멀리하도록 하자.

이상적인 연인 끌어당기기

배우자 선택 기준을 명확히 하고 충분한 매력을 갖췄다면 이제는 끌어당김의 법칙the Law of Attraction을 이용하여 적당한 대상을 당겨보자.

목표가 명확하면 온 세상이 당신을 돕는다

배우자 선택 기준은 매우 중요하다.

첫째, 자신이 무엇을 원하고 무엇을 원하지 않는지 알아야 이성적인 선택을 쉽게 할 수 있고, 선택한 연인과 원칙적 충돌을 일으키지 않게 된다.

둘째, 자신이 원하는 것을 알아야 세상으로부터 원하는 것을 얻을

워라밸 시대의 인생 디자인

수 있다. 이 세상을 주방으로 가정한 예시를 기억하는가? 요리사에게 모호하게 메뉴를 주문할 것인가? 대부분 사람은 아마 정확하게 주문할 것이다. 왜냐하면, 사람들은 자신이 원하는 메뉴를 정확히 주문해야 요리사가 원하는 음식을 만들어 준다고 생각하기 때문이다. 그런데 왜 애매모호한 연인 기준을 이 세상에 알려주는 것인가? 이러면 자신에게 적합한 사람을 찾아줄 수 있을까? 사실 많은 일이 우리가 먼저 생각을 정리해야만 다른 사람들의 도움을 받을 수 있고, 그렇게 되어야 쉬워진다.

셋째, 자신이 원하는 것을 알아야 잠재적인 연애 상대자들도 당신의 연인을 찾는 데 도움이 된다. 우리는 항상 나쁜 남자가 많다고 불평한다. 연애운도 별로고 주변에 괜찮은 사람이 없다고 말한다. 하지만 당신이 무엇을 원하고 무엇을 원하지 않는지 분명하게 알린다면 동시에 당신이 상대방을 매료시킬 매력까지 지니고 있다면 주변에 잠재적 연애 상대들도 그들이 당신과 어울리는지 스스로 판단할 수 있다. 만약 두 사람이 잘 맞는다면 그가 기쁜 마음으로 당신에게 빠르게 다가올 것이고 자신이 당신이 원하는 상대라는 것을 알게 된다. 하지만 두 사람이 잘 안 맞는다면 그는 자신이 당신이 원하는 상대가 아니라는 것을 알고 자연스럽게 떠날 것이다. 즉 잠재적인 연애 상대 역시 당신이 선택을 하는데 도움을 준다.

내가 소개팅 웹사이트에서 1주일 만에 만나게 된 일을 얘기해 보겠다. 많은 사람이 온라인상에서 알게 된 사람과 교제하는 것을 부정적인 시각으로 바라본다. 온라인상엔 별의별 사람들이 있고 정보의 양이 방대하기 때문이다. 하지만 나는 인터넷에서 이와 관련된 부정적인 경험을 한 적이 없었다. 내가 무엇을 원하는지 제대로 알고 있을 때 나 혼자서만 노력한 것이 아니라 온 세상과 더불어 모든 잠재적인 연애 상대자들이 도움을 주었다.

미국의 한 대형 무료 소개팅 웹사이트에서 수많은 자기소개 가운데 아래와 같은 자기소개를 봤다고 생각해 보자.

> 이쟈, 중국 상하이 출신. 아시아 은행 및 아프리카 은행 근무 경험 있음. 2009년 MBA를 취득하기 위해 미국에 왔고 지금은 샌프란시스코에 위치한 salesforce.com에서 판매 기획 업무를 맡고 있음. 공부, 여행, 독서와 글쓰기를 좋아함. 건강하고 가정적이며 사람을 좋아하며 책임감이 많음. 자기계발을 좋아하는 신뢰할 만한 사람을 만나 가정을 꾸리고 싶음……

자기소개 옆에는 보정을 하지 않은 최근 사진을 같이 올렸다. 결과는 어땠을까? 소개팅 사이트에는 별별 사람이 다 있긴 하지만, 내겐 희롱하는 메시지 같은 건 거의 오지 않았다. 내가 올린 구체적인 연인 선택 기준과 매우 솔직하고 당당한 자기소개를 보고 찔러 볼 생각조차 하지 못한 것이다. 또 나와 데이트를 했던 남자들은 모두 안정적인 관계를 찾고자 하는 신뢰할 만한 사람들이었다. 아톤 역시 그랬다. 아톤은 나중에 내 자기소개를 보고 매우 기뻤다고 말해 주었다. 그는 내가 자기 자신을 잘 파악하고 있는 여성이라 생각했고, 자신이 원하는 배우자 기준에 적합하다고 느꼈다고 했다. 솔직하고 용감한 내가 마음에 들어 긴 메시지를 적어서 자기를 소개하고 데이트 약속을 잡았다. 이렇게 나는 명확한 기준을 바탕으로 1주일 만에 인터넷 사이트에서 인생의 동반자를 만났다. 이것이 바로 목표가 가지고 있는 힘이다.

끌어당김의 법칙이 효과를 발휘할 수 있는 공간 만들기

이미 명확한 연인 선택 목표를 세웠고 이에 걸맞은 매력마저 갖췄다고 해도 온종일 텔레비전 앞에만 앉아 있다면 이성과 만날 기회가 없는데 끌어당김의 법칙이 어떻게 효과를 발휘하겠는가? 그러므로 끌어당김의 법칙이 제대로 효과를 발휘하여 이상적인 연인이 우리 곁에 올 수 있도록 이성과 만날 수 있는 모든 방법을 동원해야 한다. 우리는 보통 소개팅, 맞선, 온라인 데이트, 파티, 취미 동호회, 사교 활동 등을 통해 이성을 만난다. 어떤 방식은 만나는 사람도 별로고 효율도 떨어진다. 하지만 대부분은 방법에 문제가 있는 게 아니라 목표가 명확하지 않아 올바른 방법을 선택하지 못하기 때문이다. 명확한 목표를 갖게 되면 여러 방법을 걸러낼 수 있게 되며, 우리에게 어울리는 사람을 찾는 데 도움이 된다.

나는 온라인에서 만남을 추천한다. 당신의 반쪽을 찾을 수 있는 아주 효율적인 방법이기 때문이다.

첫째, 온라인에서 만나는 사람들은 모두 솔로이기 때문에 오프라인 만남에서처럼 상대방의 결혼 유무를 알아내기 위해 수고하지 않아도 된다. 사교적인 장소에서 만난 사람들의 결혼 유무 상태를 알기란 매우 힘든 일이다.

둘째, 상대방의 사진, 기본적인 상황, 연인 선택 기준, 글솜씨 등을 볼 수 있다. 여러 가지 정보를 통해 한 사람을 직관적으로 이해할 수 있고, 만나기 전에 대략적으로 선택을 할 수 있어 시간을 많이 절약할 수 있다.

셋째, 매우 중요한 부분이다. 바로 우리가 누구인지, 어떤 삶을 지향하는지, 어떤 사람을 만나고 싶은지 등등 우리 자신을 최대한 어필할 수 있다. 자신이 원하는 바를 명확하게 밝히며 나와 잘 어울리는 사람을 만날 수 있다. 물론 소개팅 웹사이트에 거짓 정보도 많으니 조심할 필요가 있다.

명확한 목표를 세웠고 그에 상응하는 매력을 갖춘 데다가 이성을 만나는 여러 방법까지 동원했다면, 당신과 잘 어울리는 연인을 만나는 일은 결코 어려운 일이 아니다. 하지만 이 모든 것을 시도했는데도 여전히 '솔로 탈출'에 실패했다면 다음 두 가지 가능성이 있을 것이다.

첫째, 아직 제대로 된 인연이 닿지 않았다. 이런 상황이라면 계속 사랑을 가벼운 사치품 정도로 여겨야 한다. 하루하루를 열심히 살고 자기계발에 힘쓰고 모든 가능성을 열어 둔다면 적당한 시기가 되었을 때 인연이 나의 인생으로 걸어 들어올 것이다.

둘째, 현재 주위에 마땅한 사람이 없다. 이런 상황은 조건이 뛰어

워라밸 시대의 인생 디자인

나며 연인 선택 기준이 높은 사람들에게서 흔히 볼 수 있다. 이런 타입의 사람들은 명확한 목표를 가지고 있고 좋은 조건을 갖추었다. 하지만 요구치가 너무 높기 때문에 어울리는 사람을 찾기가 쉽지 않다. 같은 고향, 같은 국가, 심지어 같은 인종 중에서도 적합한 사람이 몇 안 된다. 그러므로 현재 인간관계에서는 마땅한 사람이 아예 없거나 너무 치열한 경쟁 속에 놓여 있는 것이다. 이때 우리는 더 많은 방법을 동원하여 목표 대상이 더 많은 곳에 집중을 해야 한다. 몇 가지 예시를 들어보겠다.

많은 사람이 비즈니스 스쿨을 찾는 이유는 커리어를 쌓는 것 외에도 자신과 어울리는 인생의 동반자를 만나려는 목적도 있다. 비즈니스 스쿨은 머리가 비상한 젊은이들이 모여 있는 곳이기 때문이다. 그리고 실제로 많은 사람이 이곳에서 인생의 동반자를 만났다.

비즈니스 스쿨 동기 중에 인도 친구가 있었다. 그의 여동생은 인도에서 교사로 일하고 있었는데, 방학이 되면 오빠를 만나러 와서 두 달 내내 머물다가 돌아가곤 했다. 방학이 끝나고 인도로 돌아가기 전 그녀는 다른 인도 친구와 연인 사이임을 밝혔다. 그리고 솔로 둘은 나중에 백년가약을 맺었다.

그리고 또 다른 친구는 남녀 성비 불균형이 매우 심각한 도시에서 몇 년 동안 솔로로 지냈다. '솔로 탈출'이 불가능하다고 여겨 별안간 고액 연봉의 직장을 그만두고 독신주의자들이 바글거리는 샌프란시스코로 이사했다. 2년 만에 결혼하고 아이를 낳았다.

이런 사례는 셀 수 없이 많다. 많은 사람이 이렇게 평생의 동반자를 만나기 위해 엄청난 비용과 노력을 투자한다. 행복은 이런 사람들의 것이다. 그러므로 주변에 나와 어울리는 사람이 없어도 불평을 하지 말고 어떻게 하면 자신이 가지고 있는 자원을 충분히 활용할 수 있을지 생각해 보자.

워라밸 시대의 인생 디자인

행복도 전략이 필요하다

우아하게 솔로 탈출에 성공해서 원칙적 충돌이 없고 5가지의 매력도 잘 맞는 상대를 만났다면, 탄탄한 사랑이 기반이 마련되었고 안정적인 연인 관계로 발전하기 위한 기초도 쌓은 것이라 볼 수 있다. 장수 커플들은 잘 알 것이다. 사랑이 가장 아름다운 시기는 연애 초반이고 이때 사랑의 수위水位도 가장 높다는 것을. 한시도 떨어지지 않고 딱 달라붙어 '꽁냥'대는 연인들은 서로에게 최대한 좋은 점을 보여 주며 상대방을 매혹시키려 한다. 하지만 어느 정도 안정기에 접어들면서 사랑의 감정은 그저 평범하고 시시해지거나 심지어 추해지기까지 한다.

아무리 서로의 신뢰가 깊은 연인이라 할지라도 다투기 마련이다. 이때 많은 사람은 어떻게 화해해야 할지 몰라서 으르렁대며 다투기만 한다. 겉보기에 두 사람은 문제를 해결하기 위해 애쓰는 것 같지만 사실 나아지는 것은 아무것도 없다. 결국, 에너지만 잔뜩 소모하고 서로의 인내와 양보로 사랑의 마침표를 찍는다. 이렇게 한바탕 싸움이 일어날 때마다 사랑의 수위는 한 단계 낮아진다. 사랑의 수위가 경계선까지 떨어지면 두 사람의 관계는 되돌리기 힘들어지고 애정 전선에도 빨간불이 들어온다. 이런 방식으로 사랑을 이어나가는 건 제 발로 자살의 늪으로 걸어 들어가는 것과 다름없다. 결과는 처음부터 정해져 있던 것이며 사랑이 끝나는 것은 시간문제일 뿐이다.

연구에 따르면, 부정적 대화는 다섯 차례 혹은 그 이상의 긍정적 대화로 보완될 수 있다. 사랑의 수위를 높은 상태로 오래오래 유지하고 싶다면 부정적 대화를 줄이고 긍정적 대화를 최대한 늘려나가야 한다. 손실은 최소한으로, 물은 최대한으로 차오르는 사랑의 수위가 최고치를 기록할 때 더욱 행복해질 것이다.

사랑의 댐이 튼튼하면 사랑의 수위도 고공행진

아무리 두 사람의 애정이 깊고 성격이나 세계관, 가치관, 인생관까지 척척 들어맞는다 해도 늘상 다투기 마련이다. 연인 사이에 다툼이 일어났을 때 첫 번째로 나타나는 반응은 분노·슬픔·불만·불신 등이므로 부정적인 대화가 오갈 수밖에 없다. 부정적인 대화가 가져오는 파괴력은 어마어마하여 문제 해결에 아무런 도움이 안 될뿐 아니라 사랑의 댐이 무너지는 결과를 낳는다. 뒤늦게 구멍난 댐을 열심히 막아 봤자 새어 나간 물은 주워 담을 수 없다. 그러므로 우리는 부정적인 대화를 가급적 줄이고, 가능하다면 완전히 차단하여 '튼튼한 댐'을 쌓아 올려야 한다. 이렇게 되면 사랑의 수위는 자연스레 고공행진하게 될 것이다.

부정적인 대화를 줄이거나 완전히 차단하려면 다음에 이어지는

워라밸 시대의 인생 디자인

이야기를 기억하라. 이것만 명심하면 어떤 대화에서도 실수하지 않을 것이다.

사랑으로 서로의 다름을 수용하자

건강식을 굉장히 중시하는 지인이 있다. 그런데 그녀의 연인은 패스트푸드와 콜라를 즐겨 먹는다. 그녀는 치킨과 감자튀김을 잔뜩 사들고 오는 연인을 볼 때마다 못마땅하고 화가 난다. 연인에게 "대체 이런 음식을 왜 그렇게 좋아해요? 건강에 얼마나 나쁜지 몰라요? 이런 거 말고 샐러드를 더 먹을 생각을 좀 해봐요?" 하고 쏘아붙인다.

이런 부정적인 대화는 음식 얘기가 나올 때마다 두 사람이 싸우게 되는 결과를 가져와 상대방은 오히려 패스트푸드를 더 찾게 되고 그녀는 더 화날 수밖에 없다.

사람마다 성장 배경, 가정교육, 성격과 성별이 저마다 다르기 때문에 문제 해결 방식과 사고방식, 인지 능력과 상식도 각각 다르다. 하지만 우리가 간과하고 있는 것 중 하나는 바로 '내가 전부 옳아', '이건 이렇게 하는 게 맞아'라고 생각한다는 점이다. 이런 생각이 들면 나와 상대방의 다름을 이해하지 못하고 "당신은 왜 그렇게밖에 생각/행동을 못 하지?"라는 의문이 들 수밖에 없다. 결국 서로에 대한 실망은 극에 달하고 분노가 치밀어 오른다. 이어서 상대방을 내가 생각하는 '옳은' 모습대로 바꾸려 든다.

2장에서 이미 '세상의 모든 것은 좋고 나쁨옳고 그름은 없으며, 좋고 나쁨은 그저 우리 생각 속에 존재하는 것이다'라고 언급했다. 다시 말해, 우리의 인지 속에서 옳고 그름, 높고 낮음의 개념 자체가 없고, 심지어는 참이라는 것도 없으며 사실 자체의 진위를 말하는 것이 아니라, 그저 다름만이 존재할 뿐이다. 이를 제대로 이해했다면 상대방의 다름 때문에 부정적인 반응을 보일 필요가 전혀 없다. 그리고 상대방을 내 마음대로 억지로 바꾸려 들지도 않을 것이다. '샐러드가 좋은가 치킨이 좋은가'는 그저 기호의 차이일 뿐이다. 이건 '어떤 색깔을 더 좋아하는가'와 같은 단순한 문제일 뿐 옳고 그름을 따질 문제가 아니라는 이야기다. 아흔을 바라보고 있는 투자의 신, 워런 버핏도 매일 아침 맥도날드를 즐겨 먹고 하루에 5병의 콜라를 마시지만 누구보다 건강하게 오래오래 살고 있지 않은가. 프라이드 치킨 먹는 것이 정말 잘못된 것일까?

게다가 타의에 의해 억지로 바뀌어야 하는 상황에 닥치면 사람은 가장 먼저 '내가 어디가 부족한 걸까', '그녀가 날 싫어하는 건 아닐까' 하는 부정적인 반응부터 보인다. 그리고 상대방에게 반발심을 가지게 된다. 모든 사람의 잠재의식에는 '내 일은 내가 알아서 한다'는 생각이 깔려 있다. 설사 내가 정말 잘못된 행동을 했더라도 '내 일은 내가 알아서 한다' 혹은 '내가 옳다'라는 잠재의식이 나의 의식을 통제하고 있으므로 누군가가 나를 바꾸려 하면 저항은 더욱 심해진다. 내 친구의 연인이 패스트푸드를 일부러 더 먹으려 하고, 엄격한 부모 밑에서 자란 자녀일수록 고집이 더 세고 반항적인 것도 모두 이러한 이유 때문이다.

반대로, 만약 우리가 상대방의 다름을 수용한다면 상대방은 우리가 자신을 지적하거나 억지로 바꾸려 든다고 느끼지 않을 것이다. 이때 우리는 연인이 나란 존재를 온전히 수용한다고 느낄 것이다. 또한, 연인에게 사랑받고 있으며, 자신이 삶의 주도권을 쥐고 있다고 생각하여 마음속 깊은 곳의 저항과 반발심은 사라질 것이다. 오히려 더 열린 마음으로 상대방에 대한 호기심, 심지어는 동경심으로 연인 사이의 다름을 인정하거나 자신에게 가장 적합한 결정을 내릴 수 있다.

나와 아톤은 이제 서로의 다름을 수용할 줄 안다. 우리는 '내가 맞고 당신은 틀리다'라는 생각으로 나만 추켜세우고 상대방을 무시하는 것이 아니라 서로의 다른 의견을 인정해준다. 오히려 우리는 '당신의 의견에 동의하는 것은 아니지만 분명 당신만의 이유가 있을 것이다'라는 생각으로부터 출발한다.

예를 들면 나는 자유분방한 사람이다. 너그러울 땐 한없이 너그럽고 대놓고 언성 높이며 싸우는 것도 싫어한다. 반면 변호사 출신인 아톤은 하나하나 따지는 성격이고 한번 마음먹은 일은 끝장을 봐야 직성이 풀린다. 하루는 5성급 호텔의 레스토랑에 갔는데 입구에서 5분이나 기다려도 안내해 주는 사람이 없었다. 기분이 나빠진 아톤은 바로 지배인을 불러 한바탕 난리를 쳤다. 사실 우리가 급한 일이 있던 것도 아니기 때문에 일을 크게 만들 필요는 없었다. 게다가 싸움을 싫어하는 나는 아톤이 지배인을 부르자 갑자기 가슴이 빨리 뛰면서 불안해졌다. 물론 5성급이란 명예에 걸맞지 않는 서비스를 보인 호텔 측에 고객의 의견을 알려야 한다는 아톤의 생각을 이해한다. 그래서 말리거나 간섭하지 않고 그들의 대화가 안 들리는 곳으로 물러나 최대한 나의 불안감을 해소하려 했고, 아톤에게도 그의 의견을 피력할 기회를 주었다.

성숙한 사랑이란 상대방의 모든 것을 있는 그대로 받아들이는 것이다. 상상 속 내 연인이 아닌 있는 모습 그대로의 연인과 연애하는 것이다. 연인의 모든 것을 인정해 주고, 억지로 바꾸려 하지 않는 것이 연인에 대한 최고의 존중이며 성숙한 사랑 방식이다. 성숙한 사랑을 하면 다툼과 충돌은 눈 녹듯 사라지고 두 사람 사이의 이해·존중·신뢰·수용에서부터 대화가 시작된다. 게다가 이런 대화 방식은 서로 존중하고 사랑하며 성숙한 사랑을 할 수 있는 기초를 마련해 준다.

잘 듣고 잘 말하면 어떤 논쟁도 두렵지 않다

연인 사이에 일어나는 논쟁은 크게 두 가지다. 하나는 '나와 무관한 일'이다. 연인이 패스트푸드를 좋아한다든지 호텔 서비스 불만으로 지배인을 부른다든지, 혹은 말을 천천히 하는 습관, 사교적이지 않은 성향 등이 바로 그것이다. 이런 일들은 주로 개인의 기호 문제라 주변 사람에게 별다른 영향을 끼치지 않는다. 이런 논쟁이 일어났을 때 연인을 진정으로 사랑한다면, 즉 연인의 모든 것을 받아들인다면, 자연스럽게 상대방이 자신의 일을 할 수 있도록 충분한 시간을 주고 기다릴 수 있다. 이때 두 사람 사이에 발생한 논쟁은 쉽

워라밸 시대의 인생 디자인

게 해결될 것이다. 어쩌면 애초에 서로 부딪칠 일조차 없을 수 있다.

둘째는 바로 '나와 관련된 일'이다. 예를 들면 워커홀릭인 연인이 나와 함께 보낼 시간이 없다. 연인은 너무 지저분해서 두 사람이 함께하는 생활과 공간에 영향을 준다. 연인은 너무 게을러서 모든 일은 전부 내 차지다. 연인은 내 부모님을 존중해 주지 않아서 늘 나를 불쾌하게 만든다. 연인은 섹스 스킬이 형편없어서 내 성적 욕구를 채워주지 못한다.

이런 일들은 상대방의 기호에서 비롯된 것이라 할지라도 나에게 큰 영향을 미친다. 이런 논쟁이 빚어졌을 때 연인을 진정으로 사랑한다면, 즉 연인의 모든 것을 받아들인다면 이런 문제들은 연인 사이의 다름일 뿐 그 이상도 이하도 아니라는 점을 명확히 인식하게 될 것이다. 그러므로 '내가 맞고 당신은 틀리다'라는 식의 생각도 하지 않을 것이고, 싸움으로 크게 번지지도 않을 것이다. 또 상대방은 연인이 자신을 온전히 받아들이지 않는다고 생각지 않아 스스로 변화해야 할 필요를 못 느끼게 된다. 이는 분명 좋은 출발이라고 할 수 있다. 그러나 상대방에게 받아들여진다는 것 자체만으로는 문제를 해결할 수 없다. 두 사람의 논쟁을 풀어나가려면 논쟁 해결 능력을 길러야 한다.

STEP 1 '나를 온전히 내려놓고' 상대방의 목소리에 귀를 기울여라.

미스터 왕의 아내는 부부 사이의 대화가 부족하다고 늘 불만을 토로했다. 하지만 미스터 왕은 이에 대해 한마디로 일축했다. "대화가 부족하다고? 당신이 매일 밤 11시가 되어야 겨우 집에 오는데 대화할 시간이 어디 있지?" 사실 이러한 사례는 부부 사이에서 자주 일어나지만 쉽게 해결할 수 있다. 문제는 미스터 왕은 경청이라는 걸 할 줄 몰랐고 아내의 생각을 알아채지 못해 문제를 쉽게 해결할 수 있는 기회를 놓쳤다는 것이다. 게다가 이런 비슷한 유형의 일들이 반복적으로 일어나면서 상황은 더욱 악화되어 결국 이혼 수속까지 밟게 되었다.

두 사람의 논쟁을 해결하려면 우선 서로의 입장을 헤아리고 싸움이 시작된 배경과 두 사람이 지향하는 목표를 잘 파악해야 한다. 더 중요한 것은 두 사람은 논쟁을 해결하는 파트너지 적이 아니므로 상호 간 신뢰를 쌓아야 한다. 서로 신뢰를 쌓는 가장 효과적인 방법이 바로 경청이다.

일반적으로 우리는 논쟁을 해결할 때 상대방에게 말할 기회조차 주지 않고 자신의 생각과 논리를 고집하며 상대를 설득시키려 한다. 이는 여전히 내가 옳다고 여기고 있으며, 상대가 자기 뜻대로 움직여 주기를 바란다는 것을 의미한다. 다시 말해, 연인을 진정으로 사랑하는 마음, 즉 연인의 모든 것을 온전히 받아들일 준비가 되어 있지 않다는 것이다. 연인 사이의 논쟁이 그저 서로의 다름에서 비롯된 것일 뿐 어느 한쪽이 맞고 틀리고의 문제가 아니라는 것을 이해했다면, 상대방은 도대체 어떤 생각을 하고 있는지 궁금하지 않을까? 혹은 나와 연인의 생각이 왜 다른지, 내가 연인으로부터 배울

점은 없는지 생각해 봐야 할 것이다.

잠시만이라도 의견은 접어두고 상대방의 목소리에 귀 기울이면서 말해 보자.

"우리가 서로 다르다는 것을 잘 알고 있어요. 하지만 난 당신의 의견을 존중하고 당신과 함께 문제를 잘 해결해 나가고 싶어요."

이렇게 말해 준다면 상대방은 자신이 연인으로부터 존중과 이해를 받고 있으며 신뢰를 얻었다고 생각할 것이다. 그리고 적대적인 자세보다는 평온한 자세로 당신과 자신의 의견을 공유할 것이다.

경청이라 함은 단순히 잘 듣기만 하는 '자세'가 아니라 하나의 '기술'이라는 점을 유념해야 한다. 그리고 가장 효과적인 경청 방법은 '나를 온전히 내려놓고' 듣는 것이다. 사실 사람들은 대부분 상대방의 말을 들으면서 머릿속에 자신만의 '배경음악'을 플레이시킨다. 그리고 상대방의 말에 리듬을 타면서 그의 말이 맞는지 틀렸는지, 이 의견에 동의하는지 안 하는지, 그의 생각이 좋은지 아닌지 등 상대의 말을 자신만의 방식으로 다시 재구성한다. 결국 머릿속에는 상대가 처음에 했던 말이 무슨 의미였는지는 다 잊혀지고 자기식대로 재구성된 이야기만 남는다. 이런 식으로 연인의 이야기를 들으니 상대는 자신이 이해받지 못한다고 느끼고 더는 대화를 나누지 않으려 한다. 당신이 제대로 들어주지도 않고 얘기해 봤자 다 당신의 뜻대로 왜곡되니 말해 봤자 무슨 소용인가.

나를 온전히 내려놓고 경청하는 것은 당신 머릿속에 자신만의 배경음악을 잠시 꺼두는 것이다. 이는 어떠한 판단도, 변호도, 시비를 가리는 일도 하지 않는 것이다. 상대방의 입장에서 그 사람의 눈으로 세상을 바라보는 것이다. 이렇게 하면 상대방이 무슨 말을 하려는 건지, 심지어 당시 상대방이 느낀 생각과 감정들이 무엇이었는지 있는 그대로 전부 헤아릴 수 있다. 상대가 굳이 말로 다 표현하지 않는다 할지라도 말이다. 이것이 바로 진정한 역지사지의 자세다.

다시 미스터 왕의 이야기로 돌아가 보자. 아내가 두 사람의 대화가 부족하다고 불만을 토로했던 건 사실 '우리 사이에 문제가 있으니 당신과 이야기를 나누고 싶다'라는 일종의 신호였다. 이때 어떤 설명이나 변명은 뒤로하고 바로 대화를 시작하라. 아내에게 생각과 감정을 전부 말해 달라고 하고 당신은 그저 열심히 듣기만 하면 된다. 아내의 불만이 무엇인지, 진정으로 원하는 것이 무엇인지 귀 기울여 듣고 이해하려고 노력하면 된다. 그럼 아내는 이해받고 있다는 생각이 들어 부부 사이의 논쟁을 해결할 수 있는 실마리가 풀리게 된다. 사실 이때 상대방이 자신의 생각을 충분히 이야기하고 당신도 상대방의 입장을 이해했다면 이미 문제의 반은 해결된 것이나 다름없다.

요즘 나는 아톤과 다툴 때마다 습관적으로 나의 주장과 관점을 접어둔다. 나만의 배경음악을 잠시 끄고 아톤이 왜 그런 생각과 행동을 했는지 경청한다. 내가 이렇게 들을 준비가 되어 있으면 아톤도 마음을 활짝 열고 편안한 상태로 모든 의견을 나와 공유한다. 내가 어떤 편견이나 평가의 자세가 아닌 이해의 마음으로 이야기를 들을 것임을 알기 때문에 전투태세로 완전무장을 할 필요가 없다. 아톤이 나와 의견을 공유할 때 나 역시 그가 느끼는 모든 감정을 온전히 이해하는 느낌을 받는다. 심지어 나도 모르게 그의 언어로 두 사람의 대화를 이어나간다. 이야기를 다 듣고 나면 정말 이해 불가했던 논쟁거리들이 전부 해소된다. 아톤이 왜 그렇게 생각했고 말했고 행동하고 느꼈는지, 또 그가 진정으로 원하는 것이 무엇인지 전부 알게 된다.

자신을 내려놓아야 비로소 다른 사람의 이야기에 귀 기울일 수 있다. 나를 온전히 내려놓고 경청하는 법을 배우면 연인 사이에 신뢰와 이해가 쌓이고 서로의 입장도 제대로 이해할 수 있다. 나를 알고 상대방을 알아야 이전에는 몰랐던 논쟁의 해결 방법을 찾을 수 있고, 또 두 사람이 모두 이 방법을 잘 받아들일 수 있다.

STEP 2 '나'의 각도에서 감정을 공유하라.

최근 아만다는 부부싸움을 했다. 남편은 평소 늦게 퇴근하고 주말에도 일이 많아서 부부가 함께 보낼 시간이 부족했다. 따라서 사랑이란 감정도 느끼기 힘들었다. 아만다는 남편과 여러 차례 대화를 시도했다. "너무 늦게까지 야근을 하면 건강에 좋지 않아요. 일찍 들어와요", "주말에도 꼭 일을 해야 해요? 사장님이 너무하네요" 하지만 들은 체 만 체 아무런 대꾸도 하지 않는 남편의 모습에 아만다는 상처를 받았다. 남편은 무슨 말을 해도 듣지 않고 집은 안중에도 없는 것 같았다.

연인과 소통할 때 가급적이면 상대방을 향한 지적보다 자신의 감정을 공유하는 대화법을 활용해야 한다. 모든 것을 있는 그대로 받아들이면 상대방이 하는 모든 행동에는 이유가 있음을 존중하고 믿게 된다. 그러므로 상대방이 자발적으로 물어보지 않는 이상 상대가 해야 할 일과 하지 말아야 할 일을 하나하나 지적할 필요가 없다. 당신의 연인이 자신의 행동과 결정에 책임을 질 수 있는 어른이라는 점만 믿어 주면 된다.

연인을 믿으면 손해 보고 억압받기보다는 오히려 연인에게 당신이 느낀 감정들을 진술하게 이야기할 수 있게 된다. 예를 들면 "우리 대화를 나눈 지 너무 오래됐어요. 가슴이 텅 빈 것 같고 사랑받고 있다는 느낌이 들지 않아요", "당신이 비 오는 날 차를 빨리 몰 때마다 너무 걱정이 돼요", "온 집안에 발 고린내 나는 양말이 굴러다녀서 신경에 거슬려요. 기분이 별로예요", "이번 생일에 당신에게 선물을 받지 못해서 실망했어요", "오늘 모임에서 당신이 친구들 앞에서 나를 바보 취급해서 불쾌했어요. 얼마나 울었는지 몰라요" 이런 대화의 핵심은 바로 '자신'의 감정을 상대와 공유하는 것이다. 간단한 느낌만 전달해 주면 충분하다. 상대의 잘못을 지적하거나 어떤 명령도 하지 말고 그저 이렇게 알려주기만 하면 된다.

"당신의 아무런 잘못 없는 행동 때문에 내 기분이 좋지 않아요. 우리 대화로 문제를 해결해 봐요."

이렇게 소통하면 당신의 연인 역시 당신으로부터 비난받고 있다는 생각이 들지 않으므로 변명하기 위해 완전무장할 필요가 없다. 자신을 변호할 필요가 없으니 마음의 여유가 생기고 그만큼 당신에게 더 집중할 수 있다. 당신이 화가 나 있는 상태라면 문제가 왜 일어났는지, 어떻게 해결해야 하는지 함께 고민해 보면 된다. 누구나 자신의 연인이 행복하길 바란다. 자신이 상대방으로부터 비난받거나 사랑받지 못한다고 느끼지만 않는다면 우리는 모두 연인을 행복하게 해주기 위해 노력한다. 그러나 자신이 비난받는다고 느껴지면 모든 에너지를 자신을 변호하는 데 쏟기 때문에 당신을 신경 쓸 겨를이 없어진다.

아만다의 이야기로 다시 돌아가 보자. 아만다의 대화 방식에는 확실히 잘못된 부분이 있다. 남편에게 "당신의 행동은 잘못됐어요. 이렇게 해야 해요"라고 말하면 화살은 모두 남편을 향하게 된다. 하지만 남편은 스스로 아무 잘못이 없다고 생각할 것이므로 두 사람의 대화는 여기서 중단된다. 반대로 아만다가 "당신 야근이 너무 많아서 건강이 나빠질까 봐 걱정돼요. 게다가 오랫동안 함께 이야기를 나누지 못해서 조금 속상해요. 사랑받지 못하고 있는 것 같아요"라고 자신의 감정을 공유한다면 남편은 아만다가 자신을 비난하는 것이 아니라 오히려 자신이 아만다에게 필요한 존재라고 여기고 아만다의 감정에 더 집중할 것이다. 그리고 이렇게 물을 것이다.

"내가 어떻게 하면 당신이 더 행복해질 수 있을까?"

여기서 주의할 점은 상대에게 부정적인 감정을 알릴 때 "당신이 이렇게밖에 못하니까 내 기분이 나쁜 거예요"라고 상대방을 몰아세우지 말아야 한다는 것이다. 이렇게 되면 상대방은 당신이 억지로 자신을 바꾸려 한다고 감지하고 당신에 대한 애정과 관심을 접고 자신을 보호하는 태세를 취한다. 결국 두 사람의 대화는 여기서 끝나버린다.

대화에 임하는 올바른 자세는 솔직한 감정은 가급적 간단히 전달하고, 두 사람이 함께 문제를 해결하는 데 더 많은 시간을 할애하는 것이다. 두 사람 모두 수용할 수 있는 해결 방법을 찾는다면 몹시 기쁠 것이다. 당신에게 좋은 해결 방법이 있다 해도 그것이 유일한 정답이라고 고집 부려서도 안 된다. 그리고 상대방이 당신의 의견을 물어본 게 아니라면 당신의 의견만 주야장창 늘어놔도 안 된다. 당신의 의견만 고집하는 것은 또다시 상대방에게 이래라저래라 명령하는 것과 다름없다. 반대로 당신에게 아무리 좋은 아이디어가 있다 해도 한 걸음 물러서서 두 사람이 모두 받아들일 수 있는 해결 방법을 마련할 수 있도록 천천히 여유를 갖는 것이 좋다. 두 사람이 함께 찾은 방법을 더 잘 수용할 수 있을 테니 말이다.

상대방을 향한 지적보다 자신의 감정을 공유하는 대화법을 활용하고 내 의견이 정답이라는 고집을 내려놓을 때 서로가 윈윈할 수 있는 합리적인 해결 방법을 찾을 수 있다.

STEP 3   서로가 윈윈할 수 있는 해결 방법을 찾아라.

한번 일어난 논쟁은 해결하기 힘든 것처럼 보이지만 사실 서로에 대한 이해와 신뢰의 분위기가 조성되면 생각보다 문제를 잘 풀어나갈 수 있고 서로가 윈윈할 수 있는 접점도 많이 생긴다. 윈윈할 수 있는 접점이 두 사람에게 가장 완벽한 솔루션은 아닐 수 있지만, 어느 한쪽에게 일방적인 양보와 타협을 요구하는 게 아니므로 양측 모두 잘 받아들일 수 있다. 서로가 윈윈할 수 있는 해결 방법을 함께 찾으면 문제는 바로 해결된다.

나와 아톤의 이야기를 해보자. 우리는 아이가 생긴 후 아이를 돌보는데 누가 더 시간을 많이 할애할 것인가에 대해 상의했다. 나는 우리 둘의 아이니 당연히 함께 돌봐야 한다고 생각한다. 하지만 아톤의 입장은 달랐다. 출산 직후 몇 년은 사실상 아빠의 도움이 많이 필요하지 않으니 창립 초기인 그의 헤지펀드 회사가 안정을 찾을 때까지는 내가 더 돌봐 줬으면 하는 생각을 가지고 있었다. 말로는 이해해 달라고 했지만 얼핏 봐도 우리의 입장 차는 컸고, 난 불쾌했다. 아톤도 마찬가지였다. 하지만 여전히 서로를 '받아들인다'는 원칙을 고수하며 침착하게 대화를 이어나가며 상대방의 생각을 듣고 또 자신의 생각을 솔직하게 말했다.

"물론 나도 당신의 일을 응원하고 당신이 일주일에 90시간씩이나 일하는 것도 마음이 아파요. 하지만 나도 나의 꿈이 있어요. 나는 다른 사람들이 더 나은 삶을 살도록 돕고 싶어요. 그래서 퇴근 후에도 책을 쓰고, SNS에 글을 올리고, 강연을 하고 있죠. 나도 일주일에 80시간 이상씩 일을 해요. 솔직히 지금 당장 돈을 버는 일도 아니고 전망도 그리 밝지만은 않지만 이 일은 나한테 무척 중요해요. 아이 낳는 일은 더 신중하게 생각하고 싶어요. 아직 아이를 가지기엔 이른 것 같아요. 그렇게 되면 내 꿈을 좇을 시간이 없어져 버릴 테니까요. 난 행복하지 않을 거예요."

내 말을 들은 아톤이 말했다.

"물론 당신의 일을 존중하고 응원해요. 당신이 불행하기를 바라는 것도 아니에요. 내가 이렇게 힘들게 일하는 것도 다 우리가 더 잘 살기 위해서. 내가 돈을 더 많이 벌면 가정부, 셰프, 비서 등등 우리를 도와줄 사람들을 고용할 수 있고 그럼 우리는 더 많은 시간을 온전히 우리의 꿈을 위해 투자할 수 있잖아요."

우리의 다툼이 아직 해결되지는 않았지만, 대화를 통해 서로가 원하는 바와 지향하고자 하는 목표를 알게 되었고 서로 윈윈할 수 있는 방법을 찾기 위한 기반도 마련할 수 있었다.

내가 아톤에게 말했다.

"돈이 많은 것들을 해결해 줄 수 있다는 말에 나도 동의해요. 유명 연예인들이 그렇게 바쁜 생활을 하면서도 아이들을 많이 낳기를 수 있는 이유이기도 하죠. 안젤리나 졸리는 6명의 아이에게 6명의 가정부를 붙여 줬죠. 마크 저커버그도 네 식구를 위해 가정부를 십여 명이나 고용했고요. 그러니까 아이 문제에서 우리의 의견이 충돌하는 건 가정부를 고용할 수 있을 만큼의 경제적 여건이 마련되면 해결되겠네요."

"그렇지."

"이렇게 하죠. 몇 가지 상황을 가정해 보고 구체적으로 어떻게 할지 정해 봐요."

"좋은 생각이에요. 내가 아주 중요한 고객을 만나러 가야 할 일이 생겼다고 가정해 봅시다. 좀처럼 흔하지 않은 기회가 왔어요. 하지만 당신은 아직 성과가 미미한 일을 하고 있고, 글을 쓰거나 강연을 나가는 것도 돈벌이보다는 당신의 흥미와 적성을 위해서 하고 있는 상황이라면 누가 아이를 봐야 할까요?"

나는 주저 없이 대답했다.

"물론 내가 봐야죠. 당신의 의견에 동의해요. 그럼 이런 상황은 어때요? 만약 두 사람 모두 일이 잘되고 있는 상황에서 내가 아주 중요한 TV 인터뷰를 준비해야 한다면? 아이는 누가 보죠?"

"TV 인터뷰라면 당연히 가 봐야죠. 내 일정은 내가 얼마든지 조율할 수 있으니까 아이는 내가 돌볼게요. 내가 아이를 데리고 출근해도 되고요."

나는 활짝 웃으면서 대답했다.

"정말 고마워요! 그럼 당신의 사업은 승승장구하고 있는데 반해 나의 글 쓰는 작업은 여전히 벌이가 시원찮은 상황이라고 가정해봐요. 그래도 이 일이 나에게 무척 중요하고 너무 좋아하는 일이라서 포기하고 싶지 않다면 어떡하죠?"

아톤이 빙긋 웃으며 말했다.

"벌이가 어떻든 당신이 좋아하는 일이라면 언제든지 응원해요. 나는 당신이 좋아하는 일을 계속했으면 좋겠어요. 하지만 좀 전과 같은 상황이라면 주중엔 당신이 아이를 더 많이 돌보고 주말엔 내가 아이를 보면 당신이 주말 시간을 활용해서 좋아하는 일을 할 수 있지 않을까요? 글 쓰기 작업이든 공부든 운동이든 피부관리든 말이에요. 어떻게 생각해요?"

이 말을 들은 나는 아톤을 꼭 안아주며 말했다.

"물론이죠. 고마워요! 당신이 최고예요!"

심각하고 복잡해 보였던 문제가 쉽게 해결되었다. 물론 두 사람 사이에 오갔던 대화는 사실 이보다 좀 더 복잡했다. 서로의 상황과 입장을 설명하는데 한 시간 이상을 들여야 했다. 하지만 이 과정에서 우리는 상대가 이기적이라고 비난하지 않고 자기주장만 내세우며 상대를 설득하려 하지 않았다. 서로의 이야기에 진심으로 귀 기울였고 '자신'의 입장에서 진정으로 원하는 것, 걱정거리들과 여러 감정들을 공유했다. 그리고 서로에 대한 애정과 배려 속에서 윈윈할 수 있는 접점에 도달할 때까지 우리가 모두 수용할 수 있는 방법을 탐색했다.

윈윈할 수 있는 접점을 찾는 과정에서 중요한 팁은 대화를 할 때 반드시 정확하게 이야기해야 한다는 것이다. 최대한 구체적으로 예시를 들어야 한다. 그렇지 않으면 오해를 낳을 수 있다. "당신의 응원이 필요해요", "나는 꿈을 찾아 좇고 싶어요", "나만의 공간이 필요해요" 등 막연하고 추상적인 대화는 가급적 지양하는 것이 좋다. 대신 추상적인 대화를 실제 상황에 적용해 구체적으로 묘사하고 그 안에서 해결 방법을 찾아야 한다. 예를 들면 "중요한 회의가 잡혔어요. 아이는 누가 돌보죠?", "아이가 생겨도 여전히 일주일에 세 번은 피트니스에 가고 싶어요. 일주일에 두 번은 SNS에 글을 올려야 하고 한 달에 한 번은 피부관리도 받고 싶은데 괜찮아요?", "하루에 30분씩은 명상을 하고 싶어요. 괜찮을까요?" 등이다. 구체적인 예

워라밸 시대의 인생 디자인

시를 들어서 대화를 하면 첫째, 상대방이 나의 입장과 목표를 분명히 이해할 수 있으므로 다른 뜻으로 해석할 걱정이 없다. 또한, 알맹이 없는 추상적인 대화에서 해결책을 찾는 것보다 현실에서의 문제를 해결하는 것이 훨씬 수월하다.

STEP 4   윈윈할 수 있는 접점을 찾지 못한다면?

사실 연인 사이에 일어나는 논쟁에서 서로 윈윈할 수 있는 접점을 찾는 건 그리 어려운 일이 아니다. 신중하게 만남을 시작한 연인이라면 아주 근본적인 문제에서 충돌하는 일은 없을 것이다. 예를 들면 나는 아이를 전혀 원하지 않지만 상대방은 원한다든지 혹은 무신론자인 나에게 계속 종교를 강요한다든지 이런 문제로 부딪치는 게 아니라면 해결할 수 있는 가능성은 얼마든지 있다. 물론 꼭 근본적인 문제가 아니더라도 윈윈할 수 있는 접점이 좀처럼 보이지 않을 수도 있는데 그때는 '반드시 이렇게 해야 한다'는 고집을 버려야 한다. 스스로에게 '이건 근본적인 문제가 아니라 개인의 기호 차이일 뿐'이라고 일깨워 주어야 한다. 근본적인 부분에서 오는 갈등이 아니라면 두 사람이 양보하고 타협할 여지는 충분하다. 그럼에도 불구하고 도저히 접점을 찾을 수 없다면 이 문제가 누구에게 더 중요한지 따져본 다음 나머지 한 사람이 양보하면 된다.

나와 아톤이 윈윈할 수 있는 접점을 찾지 못할 때 가장 많이 쓰는 방법은 이렇게 제안하는 것이다. "이 일이 당신에게 얼마나 중요한지 1부터 10까지 점수를 매겨 봐요" 그러면 10초 이내에 모든 것이

해결된다. 사례를 함께 보자.

하루는 아톤이 나와 함께 사교 파티에 가고 싶다 했다. 하지만 나는 집에서 할 일이 있었기 때문에 아톤에게 이렇게 물었다. "내가 당신과 함께 그 파티에 참석하는 게 당신에게 얼마나 중요한지 점수로 매겨 봐요" 그는 잠시 고민한 다음 "당신과 함께 파티에 가면 훨씬 더 재미있을 거예요. 하지만 중요한 정도로 얘기하자면 2, 3점 정도에 불과하죠. 왜냐하면, 나 혼자서도 갈 수 있으니까요. 당신은 일을 하는 게 좋겠어요, 일이 더 중요하니까요" 나는 웃으며 고맙다고 말했다.

저녁 식사 메뉴를 정할 때도 마찬가지다. 아톤은 이탈리아 음식을 먹고 싶었지만 나는 일본 요리가 먹고 싶었다. 어떻게 해야 할까? 또 점수를 매겨 보자. 아톤은 이탈리아 음식이 먹고 싶은 정도를 점수로 매기면 8점이라고 했고, 나는 일본 요리를 먹고 싶은 정도에 7점을 매겼다. 이때 두 점수가 비슷하므로 쉽게 판단이 서지 않는다. 반대로 점수를 매겨 본다. 상대방이 제안한 메뉴를 먹고 싶지 않은 정도가 몇 점인지 얘기해 보는 것이다. 아톤은 일본 요리가 싫은 정도가 7점, 나는 이탈리아 음식이 싫은 정도가 4점이었으므로 내가 아톤의 제안을 받아들이면 된다. 우리는 그렇게 해서 이탈리아 음식을 먹으러 갔다.

자신의 의견을 고집하지 않고 포용하는 마음으로 상대방과 솔직하게 이야기하면 타협이 불가능해 보였던 문제도 얼마든지 쉽게 해결할 수 있다.

워라밸 시대의 인생 디자인

결혼 전에 상의가 필요한 문제들, 싸움도 사전 준비가 필요하다!

당신과 당신의 연인이 5가지 느낌을 지녔고 이와 함께 논쟁 해결 능력도 길렀다면 이전보다 애정과 행복이 넘쳐나는 삶이 펼쳐질 것이다. 이때 당신과 연인은 사랑의 다음 단계_{결혼}로 들어가기 위해 행복의 기반을 더욱 탄탄하게 다져야 한다.

하지만 행복한 결혼 생활을 유지하려면 이 조건만으로는 부족할 수 있다. 결혼과 관련된 문제들은 무척 중요하고 서로 부딪칠 가능성도 높으며 해결도 어렵기 때문이다. 헤엄 좀 칠 줄 아는 정도로는 올림픽 수영 종목에서 금메달을 목에 걸 수는 없는 것과 같은 이치이다. 많은 부부는 어려움에 부딪쳤을 때 어쩔 줄 몰라 당황하고 에너지만 잔뜩 소비하다가 결국엔 포기해 버린다. 훌륭한 장군은 준비 없이 전쟁터에 뛰어들지 않는 법. 이와 마찬가지로 결혼을 앞두고 있는 연인들은 사전에 준비를 충분히 해야 한다. 다행인 것은 결혼 후 발생하는 부부싸움의 대부분은 새로운 문제가 아니라 우리가 예전부터 익히 알고 있던 문제들에서 비롯된다는 점이다.

심리학자들은 부부가 이혼을 결심하는 이유로 돈, 사랑_성, 자녀, 집안일을 꼽았다. 이 네 가지는 결혼 생활에서 굉장히 중요한 요소들인데 사람들은 결혼하기 전에 왜 이 문제들에 다같이 진지하게 논의해 보지 않는 걸까? 위의 문제에 대한 두 사람의 의견 차이를 미리 발견해서 간격을 좁혀나가고 서로의 기대치를 조절한다면 결혼 후에 "당신이 이럴 줄은 꿈에도 몰랐어. 당신과 결혼한 건 내 인생 최대의 실수야"라고 말하는 일은 없을 것이다.

뉴욕타임즈의 베스트셀러 작가 수잔 피버Susan Piver는 그의 저서 『어려운 문제들The Hard Questions』에서 결혼에서 중요하지만 진지하게 논의하지 않는 7가지 항목–돈, 사랑, 일, 집, 대가족, 건강, 가족과의 관계, 자녀–의 100가지 질문에 대한 대답을 내놓았다. 몇 가지 사례를 적어 보겠다.

- 돈: 두 사람의 수입은 둘이 먹고살기에 적당한 수준인가? 1, 5, 10년 후 두 사람의 소득 수준은 얼마나 될 것인가? 생활비는 어떻게 분담하고 가계는 누가 담당할 것인가? 의식주와 여행 등의 지출 비율은 얼마로 잡고 어떻게 지출할 것인가? 매달 얼마를 저축할 수 있는가? 여유 자금은 은행 예금, 주식투자, 부동산 투자 중 어떤 방식으로 관리할 것인가? 지출의 어느 정도를 자유롭게 사용할 수 있는가?

- 사랑: 배우자에게 사랑받고 있다는 느낌을 받고 있는가? 최근 두 사람의 성性 생활에 만족하는가? 둘 중 한 사람이 성생활에 만족하지 못한다면 어떻게 해결할 것인가? 둘 중 한 사람이 제3자에게 호감을 느낀다면 어떻게 할 것인가? 외도의 기준은 무엇인가?

- 일: 두 사람은 현재 자신이 하고 있는 일에 만족하는가? 두 사람의 비전은 무엇인가? 일주일에 평균 몇 시간을 근무하는가? 일을 하지 않는 것에 대해 생각해 본 적 있는가? 배우자가 자신의 일에서 어떤 모습이기를 바라는가? 재택근무가 가능한가? 집에

워라밸 시대의 인생 디자인

서 일을 한다면 따로 작업실이 필요한가?

- 집: 두 사람의 집은 어디에 위치하는가? 방은 몇 개인가? 방마다 각각 어떤 용도로 쓰이는가? 집에는 누가 사는가? 두 사람은 지금 살고 있는 집에서 앞으로 몇 년을 더 살 수 있는가? 식사는 집에서 해 먹는가 아니면 외식으로 해결하는가? 집에서 해 먹는다면 요리와 설거지는 누가 담당하는가? 집안일은 어떻게 분담하는가?

- 건강: 두 사람은 자신의 건강 상태에 만족하는가? 배우자의 건강 상태는? 일주일에 몇 시간을 운동에 투자하는가? 당신의 건강에 대한 선택을 배우자도 지지해 주는가?

- 가족과의 관계: 두 사람 모두 자신의 가족과의 어떤 관계를 맺고 있는가? 배우자 가족과의 관계는? 부모, 형제자매 등은 두 사람의 결혼 생활에 어떤 역할을 하는가? 아이가 생긴 후 부모님은 어떤 역할을 하는가? 당신에게 중요한 가족 행사는 무엇인가?

- 자녀: 두 사람은 아이를 원하는가? 시기는? 아이는 어떻게 키울 것인가? 임신이 어려울 경우 다른 치료를 받거나 아니면 입양하는 방법도 고려하는가? 아이가 생기면 두 사람의 삶은 어떻게 바뀔 것인가? 두 사람은 아이에게 시간을 얼마나 투자할 수 있는가? 또 두 사람만의 시간을 위해서는 얼마나 할애할 수 있는가?

이 100가지 '어려운 문제들'은 결혼 후 여러 갈등과 다툼을 야기하고 심지어 이혼의 원인이 되기도 한다. 결혼하기 전에 이 문제들에 대해 진지하게 논의하고 서로가 두 사람이 함께할 미래에 어떤 생각을 가지고 있는지 충분히 이해한 후 의견 차이를 좁히고 서로의 기대치를 조율한다면 결혼 후 일어날 수 있는 문제를 막을 수 있다.

아무리 잘 맞는 부부일지라도 살아가면서 의견 충돌은 있기 마련이다. 하지만 앞서 말한 아주 근본적인 문제출산, 종교 등만 아니라면 두 사람의 해결 능력을 잘 활용해서 서로 윈윈할 수 있는 접점을 충분히 찾을 수 있다. 또 처음부터 근본적인 문제들 때문에 부딪치는 줄 오해해서 '이 사람과는 죽어도 못 살겠다'고 생각하는 경우도 부지기수지만 실상은 그렇지 않은 경우도 있다. 나와 아톤은 이런 생각이 수도 없이 들었고 그중 몇 번은 이야기를 지속해 나가기 힘들 때도 있었다. 사실 부부 사이에 이런 근본적인 문제로 다투는 일은 그다지 많지 않다. 해결 능력을 지녔다면 아무리 큰 논쟁이라도 윈윈할 수 있는 접점을 찾을 수 있다. 물론 부부가 정말 아이를 낳을 것인지 말 것인지와 같은 근본적인 문제로 충돌한다면 이 관계는 이어나가기 힘들다. 그러므로 결혼 전에 이런 문제를 논의하는 것은 평생의 동반자를 고르는 데 도움이 되고 잘못된 배우자를 만나는 인생 최대의 실수도 하지 않을 것이다.

결혼도 하기 전에 이런 문제를 언급하는 게 꺼려질 수도 있지만 이는 반드시 필요한 과정이다. 이 과정을 거치면 결혼을 하고 나서 같은 문제에 맞닥뜨렸을 때 이미 갈등의 핵심을 잘 파악하고 해결 방법까지 마련해 놓았으니 문제를 원만하게 해결할 수 있다. 훌륭

워라밸 시대의 인생 디자인

한 장군은 준비 없이 전쟁터에 뛰어들지 않는 법이라고 하지 않았던가. 사전 준비를 철저히 잘했다면 백전백승이다.

어떤 자세로 갈등을 해결해야 하는지 알았다면 이제 논쟁이 일어났을 때 당황하지 않고 침착하게 그리고 이전보다 훨씬 수월하게 풀어나갈 수 있을 것이다. 이렇게 하면 민감하고 까다로워 보이는 문제도 대화를 통해 원만하게 풀어나갈 수 있다. 불필요한 언쟁으로 에너지를 소모할 필요도 없다. 두 사람의 이해와 신뢰, 유대감도 한층 더 높아지고 결국 사랑의 수위도 계속해서 고공행진 할 것이다.

사랑의 댐에 물을 가득 채워 수위를 한 단계 더 높인다

튼튼한 사랑의 댐을 쌓았다면, 이제는 안심하고 물을 가득 채울 수 있으니 사랑의 수위는 지속적으로 상승할 것이다. 사랑의 댐에 물을 채워 넣을 수 있는 가장 직접적인 방식 중 하나는 긍정의 에너지로 대화하여 상대방이 매 순간 당신의 사랑을 느낄 수 있도록 하는 것이다.

상대방이 원하는 방식으로 사랑하라

사람들은 대부분 자신이 사랑받고 싶어하는 방식으로 연인을 사랑한다. 이렇게 하면 상대방이 나의 깊은 사랑을 느낄 수 있을 것이라 착각하고 말이다. 하지만 사람마다 사랑받고 싶어하는 방식은 제각각 다르다. 오로지 자신이 원하는 방식으로 연인을 사랑하면 상대방은 당신의 애정을 느끼지 못할 수도 있다. 이것은 사랑의 댐에 아무리 물을 들이부어도 전부 밖으로 새어나가거나 썩은 물만 고이게 되는 결과를 초래한다.

그보다 더 최악의 상황은 연인 사이에 서로의 사랑을 전혀 느끼지 못해서 오해와 마음의 장벽이 생겨 결국 큰 싸움으로 번지는 것이다. 마음에 금이 가면 상대방을 온전히 받아들이기 힘들어진다. 이 상황에서 논쟁까지 생기면 침착하게 문제를 해결할 수 없고 사랑의 댐은 또다시 밑 빠진 독처럼 물이 샐 수밖에 없다.

그러므로 상대방이 원하는 방식으로 사랑하는 것이 사랑의 댐에 물을 가득 채울 수 있는 지름길이자 물이 새어나가지 않는 방법이다. 남자와 여자는 연인을 사랑하는 방식에서 엄청난 차이를 보인다.

세계적으로 저명한 결혼 문제 전문가 겸 가정학 박사 에머슨 에거리치 Emerson Eggerichs는 그의 저서 『그 여자가 간절히 바라는 사랑, 그 남자가 진심으로 원하는 존경 Love and Respect for a Lifetime』에서 다음과 같이 말했다.

"남자에게 있어 존경은 하늘과도 같고, 존경받지 못한 남자는 날개 꺾인 새나 다름없다. 여자에게 있어 사랑은 공기와도 같고, 사랑받지 못한 여자는 메마른 꽃과 같다."

남편에게 사랑받지 못한 아내는 남편에 대한 존경을 거부하고 저항한다. 아내로부터 존경받지 못한 남편 역시 아내에 대한 사랑을 거부하고 저항한다. 많은 부부가 이 악순환의 늪에 빠져 헤어나오지 못한다. 악순환이 형성된 근본적인 원인은 바로 자신만의 방식대로 배우자를 사랑하지만 정작 배우자는 어떤 방식으로 사랑받고 싶어 하는지 알려고 하지 않기 때문이다.

예를 들면 여자는 사랑을 할 때 고양이를 다루는 방식으로 독수리를 길들인다. 여자는 연인의 삼시 세끼까지 전부 알뜰살뜰 챙기지만 사랑하는 사람에 대한 존중은 종종 잊는다. 무의식 속에서 연인의 의견과 능력을 부정하고 사람들 앞에서 핀잔을 주며 잘못된 행동을 꼬집는다. 또 연인의 일거수일투족을 보고받고 싶어 하고, 심지어 자기의 뜻대로 바꾸려 한다. 그게 뭐 어떠냐고 할 수도 있겠지만, 사실 이러한 행동은 남자로 하여금 자신이 쓸모없는 존재라는 생각이 들게 한다. 또 자신은 남자답지 못하다는 자책으로 두 날개를 잃은 듯한 상실감을 느끼게 된다. 결국 새장에 갇힌 독수리처럼 남자로서의 매력을 잃고 당신을 사랑할 에너지마저 상실한다.

남자는 자신이 사랑하는 연인에겐 늘 멋진 날개를 활짝 펴고 비행하는 영웅이기를 바란다. 그러니 당신의 남자에게 사랑받고 싶다면 언제 어디서든 남자의 체면을 살려주고 많이 칭찬하고 응원해 주자. 당신에게 충분히 존중받았다고 느낄 때 상대방은 두 날개를 활짝 펴고 높이 비상할 수 있고 당신에게 진심으로 고마워하며 자신의 사랑을 아낌없이 바칠 것이다.

이와 반대로 남자는 독수리를 다루는 방식으로 고양이를 길들인다. 남자는 자신의 연인을 존중해 주고 연인 혼자서 즐길 수 있는 시간도 충분히 마련해 주지만, 정도가 지나치면 오히려 두 사람의 거리가 멀어진다. 그리고 이 거리감 때문에 연인의 사소한 요구사항들을 놓쳐 버린다. 예를 들어 다운된 기분을 위로해 준다든지 집안일을 돕는다든지, 특별히 메이크업에 신경 쓴 날 알아봐 준다든지혹은 여자의 이야기에 귀 기울여 준다든지 하는 것들 말이다. 이러한 부분을 남자들이 캐치하지 못하기 때문에 여자들은 연인이 자신을 사랑하지 않고 잘 돌봐 주지 않으며 애정 표현도 할 줄 모른다고생각한다. 이 상태가 지속되면 여성의 아름다움이나 싱그러움은 사라지고 곧 섭섭함과 원망, 분노에 사로잡혀 연인에 대한 태도도 점점 나빠진다.

사랑받는 것은 여자에게 그 무엇보다 가장 중요한 욕구이다. 그러니 남자들이여, 온 마음을 다해 당신의 연인을 사랑하라. 당신의 연인이 당신의 품속에서 화사하고 아리따운 꽃 한 송이를 피울 때, 연인도 마음속 깊은 곳에서부터 당신에 대한 고마움과 존경을 느낄수 있을 것이다.

성별에 따른 차이 외에 사랑을 표현하는 방식에서도 사람마다 차이가 있다.

『다섯 가지 사랑의 언어 The Five Love Languages 』에서 게리 채프먼 Gary Chapman 은 사람에게는 다섯 가지 사랑의 언어가 있다고 언급했다.

- 인정하는 말-사랑한다고 말하기, 항상 칭찬하기 등
- 함께하는 시간-함께 식사하기, 진심을 다해 대화하기, 여행하

워라밸 시대의 인생 디자인

기 등

- 선물－자주 선물하기 등
- 봉사－집안일 돕기, 끼니는 거르지 않았는지 챙기기
- 스킨십－항상 따뜻한 포옹과 키스하기, 연인과의 섹스 즐기기 등

이 다섯 가지 사랑의 언어에서 사람마다 제1의 사랑의 언어와 제2의 사랑의 언어가 각각 다르다. 이 언어는 우리의 사랑을 표현하는 방식이자 상대방에게 사랑받는 방식이기도 하다. 우리가 사랑의 언어로 대화를 하면 상대방도 우리의 사랑을 느낄 수 있다. 그렇지 않으면 광둥 사람한테 상하이 사투리로 말하는 것처럼 무슨 소린지 전혀 못 알아들을 수도 있다. 전혀 다른 두 언어로 소통하기 때문이다. 소통이 안 되면 연인의 사랑도 느끼지 못할뿐더러 두 사람 사이의 오해와 갈등만 점점 늘어난다.

예를 들어 나의 제1의 사랑의 언어는 '함께하는 시간'이고 제2의 사랑의 언어는 '봉사'다. 그러므로 사랑하는 사람이 생기면 그와 함께 있고 싶고 그를 많이 도와주고 싶다. 만약 누군가가 늘 나와 함께 있고 싶어 하고 행동으로 나를 도와준다면 굳이 선물 공세나 사랑 고백을 하지 않아도 그가 진심으로 나를 사랑한다고 믿을 것이다. 그는 나의 사랑의 언어로 표현했기 때문이다.

반대로 나를 볼 때마다 진심이 가득 담긴 선물을 주고, 늘 입이 마르고 닳도록 칭찬하고 매일 사랑한다고 속삭이는 사람이 있다고 치자. 만약 그가 나와 함께 보낼 시간적 여유가 없고, 내가 필요할 때

어떠한 행동도 취하지 않고 아무런 도움도 주지 않는다면, 나는 그가 나를 사랑한다고 생각하지 않을 것이다. 그가 택한 방식은 나의 사랑의 언어가 아니기 때문이다.

두 사람 각각 사랑의 언어가 무엇인지 파악하는 것은 무척 중요하다. 연인의 사랑의 언어가 무엇인지 알면 상대방이 원하는 방식으로 사랑해 줄 수 있다. 그리고 당신의 사랑의 언어가 무엇인지 파악하면 연인에게도 당신을 사랑해 줄 방법을 귀뜸해 줄 수 있다. 당신의 사랑의 언어가 무엇인지 어떻게 알 수 있을까? 다섯 가지 사랑의 언어의 공식 홈페이지에서 30개 문항을 테스트해 보면 바로 알 수 있다. 지금 바로 확인해 보시길!

친밀감을 형성하라

미라 커셴바움 Mira Kirshenbaum은 이렇게 말한다.

"연인의 5가지 매력도 물론 중요하지만 내게 찾아오는 연인들에게서 첫 번째로 느껴지는 것은 두 사람 사이에 친밀감이 없다는 것이다. 두 사람 사이의 친밀감이 형성되어 있다면 서로의 감정이 크게 다쳤다 할지라도 회복할 여지가 있다."

부부싸움은 칼로 물 베기라는 말이 있듯이 사랑하는 사이에는 그들만의 두터운 친밀감이 있다. 그래서 수많은 싸움 끝에도 결국 웃으면서 화해할 수 있는 것이다.

그렇다면 친밀감은 어떻게 형성될까?

나에게는 멘토가 한 명 있다. 화려한 외모와 지위에 걸맞게 항상

워라밸 시대의 인생 디자인

고상하게 행동하고 엄청난 존재감을 자랑하는 그야말로 여신급 골드칼라 여성이다. 그런 그녀가 하루는 이런 말을 했다. 집에서 남편과 아이와 함께 있으면 자기도 평범한 엄마일 뿐이라고. 온종일 딸이랑 뒹굴고 부대끼며 서로 남편한테 업히려고 엎치락뒤치락하는 영락없는 평범한 엄마.

이야기를 하는 내내 그녀의 얼굴엔 달콤한 미소가 번졌다. 자리에 남겨진 나는 넋 나간 표정으로 그토록 화려하고 매력 넘치는 그녀가 여덟 살짜리 딸과 뒹굴고 장난치며 노는 모습은 어떨지 상상해보았다.

그리고 결혼 후 나에게도 비슷한 기질이 있다는 것을 깨달았다. 밖에서는 찬바람 쌩쌩 부는 '차도녀'인 나는 집에 들어오는 순간부터 떼쓰고 앙탈 부리는 어린아이가 된다. 차도녀 이미지고 뭐고 다 벗어 던지고 코알라처럼 아톤 옆에 딱 달라붙어 끊임없이 재잘재잘 수다를 떤다. 이렇게 무장 해제된 나를 처음 본 아톤은 웃어야 할지 울어야 할지 모르겠다는 표정을 지었다. 하지만 아톤도 시간이 지날수록 나의 이런 모습이 귀엽고 좋았는지 나에게 맞춰주었고 우린 그렇게 친밀감을 쌓아나갔다.

일에 지치고 힘들 때, 글을 쓰다 영감이 바닥났을 때, 속상한 일이 생겼을 때 그저 아무 생각하지 말고 연인과 시간을 보내고 방전된 에너지를 재충전하기 바란다. 연인의 눈길 한 번, 작은 손짓 하나에 미소가 번지고 행복해하는 당신을 발견할 수 있을 것이다. 평범하기 그지없던 일상이 매 순간 행복과 사랑으로 넘쳐나고 두 사람의 마음도 한층 더 가까워질 것이다.

삶은 본디 흐르는 물과 같다. 하루하루가 무료하고 지겨울지, 행복으로 가득 찰지는 내가 어떻게 하는가에 달려 있다. 그러니 나 자신을 내려놓고 나와 연인만의 소소한 행복을 찾는 것이 무척 중요하다. 밖에서와는 전혀 다른 나의 모습을 보여 준 연인과 친밀감을 형성할 수 있고 '진짜 나의 모습을 아는 사람'은 당신뿐이라는 끈끈한 감정도 싹트게 된다. 이때 집은 더없이 편안한 안식처가 되며 두 사람의 마음도 더 가까워질 수 있다. 이렇게 되면 작은 다툼이 생겨도 기적처럼 쉽게 해결된다. 논쟁 해결 능력을 따로 활용할 필요도 없다.

친밀감을 얘기하자면 성性 얘기를 빼놓을 수 없다.

미국인들은 연인 사이의 속궁합을 중요하게 생각한다. 밥 먹고 잠자는 것처럼 우리 삶의 기본적인 생리 욕구로 여긴다. 심지어 속궁합이 안 맞아서 이혼을 선택하는 부부도 적지 않다. 성적 욕구는 연인을 통해서만 채워질 수 있기 때문이다. 그래서 미국에서는 속궁합 불일치가 대표적인 이혼 사유로 꼽힌다. 속궁합이 잘 맞으면 두 사람의 거리를 무한대로 좁힐 수 있고 작은 다툼도 쉽게 해결할 수 있다. 하지만 속궁합이 안 맞으면 연인 사이에 벽이 생기는데 이 벽을 허물고 메우는 건 좀처럼 쉽지 않다. 마치 주린 배를 잠으로 보충할 수는 없는 것처럼 말이다. 마음의 벽이 생겨 버리면 성생활과 아무 상관없는 문제들도 덩달아 하나둘 나타나기 시작한다. 이때부터 사랑의 댐에서 물이 새어나간다.

워라밸 시대의 인생 디자인

중국인들은 성생활에 비교적 너그럽다. 속궁합이 안 맞는다고 반드시 이혼을 하지는 않는다. 하지만 부부 사이에 외도와 다툼이 빈번하게 나타나게 된다. 이런 일은 서로에게 큰 상처를 남길 뿐 어떤 문제도 해결해 주지 못한다.

속궁합이 안 맞는 문제는 두 가지 원인에서 비롯된다.

첫째, 선호하는 섹스 스타일이 다르다. 예를 들면 한 사람은 하루에 한 번 섹스를 원하는데 상대방은 일주일에 한 번 혹은 한 달에 한 번 원한다든지, 한 사람은 모닝 섹스를 즐기는데 상대방은 밤 시간을 좋아한다든지, 한 사람은 부드러운 터치를 원하는데 상대방은 거칠게 하는 걸 좋아한다든지 등이다.

둘째, 테크닉적인 문제가 있다. 테크닉 부족으로 상대방의 성감대를 찾지 못해 오르가즘을 느끼지 못하는 경우이다.

사실 두 사람이 선호하는 스타일은 다를 수밖에 없다. 아무리 세계관, 가치관, 인생관이 잘 맞는 연인일지라도 섹스에 대한 기호가 다를 수 있다. 심각한 생리적 질병성불감증, 성중독, 발기부전 등이 아니라면 논쟁 해결 능력을 활용해서 두 사람이 윈윈할 수 있는 접점을 찾을 수 있다. 이것만 기억하라. 상대방의 의견에 귀 기울이고 온전히 받아들이며 자신의 생각을 충분히 표현해서 두 사람이 모두 받아들일 수 있는 접점만 찾으면 모든 것을 해결할 수 있다. 그럼에도 불구하고 도저히 접점을 찾을 수 없다면, 이 문제가 누구에게 더 중요한지 생각해 본 후 나머지 한 사람이 한발 물러서거나 서로 번갈아 가며 양보하면 된다. 이것은 그저 기호에 따른 문제이지 근본적인 문제가 아님을 기억하라. 자기 자신에게 상처 주지 않는 범위 내에서 상대방을 행복하게 해주는 것이 가장 중요하다.

섹스 테크닉에 대해서는 사실 남성의 욕구를 맞추는 게 훨씬 쉽다. 남성들은 자위도 많이 하고 오르가즘도 쉽게 느끼므로 여기에 약간의 테크닉만 더해진다면 그야말로 퍼펙트할 것이다. 여기서 구체적인 테크닉적 이야기를 언급하지는 않겠다.

섹스 테크닉 부분에서 대부분의 연인들은 여성의 성적 욕구를 충족시켜 주지 못한다는 것을 불만으로 느낀다. 통계에 따르면 여성의 70%가 오르가즘을 잘 느끼지 못하고, 20%는 한 번도 느껴보지 못했으며, 심지어 많은 여성은 섹스를 할 때 아파한다. 그래서 어떤 여성들은 섹스를 즐기지 못하고 그저 상대방을 기쁘게 해주기 위한 섹스를 하며, 이를 하나의 임무로 생각하고 최대한 피하고 싶어한다. 그리고 일부 여성들은 오르가즘을 느끼지 못하는 문제를 단지 섹스의 횟수를 늘려서 해결하려고 한다. 이렇게 되면 성적 욕구가 점점 더 커지는 데에 반해 남성들은 그 욕구를 충족시켜 주지 못해 두 사람의 간극은 더 벌어지게 된다. 성적 욕구를 해결하지 못한 여성들은 과연 어떤 기분일까? 이런 욕구 불만은 결국 연인에 대한 불만과 원망으로 표출되어 사랑의 수위도 점점 낮아지게 된다.

사실 연인의 성감대만 잘 캐치하면 여성도 남성처럼 쉽게 오르가즘을 느낄 수 있다. 여성의 질내 발기 조직은 남성의 음경 발기 조직만큼 수가 많다. 차이가 있다면 남성의 발기 조직은 외부 기관에 집중되어 있어 자극에 민감하고 쉽게 발기된다는 것이다. 이에 반해 여성의 발기 조직은 내부에 있기 때문에 쉽게 자극을 느끼지 못하고 보통 25~45분 정도가 지나서야 흥분하기 시작한다. 남성들이 평균 2~7분 만에 발기하는 것과 비교하면 여성들이 섹스를 충분히 즐기거나 오르가즘을 느끼지 못하고 그저 아프기만 한 이유를 알 수 있다. 오르가즘을 느낄 준비가 전혀 되어 있지 않기 때문이다.

그러므로 여성이 섹스를 즐기려면 삽입 전 충분한 전희가 이루어져야 한다. 남성들은 삽입 전 충분한 애무를 통해 여성의 성감대를 자극하고 교감하며 흥분할 수 있도록 만들어 주어야 한다. 그야말로 여성들이 섹스를 즐길 수 있도록, 그리고 오르가즘을 잘 느끼게 하는 준비 작업이다.

여성들이 완전히 흥분한 상태가 되면 삽입할 수 있다. 그렇다면 어떻게 하면 여성들이 더 쉽게 오르가즘을 느낄 수 있을까? 여러 민감한 부위를 동시에 자극해 주면 된다.

남성의 성 기관은 단순하고 직접적이다. 남성의 경우 음경을 집중적으로 자극하면 대부분 쉽게 오르가즘을 느낀다. 하지만 여성 기관은 내부에 포진해 있고 분산되어 있으므로 충분히 자극시키고 성적 욕구를 충족시키기 어렵다. 이때 입을 맞추거나 귓불에 키스를 하는 등 성감대 한두 곳을 더 자극해 주면 좋다. 여러 부위가 동시에 자극을 받으면 더 흥분되고 쉽게 오르가즘을 느낄 수 있다.

전희와 성적 교감이 이루어지면 섹스에 대한 여성의 만족도가 크게 높아진다. 많은 여성이 남성처럼 섹스를 할 때마다 오르가즘을 느낄 수 있다. 여성이 상대방의 섹스 테크닉에 만족하고 좋은 섹스를 하게 되면 횟수에 집착하지 않게 된다. 이렇게 되면 여성이 남성보다 섹스를 더 원하게 되는 문제도 자연스럽게 해결되어 사랑과 친밀감이 넘치는 가정을 만들 수 있다.

PART

4

직장의 신이 되려면:
방향이 잘못됐다면
어떤 경력을 쌓아도 무용지물

들어가며…

자신이 원하는 게 무엇인지 정확히 알고 있다면 절반은 성공한 것이나 다름없다. 직업도 마찬가지다. 평생을 노력하며 살지만 정작 자신에게 적합한 일이 무엇인지를 한 번도 고민하지 않는 사람들은 직업에 '선택당하는' 삶을 산다. 선택당하는 삶을 사는 사람들은 업무 효율도 낮고 수동적으로 움직인다. 자신이 원하는 것이 무엇인지 알아야 능동적으로 행동할 수 있으며, 본인에게 가장 적합한 업무 환경을 조성하고 매력적인 빛을 발산할 수 있다.

원하는 직업에 한 걸음 더 가까워지려면 자신이 주도적으로 직업을 선택할 수 있는 직업 선택권을 가져야 한다. 집안 배경, 학력, 경력과 상관없이 우수한 습관이 몸에 배어 있다면 99%의 사람보다 앞설 수 있고 어떠한 환경에서도 눈부시게 빛날 것이다. 성공 스토리가 하나둘 쌓이면 직업 선택권을 손에 넣을 수 있고, 이로써 우리가 원하는 직업에 한 발짝 더 다가갈 수 있다.

- 젊은 사람들은 리스크를 감수할 수 있는 범위 내에서 여러 직업에 도전하며 경력을 쌓을 수 있다. 이런 경력은 우리의 핵심 업무 가치에 큰 도움이 된다.
- 핵심 업무 가치를 이용해 적합한 직업을 찾고 그 일에 집중하라.
- 말한 대로 실천하고, 실패를 두려워하지 않으며, 불평불만 없이 어려움을 무릅쓰고 모든 임무를 완수할 때 비로소 능력이 빛을 발휘하게 되어 직업 선택권을 손에 넣을 수 있다.

내게 맞는 직업을 만나면
매일 아침이 행복하다

하룻강아지의 위력

대학 졸업 후 스탠다드차타드 은행 상하이 국제 연수생 프로젝트 팀에 입사했다. 첫 직장에서 체계적으로 교육을 받으며 내게 이런 기회가 주어졌음에 진심으로 감사했다. 사실 그때 나는 뚜렷한 목표 의식도 커리어에 대한 비전도 없었다. 잘 배우겠다는 일념 하나뿐이었다. 내게 주어지는 임무가 크든 작든 가리지 않고 불평불만 없이, 열정과 불굴의 의지로 맡은 임무를 훌륭하게 완성해 냈다.

시간이 흘러 나는 상사와 동료들의 신뢰를 얻었고 많은 기회도 잡을 수 있었다. 2년의 교육 기간 동안 치열하게 배웠고 상하이, 요하네스버그, 나이로비를 옮겨 다니며 일했다. 나를 필요로 하는 곳이라면 어디든 찾아갔다. 그 당시의 나는 내가 원하는 것이 무엇인지 몰랐다. 그저 세상을 많이 배우고 싶었고 나 자신에 대해서도 더 알고 싶었다.

돌파구를 찾아서

연수생 프로젝트를 마치고 스탠다드차타드 그룹 싱가포르 지사의 전략팀으로 발령을 받은 후 임원들과 함께 은행의 장기 계획을 세웠다. 나를 제외한 10명 남짓의 동료들은 모두 일류 컨설팅 회사 또는 비즈니스 스쿨의 전문가였다.

전략팀의 업무 강도는 엄청났다. 수천 마일 떨어져 있는 보스들의 싱크탱크인 우리 팀은 한시도 게으를 틈이 없었다. 팀에서 막내인 나는 비즈니스 스쿨을 다니거나 전문 컨설팅을 해본 적도 없고 경력도 짧았다. 동료들에게는 식은 죽 먹기인 일들이 내게는 어려움 투성이라 모든 업무를 처음부터 다시 배워야 했다. 동료들에게 민폐를 끼치지 않기 위해 자발적으로 야근을 했고, 업무 속도를 맞추기 위해 온 힘을 다했다. 당연히 엄청난 스트레스에 시달렸고 체력적으로도 힘들었다.

전략팀에서 일한 2년 동안 많은 것을 배웠다. 가장 큰 수확은 한 발짝 뒤에서 멀리 내다볼 줄 알게 되었다는 것이다. 그러나 개인적으로 나는 이런 전략 분석보다 예전처럼 실무 현장에서 진취적으로 일하는 것을 더 선호한다. 이 깨달음은 내 인생의 전환점이 되었다. 예전에는 기본적으로 직업에 선택당하는 삶, 즉 단순하고 맹목적인 삶을 살았다. 하지만 이때를 기점으로 내가 진정으로 원하는 직업이 무엇인지, 나에게 더 어울리는 업종은 없는지, 다른 사람들은 자신의 직업과 삶을 어떻게 계획하는지에 대해 진지하게 고민하기 시작했다.

세상에 대한 호기심과 나 자신에 대한 질문을 가슴에 품고 하버드 비즈니스 스쿨에 입학했다. 나는 여기서 2년 동안 배우며 아이디어와 야망으로 똘똘 무장한 전 세계 다양한 분야의 젊은이들을 만났다. 그곳은 바로 최고의 글로벌 시장이었다.

비즈니스 스쿨을 졸업할 당시, 나 역시 시대에 발맞춰 기술 혁신의 대열에 들어섰다. 실리콘밸리에 대한 호기심으로 실리콘밸리에서 가장 잘 나가는 클라우드 컴퓨팅 회사 세일즈포스닷컴 salesforce. com에 입사했다. 독자들은 세일즈포스닷컴을 잘 모를 수도 있으니 간단한 소개를 덧붙이겠다. 세일즈포스닷컴은 글로벌 최대 고객 관계 경영 소프트 회사로 6년 연속 포브스 선정 세계에서 가장 혁신적인 기업, 5년 연속 포춘지 선정 세계에서 가장 존경받는 기업이다. 현재 세계에서 가장 빠르게 성장하는 글로벌 B2B 기술회사 중 하나이다. 세일즈포스닷컴에 지원했을 때 인사 담당자는 이렇게 말했다.

"우리 회사에 입사하는 게 하버드에 입학하는 것보다 더 어렵습니다."

그때 나는 회사의 분위기에 압도당했다. 세일즈포스닷컴의 혁신적인 분위기는 생동감이 넘쳤고 회사는 시장을 선도해 나가기 위해 매년 파격적인 제품을 출시했다. 직원들은 열정적이었고 업무를 더 잘해 내기 위해 온 힘을 다했다. 회사는 고객 서비스를 최우선으로 생각했고 고객의 문제를 해결하기 위해 끊임없이 고민했다. 세일즈포스닷컴 입사 첫날 느꼈던 감정은 배움의 의지를 불타게 했고 그 후 나는 원대한 꿈을 가슴에 품게 되었다.

방향을 바로 잡다

좋은 시절은 오래 가지 않는 법이라고 했던가. 사내 구조조정으로 내가 속해 있는 부서를 포함한 많은 부서가 조직 개편에 들어갔다. 여러 가능성 앞에 놓인 나는 어떤 선택을 해야 할지 몰랐다. 그래서 별생각 없이 그저 재미있어 보이는 부서를 골랐다. 상사가 바뀌는 것 말고는 사실 크게 달라질 건 없다고 생각했다.

하지만 얼마 지나지 않아 상사와 나는 사고방식과 가치관이 무척 다른 사람이라는 것을 깨달았다. 새로운 안건이 나올 때마다 늘 의견이 충돌했다. 나는 상사가 제시한 의견에 무조건 동의할 수 없었다. 게다가 이 부서에서 하는 일에 자부심도 느끼지 못했다. 회사와 고객의 입장에서 봤을 때 우리 부서가 하는 일은 그다지 의미 있는 일이 아니었다.

나는 그동안 갈고 닦아온 업무 스킬로 이 갈등을 해소해 보려 했지만, 근본적인 부분에서 오는 이견은 어떻게 해도 좁혀지지 않았다. 나는 점점 무기력해졌고 일도 대충했다. 회의 시간엔 침묵을 지키거나 마음에도 없는 말을 내뱉었다. 부서 이동도 생각해 보았다. 사실 세일즈포스닷컴 회사 자체는 좋았기 때문에 이곳을 떠나고 싶지는 않았다. 또 그 당시 영주권을 신청한 후라서 이직을 하면 혹시라도 영주권 신청에 차질을 빚을까 봐 선뜻 행동으로 옮기지 못했다. 그래서 영주권이 나올 때까지만 버티자고 다짐했다.

워라밸 시대의 인생 디자인

그때를 회상해 보면 나는 애초부터 현실을 직시하고, 미래를 책임 지는 게 두려워서 선택의 여지가 없다며 자기 합리화를 했던 것 같 다. 그렇게 일을 즐기지도 못하고 스스로 인정하지도 않는 회사에 서 병든 닭처럼 2년을 지냈다. 물론 이런 직원을 회사에서 가만히 보고만 있을 리 없다.

어느 날 갑자기 사장님이 나를 찾았다. 불길한 예감이 들었다. 역 시 예상대로 새로 온 빅보스가 우리 부서를 없애기로 결정했다고 했다. 내가 해고됐다는 뜻이었다. 새 직장을 찾기까지 한 달의 시간 이 주어졌다.

그날 밤 나는 아톤의 품에 안겨 엉엉 울었다. 내가 잘렸다니, 정말 충격이었다.

한참을 울고 나니 마음속 깊은 곳에 있던 속상하고 서운한 감정이 눈물로 다 씻겨 내려간 듯 후련했다. 한층 홀가분해졌다. 그리고 다 시 한 줄기 희망이 샘솟는 것 같았다. 사실 그 일이 나와 안 맞는다 는 건 진작부터 알았다. 하지만 그렇다고 해서 이 회사를 떠날 용기 도 나지 않았다. 따지고 보면 감사하게도 전전긍긍하고 있는 나를 대신해 하늘이 이 짐을 덜어주었고 이제 새로 시작할 수 있는 기회 도 준 것이었다. 이 기회를 무조건 잡고야 말 테다!

다음 날 정신을 차린 나는 출근을 했고 업무 중에도 쉴 새 없이 회 사 내 다른 부서에 있는 포지션을 찾았다. 그리고 이제부터는 내가 좋아하고 나에게 맞는 일, 스스로 자랑스러워할 만한 일을 하겠다 고 다짐했다. 과거의 경력을 토대로 내가 원하는 직무에서 요구하는 자격 조건들을 정리해 보았다. 이 조건에 따라 찾기만 하면 되었다. 그리고 한 달 후, 나는 새로운 부서로 이동했다.

부서 이동을 한 지 3년이 지난 지금 나는 매일 출근 시간이 무척 행복하다. 이제는 업무가 즐겁고 편하다. 그보다 더 중요한 것은 나는 이제 주도적으로 직업을 선택할 수 있고 맹목적으로 일자리를 좇지 않으며, 더는 수동적으로 살던 고통의 수렁으로 빠질 일이 없다는 것이다.

워라밸 시대의 인생 디자인

직장에서 '물 만난 고기'가
되는 법

중국인들은 힘든 일을 잘 참고 견뎌내는 특성이 있다. 이 태도는 굉장히 중요하다. 사람들은 대부분 시간을 업무에 할애하지만 진정으로 자신의 일을 즐기는 사람이 과연 몇이나 될까? 자신에게 맞는 직업이 무엇인지 아는 사람이 몇이나 될까? 많은 사람이 직장에서 겪는 혼란은 바로 '지금 하고 있는 일을 좋아하는 것은 아니지만 자신이 원하는 게 무엇인지 모른다'는 것이다. 이런 상황에서 사람들은 단순히 회사 이름, 직함, 연봉 등 외적인 요인만 보고 직업을 고르곤 한다. 직업의 외적인 요인도 중요하지만 나에게 적합한 업무인지 반드시 따져 봐야 한다.

따라서 올바른 직업을 찾으려면 먼저 자신이 어떤 스타일인지 알아야 한다. 여기에는 크게 두 가지 유형이 있다.

첫째, 평생직장형

이 유형은 한 우물을 꾸준히 파는 것이다. 어렸을 때부터 무엇을 하고 싶은지 잘 알고 있는 사람들에게 적합하다. 아흔을 앞둔 워런 버핏은 어린 시절부터 돈 버는 데 남다른 기질을 보였다. 초등학교 때부터 이웃집을 돌아다니며 콜라와 껌을 팔아 돈을 벌었던 그는 현재 800억 달러를 보유한 세계 최고의 억만장자가 되었다.

이 유형에 적합한 또 다른 부류는 곧 바로 한 가지 일을 깊게 파고드는 사람이다. 이들은 한 가지 일을 잘하고 최고의 경지까지 오르는데 업무 분야가 무엇인지는 크게 신경 쓰지 않는다. 대표적인 예가 바로 일본 장인이다. 그들이 스스로 무슨 일을 하겠노라 선택한 것이 아니라 일에 '선택당한' 것이다. 예를 들면 가족에게 물려받은 사업이 첫 직장이라는 등 그렇게 장인들은 평생 한 분야를 탐구한다. 90세를 넘긴 '초밥의 신' 오노 지로는 한평생을 최고의 초밥을 만드는데 쏟아부었고 심지어 꿈에서도 초밥을 만든다고 한다. 그런데 가끔 이런 생각이 든다. 오노 지로가 지금 초밥의 장인이 된 건 우연한 기회로 초밥과 연이 닿았기 때문은 아닐까. 처음에 초밥이 아닌 등나무 의자를 만드는 법을 배웠다면? 그렇게 되면 지금쯤 '등나무의 신'이 되어 있지는 않을까?

평생직장형 직업을 선택하는 장점은 분명하다. 십 년을 하루같이 한 가지에만 몰두하다 보면 자연스레 전문가가 된다. 하지만 여기에도 한계는 있다. 어린 시절부터 천운을 타고나지 않았거나 '무엇을 하든 최고의 경지에 다다르고 마는' 성격이 아니라면 평생 한 가지 일만 하는 건 보통 사람들에겐 굉장히 견디기 힘든 일이다. 심지어 '이것이 과연 내가 진정으로 원하는 일인가?' 하는 고민에 빠져 일에 대한 열정과 에너지를 잃어버릴 수 있다.

보통 사람들한테는 사실 두 번째 유형의 직업을 선택하는 것이 더 적합하다. 바로 다양하게 시도해 보고 선택하는 것이다.

스탠다드차타드 은행에 입사할 당시 한 임원이 나에게 이렇게 충고했다.

"이쟈, 젊었을 때 최대한 여러 직업에 도전하고 시행착오도 많이 겪어 보는 게 좋아요. 다른 업종으로 이직도 해 보고요. 새로운 분야일수록 좋습니다. 경험을 폭넓게 쌓은 다음에 가장 마음에 드는 직업을 골라서 하나에 전념하세요."

그 후 10년 동안 아프리카에서 미국으로, 은행에서 실리콘밸리로 국가와 업종, 직업을 가리지 않고 도전했다. 예전에는 상상도 못 했던 다양한 업무를 경험했고 많은 것을 배웠다. 성공도 해봤고 실패도 해봤다. 좋았을 때도 무료했을 때도 있었다. 모두 하나같이 다 소중한 경험이었다. 개인적으로 기회 비용이 적게 들고 가족 부양 부담이 없는 젊은 시절에 다양한 경험을 할 수 있어서 다행이었다.

젊었을 때 자신이 원하는 게 무엇인지 모르는 건 지극히 정상이다. 내가 어떤 사람인지도 모르는데 어떻게 평생 마음에 드는 직업을 선택할 수 있겠는가? 이건 마치 첫사랑으로 만난 사람이 평생의 반려자가 될 확률만큼 굉장히 어려운 일일 것이다. 그러니 젊을 때 최대한 많이 시도해 보라. 다른 직업에 많이 도전해 보는 것은 가치 있는 일이다. 어느 정도 업무 경험을 쌓은 다음 자신에게 어울리는 직업을 선택해서 그 일을 잘 할 수 있도록 최선을 다하면 된다.

직장을 자주 옮기는 게 부담스러워 시도할 엄두가 안 난다고 말하는 사람도 있다. 나 역시 안정적인 직업을 원하므로 충분히 이해한다. 적은 비용으로 업무를 경험해 보는 방법도 많다. 예를 들어 자신의 주요 업무 외에 다른 유형의 프로젝트를 자발적으로 맡기, 회사의 내부 인사이동 혹은 해외 파견 기회 적극 이용하기, 여가를 이용해 자원 봉사하기, NGO 단체의 관리 업무 겸업하기, 간단한 파트타임 등이 있다.

핵심 업무 가치 찾기 4단계

이력은 자신이 원하는 것을 알 수 있는 가장 기본적인 수단이지만, 이력에 포함된 정보를 제대로 파악하려면 스킬이 필요하다. 다음 4단계 방법론을 통해 핵심 업무 가치를 발굴하면 더 이상 남의 기준에 따라 작업을 고르지 않게 될 것이다.

업무 경험 분석하기

다음 세 가지 기준에 따라 직업과 관련된 모든 이력을 분석해 보자.

- 이 직업의 어떤 점을 좋아하는가?
- 이 직업의 어떤 점을 싫어하는가?
- 이직하려는 이유는 무엇인가?

스탠다드차타드 아프리카 지사에서 일했을 당시 '아프리카에서의 나날들Days in Africa'이라는 블로그를 운영했는데 매달 한 번씩 포스팅을 해서 내가 아프리카에서 보고 느낀 점들을 중국인들과 공유했다. 다음은 내가 그 당시 경력을 분석하면서 썼던 것이다.

업무 경력	이 직업의 어떤 점을 좋아하는가?	이 직업의 어떤 점을 싫어하는가?	이직하려는 이유는 무엇인가?
'아프리카에서의 나날들' 블로그 운영	• 의의: 중국 독자들의 아프리카에 대한 이해를 도움 • 발전성: 일종의 책임감이 나를 한층 더 진취적으로 나아가 아프리카를 탐구하게 함 • 흥미: 무척 재미있고 이 일을 좋아함 • 자율성: 기록하는 내용, 방식 모두 스스로 정함	없음	회사가 나를 아프리카에서 다른 지역으로 전출함

　주의: 업무 경험의 수와 다양성은 결과 분석의 신뢰성과 유효성에 직접적인 연관이 있다. 경력이 많으면 축적된 데이터가 많으므로 공통점을 도출해 낼 수 있다. 또 경력이 다양하면 업무에 대한 선호도를 여러 각도에서 파악할 수 있다. 따라서 최대한 다양하고 많은 업무 경험으로 분석하는 것이 좋다. 나는 당시 상근직, 교대근무, 파트 타임, 인턴십, 학생 임원 및 프로젝트 활동을 포함한 총 12가지 업무 경험을 분석했다.

핵심 업무 가치 도출하기
　전체 업무를 경험한 분석 결과에서 공통점을 찾으려면 어떤 일들이 업무에 대한 자신의 생각에 반복적으로 영향을 미치는지 확인해야 한다. 이것이 바로 핵심 업무 가치이다.

예를 들어 나는 분석을 통해 다음과 같은 6개 가치가 다양한 업무 경력 피드백에 반복적으로 나타났으며, 이는 내 감정에 직접적인 영향을 끼친다는 것을 발견했다. (나열 순서 무관)

- 조직 문화
- 사회적 가치
- 자율성
- 발전성
- 소득
- 일과 삶의 균형

이것이 나의 핵심 업무 가치이다. 아무리 좋아 보이는 직업이라도 위의 6개 핵심 직업 가치를 지니지 않았다면 나는 '물 만난 고기'처럼 신나게 일할 수 없다.

핵심 업무 가치를 이용해 업무 경력 점수 매기기

이 핵심 업무 가치에 따라 과거의 업무 경험 점수를 계산한다. 0~5점, 5점은 매우 만족, 0점은 매우 불만족 각 업무 경험에 대한 총점을 계산해 본다. 다음 표는 내가 과거 실제 업무 경험에 대한 점수이다.

워라밸 시대의 인생 디자인

핵심 가치	A업무	B업무
조직 문화	1	5
사회적 가치	3	4
자율성	2	5
발전성	1	5
소득	4	4
일과 삶의 균형	5	1
총점(만점 30 = 5점×6개 항목 핵심 가치)	16	24

A업무의 총점은 16점. 몇 가지 핵심 가치를 충족시키지 못하고 있음을 알 수 있다. 그 당시엔 업무가 지겨웠고 늘 무기력했다. 내가 해고를 당했던 바로 그곳이다.

B업무의 총점은 24점. 대부분의 핵심 가치를 모두 충족했다. 일할 때 늘 에너지가 넘쳤다. 이 업무에서 유일하게 점수가 낮은 항목은 '일과 삶의 균형'1점이다. 그 당시엔 일에만 매달려서 개인적인 생활이 전혀 없었고 건강도 점점 나빠졌다. 그 직장을 그만둔 이유이기도 했다.

이렇게 항목별로 점수를 매기면 시각적으로 더 명확히 알 수 있다.

- 핵심 업무 가치는 긍정적인 것이든 부정적인 것이든 자신이 직장에 대해 느끼는 감정에 직접적으로 영향을 미친다.
- 만약 어떤 직업이 대부분의 핵심 가치는 충족시키는데 유독 한

문항의 점수가 낮다면 결국 나중에도 같은 이유로 업무를 제대로 수행할 수 없거나 직장을 그만두게 될 수 있다. 따라서 핵심 업무 가치는 우리가 일을 즐기면서 할 수 있는 필수 조건이고 모든 항목을 충족시켜야 한다.

핵심 업무 가치를 이용해 미래 기회 점수 매기기

4단계가 바로 이 연습을 하는 최종 목적이기도 하다. 핵심 업무 가치를 이용해 미래의 모든 기회를 예측할 수 있다. 또 해당 업무를 즐기면서 일을 할 수 있는지, 나에게 가장 적합한 선택을 할 수 있는지 예측도 가능하다.

예를 들어 나는 핵심 업무 가치를 찾은 후 유명 회사들의 제안으로 망설임 없이 거절할 수 있었다. 예전의 나라면 이런 직장들은 나에게 과분하다고 생각되어 그 자리에서 당장 수락했을 것이다. 사회적 지위, 연봉, 발전 잠재력 등 모든 조건이 훌륭하지만 이런 일들은 보통 업무 강도가 높아 야근을 밥 먹듯이 해야 하므로 일과 삶의 균형 항목을 충족시켜 주지는 못한다. 그런데 이 항목은 내게 없어서는 안 되는 중요한 핵심 가치다. 이 항목을 충족하지 못하면 내 인생의 바퀴는 얼마 구르지 못하고 멈출 것이다. 자신이 원하는 게 무엇인지 알고 있다면 이런 일자리를 포기하는 것도 훨씬 수월해진다.

게다가 지금의 직장도 이 방법을 통해 찾을 수 있었다. 입사 면접에서 핵심 가치를 바탕으로 업무를 파악했고, 이 직장에서 나의 만

워라밸 시대의 인생 디자인

족도를 예측해 봤다. 미래의 상사, 인사팀, 부서 동료들, 자매 부서 동료들과 이야기를 나눠 보았고 하루 동안 출근하면서 미래의 상사와 동료들을 체험해 봤다. '이 일은 나의 핵심 가치와 매우 일치한다'라는 생각이 들자 주저 없이 계약서에 서명할 수 있었다. 역시 이 일은 나의 기대치를 만족시켜 주고 있다. 입사한 후 나는 하루하루를 충실하게 보내고 있으며 무척 행복하다. 태어나 처음으로 내 손으로 직접 직업을 선택했고, 더 이상 다른 사람들에게 휩쓸려서 끌려다니지 않게 되었다.

이제 4단계 분석을 마치고 당신을 직장에서 '물 만난 고기'로 만들어 줄 핵심 업무 가치로는 어떤 것들이 있는지 알아보도록 하자.

우수한 능력은 습관이다!
직업 선택권을 내 손 안에

자신이 무엇을 원하는지 아는 것은 무척 중요하지만 이는 온전히 자신의 선택에 달려 있다. 그리고 우수한 사람만이 그 선택권을 가질 수 있다. 일반적으로 사람들 눈에 비치는 우수한 능력이란 고학력, 화려한 스펙, 높은 직위, 빵빵한 은행 잔고, 호화로운 집, 고급 외제차 등일 테지만 이러한 것들은 겉으로 보이는 것일 뿐 우수한 능력의 핵심 요소는 아니다.

그렇다면 진정한 우수한 능력이란 무엇인가? 아리스토텔레스는 '우수한 능력은 습관'이라고 했다. 우수한 능력은 직장 선택권, 학력, 직위, 소득, 경력, 인지도 및 사회적 인정 등의 형태로 표현된다.

이처럼 우수한 능력은 일종의 습관일 뿐 어떤 높은 진입 장벽이 있는 것이 아니다. 우리는 누구나 다 우수해질 수 있지만 우수한 능력을 실현해 낸 사람들이 많지 않을 뿐이다. 따라서 그것을 해낸 일부 소수만이 유독 눈에 띄고 직업 선택권도 쉽게 손에 넣을 수 있다.

그렇다면 우수한 능력은 어떤 습관들로 완성될까?

말한 대로 실천하기,
이것만 해도 90%의 사람보다 앞설 수 있다

예전에 우리 부서에 신입으로 마크와 그렉이 왔다.

아이비리그 학생인 마크는 영리하고 일을 빨리 배우는 편이었으며 하는 행동도 귀여웠다. 부서 내에서 평가가 좋았지만 마크에게는 신뢰성이 부족하다는 치명적인 단점이 있었다. 업무를 지시하면 제출 기한을 넘기기 일쑤고 늘 이런저런 변명을 들이대기 바빴다. 하지만 마크는 이 문제를 대수롭지 않게 여겼다. 시간이 지나면서 동료들은 그에게 더 이상 중요한 업무를 맡기지 않았다.

그렉은 처음엔 딱히 눈에 띄는 스타일은 아니었다. 솔직히 말하면 마크보다 영리하진 않았다. 그래서 동료들도 크게 관심을 기울이지 않았고 간단한 업무만 맡겼다. 하지만 그렉은 믿을 만한 친구였다. 그렉은 자신에게 주어진 임무를 하나부터 열까지 세세하게 메모했다. 주의사항이나 제출 기한 등을 물어가며 꼼꼼히 챙겼다. 야근을 해서라도 기한 내에 맡은 업무를 완벽하게 수행했다. 동료들은 시간이 지날수록 중요한 프로젝트를 그에게 믿고 맡겼다. 그렉이라면 아무리 힘든 일일지라도 기간 내에 완성할 수 있을 것이라 믿었기 때문이다. 인턴 기간이 끝난 후 그렉은 우리가 준비한 특별한 파티 자리에서 입사 통보를 받았다.

직장은 마라톤 레이스와 같다. 빠른 스타트보다 안정적인 성장이 더 중요하다. 마지막에 누가 기회를 많이 잡을지는 바로 신뢰성에 달려 있다. 신뢰를 쌓는 것은 사실 어렵지 않다. 말한 것을 실천으로 옮기는 모습을 보여 준다면 사람들은 당신을 신뢰할 것이고 더 중요한 업무를 맡길 것이다. 내가 사회 초년생 때 여러 은행 임원들로부터 높이 평가받고 소중한 기회를 많이 잡을 수 있었던 이유도 바로 여기에 있다. 나는 지금도 직원을 고용할 때 신용을 지키는 사람인지부터 본다. 첫 번째는 '약속을 지키는 것'이다. 신뢰할 수 없는 사람은 아무리 조건이 좋아도 뽑지 않는다. 하지만 믿을 수 있는 사람은 평범한 조건에 경력이 조금 부족하더라도 함께 일해 볼 의사가 있다. 내가 그를 신뢰할 수 있음을 알기 때문이다.

말한 대로 실천한다는 것이 말처럼 쉬운 것은 아니다. 약속 시간에 늦고, 대충 흘려들은 약속을 새까맣게 잊고, 날림으로 일하고, 업무의 제출 기한을 넘기는 등의 일들을 대수롭지 않게 여기는 사람이 많다. 이런 사람들은 누군가에게는 신뢰할 수 없는 사람으로 기억될 수 있다. 당신이라면 이런 사람에게 중요한 임무를 맡길 수 있겠는가? 물론 최선을 다했음에도 불구하고 이런저런 피치 못할 사정으로 자신이 약속한 일을 지키지 못할 때도 있다. 물론 이해할 수 있다. 이런 상황이 발생했을 땐 상대방에게 즉시 연락을 취해 상황을 설명하고 어떻게 해결할지 논의를 하고 새로 조율을 해야 한다. 연락도 없이 잠수를 타는 행동은 삼가라. 별일 아니라고 생각하거나 한참이 지나서 겨우 찾아와 미안하다고 한마디 툭 던지는 행동은 지양하라.

자신이 약속한 일에 책임을 지고 실천으로 옮겨야 다른 사람이 나를 믿을 수 있다. 그때 소중한 기회가 찾아온다.

워라밸 시대의 인생 디자인

행동력은 사람마다 천차만별

얼마 전 독자로부터 한 통의 편지를 받았다.

"이쟈 작가님. 제 문제는 고객과의 만남을 늘 피하는 것입니다. 거절당할까 봐 두렵거든요. 어떻게 해야 제 자신을 넘어설 수 있을까요? 저는 점점 더 수동적인 사람이 되어 갑니다. 작가님도 이런 경험이 있으신지, 있으시다면 어떻게 이겨내셨는지 알려 주세요."

간단하게 요약하자면 이런 내용이다. 심리적 갈등에 대한 이야기가 주를 이룬다. 나는 이렇게 답장했다.

"하고 싶은 일을 하세요. 생각만 많아 봤자 소용없습니다. 만약 실패한다 해도 성공할 때까지 계속 고쳐 나가면 됩니다."

결과를 창출해낼 수 있는 유일한 방법은 바로 행동이다. 머릿속에 아이디어가 가득 넘쳐나도 소용없다. '저 의자를 옆을 옮겨야지' 하는 생각만으로는 현실 세계의 의자를 진짜 움직일 수 없는 것과 같은 이치이다. 우수한 사람은 실제로 행동으로 옮기는 데 대부분의 에너지를 쏟고 목표를 향해 끊임없이 노력한다. 사람들은 불필요한 걱정과 불안에 에너지를 낭비한다. 이런 생각은 모두 내적 갈등이며 자신의 목표를 달성해 나가는 데에 아무런 도움이 되지 않는다.

셰익스피어는 "의심은 반역자다. 우리는 의심 때문에 노력 자체를 두려워하고, 노력했더라면 좋은 결과를 얻었을 절호의 기회를 놓쳐버린다"라고 했다. 모든 내적 갈등에서 실패를 두려워하는 심리는 보편적인 반응이며 실제 행동으로 나서는 것을 방해한다. 실패할까 봐 두려울 때마다 나는 악어 이야기를 떠올린다.

악어 한 마리가 강가에서 물을 마시고 있는 사슴을 잡아먹으려고 기회를 보고 있었다. 눈치를 챈 사슴은 재빨리 도망치고 말았다. 이 상황에서 악어는 사슴 포획에 실패했다는 생각에 3일 동안 우울과 실의에 빠져서 자기가 다른 악어들보다 못났다고 자책하며 우울해할까?

물론 그럴 리 없다! 악어는 바로 다음 먹이를 찾아 유유히 떠난다.

동물이 목표물을 설정하고 행동에 나설 때 결과는 두 가지다. 목표를 달성하거나 혹은 못 하거나. 목표를 달성하면 즉시 다음 목표물을 또다시 찾아 나선다. 동물의 세계에서는 실패 자체가 성립되지 않는다. 목표를 달성했느냐 아니냐 그뿐이다. 게다가 이 두 결과는 불필요한 감정 소모도 없다. 즉 실패에 대한 두려움이나 내적 갈등이 없다는 소리다.

실패는 인간에게서만 나타나는 독특한 현상이다. 목표를 달성하지 못하면 우리는 자동으로 '나는 실패했다'고 부정적 인식을 한다. 이 부정적 인식은 자아부정을 포함하며, 많은 사람이 스스로를 의심하게 만들고 심지어 좌절한 후 다시 일어나기 힘들게 한다. 그래서 사람들은 실패에서 오는 충격을 줄이기 위해 결과를 최우선으로 두고 어떻게 해서든 실패를 피하려 한다. 목표를 설정할 때 실패할 것이 두려워 목표치를 아예 낮게 잡거나 성공하지 못할 것이라는 생각에 사로잡혀 한 걸음도 내딛지 못하는 것이 대표적인 예시다. 이 얼마나 시간과 에너지를 낭비하는 일인가!

그렇다면 우리는 어떤 자세로 실패를 대해야 할까?

첫째, 이 세상에 실패라는 두 글자가 없다고 생각하라. 그저 목표를 달성하지 못했을 뿐이다. 목표를 달성하지 못했으면 어떻게 해야 할까? 계속 개선하고 노력하고 도전하면 된다.

둘째, 페이스북 최고운영책임자COO 셰릴 샌드버그Cheryl Sandberg는 이렇게 물었다.

"만일 두려움을 못 느낀다면 당신은 무엇을 할 것인가?"

이 질문은 머릿속에 가득 찬 내적 갈등을 자연스레 해소해 주고 한 순간에 우리가 무엇을 해야 할지에 집중하게 해준다.

실패를 정면으로 마주하는 법을 알게 되면 내적 갈등을 줄일 수 있고 자신의 에너지를 구체적인 행동에 더 투자해 마침내 성공에 다다를 수 있다.

강자들의 사고방식: 원망하지 말고 업무에 집중하라

24세 때 스탠다드차타드 은행 케냐 지사로 파견되어 동부아프리카 사업 조사를 담당했다. 나는 젊었고 경험이나 자격, 인맥도 없었기 때문에 어떤 성과를 기대하기 어려워 보였다. 그래서 동부아프리카의 영업이사이자 직속 상사 마크는 나한테 전혀 관심이 없었다. 첫 만남에서 형식적으로 인사를 나눈 다음부턴 나에게 눈길 한 번 주지 않았다.

첫 단추를 잘못 끼운 걸까. 하지만 그런 것에 연연해서 상심할 틈이 없었다. 내가 할 수 있는 일이 무궁무진했다. 3일도 채 안 되는 시간 동안 은행의 모든 부서를 누비며 자기소개를 하고 다녔고, 직원들의 경험담과 애로사항 등을 귀 기울여 들었다. 아프리카 지점 직원들은 앞에서 배시시 웃고 있는 어린 중국인 아가씨를 호기심 가득한 눈으로 바라봤고 내가 묻는 질문에 하나하나 대답해 주었다. 덕분에 나는 동부아프리카 사업에 대한 내부 입장을 빠르게 파악했다.

또 나는 중국 지인들에게 나이로비 국유 기업에서 일하는 직원들을 소개해 달라고 부탁해서 일일이 만나고 다녔다. 나이로비 화교 사회는 규모가 크지 않아 서로 사이가 좋고 도움을 주고받으며 살았다. 그들은 각자 고충을 스스럼없이 털어놓았다. 그래서 은행의 도움이 가장 필요한 지역이 어디인지, 현재 이용하는 은행은 어디인지, 이용하면서 좋았던 점과 불편했던 점은 무엇인지 등 정보를 얻을 수 있었다. 덕분에 나는 대량의 고객 정보와 라이벌 은행의 정보를 입수했다.

낮에는 인터뷰를 다니고 밤에는 데이터를 분석하고 연구했다. 2주 후 마크에게 초기 보고서를 작성해 보냈다. 인터뷰하면서 목을 많이 쓴 데다 피로까지 겹쳐서 목이 다 쉴 정도였다. 나오는지 않는 목소리를 쥐어짜면서 진행 상황을 설명하는 나를 본 마크는 무척 놀랐고 또 감동했다. 이 초짜 아가씨가 작성한 미숙한 보고서에 깃든 땀과 노력을 본 것이다. 마크는 직접 나서 프로젝트를 설명했고 좋은 의견도 많이 내주었으며, 나에게 고객들을 만나 피드백을 듣고 서비스를 제공하라고 지시했다. 그렇게 더 많은 고객 정보를 확

워라밸 시대의 인생 디자인

보할 수 있었다.

케냐를 떠나기 전 세부적인 내용을 담은 업무 확장 계획서를 마크에게 제출했다. 마크가 이 계획서를 스탠다드차타드 은행 차이나 및 아프리카 이사회에 넘기자 최고 경영진의 긍정적인 평가를 받아 CEO상도 수상했다.

큰 도전에 직면했을 때 어떤 사람들은 장애물만 보고, 어떤 사람들은 장애물 너머 구불구불 이어지는 오솔길을 발견하고 그 길을 가기 위해 전력을 다한다. 불평하지 말고 변명하지 마라. 최선을 다해 한 줄기 빛에 다다를 때까지 부단히 노력하라. 이런 습관을 가진 사람은 어떤 어려움에 부딪치더라도 희망의 길을 볼 수 있고 해결책도 찾을 수 있다. 앞으로 나아갈수록 그 길은 넓고 탁 트인 세계로 우리를 안내할 것이다.

독자와의 대화

독자: 이쟈 작가님, 신용, 행동력 그리고 집중 탐구가 바로
　　　우수한 세 가지 습관임을 잘 알았습니다. 그렇다면
　　　많은 성공학에서 관심과 흥미에 대해 언급하는 이
　　　유는 뭘까요?

이쟈: 습관이라는 건 어떤 특별한 계기 없이도 자연스럽
　　　게 나옵니다. 다시 말해 우수한 사람은 한 가지 일에
　　　만 관심을 갖고 말하거나 행동하거나 집중 탐구하
　　　지 않습니다. 그들은 모든 일을 이런 자세로 임합니
　　　다. 그들에게 강아지 산책, 청소, 커피 타기, 자료 정
　　　리, 시장 개척, 기업 경영, 창업 등의 일을 맡겨 보면
　　　아마 같은 방식으로 처리할 겁니다. 다시 말하면 혹
　　　여나 일에 관심이 없어서 일을 망칠까 봐 노심초사
　　　할 필요 없이 무조건적으로 그들을 신뢰해도 좋다
　　　는 뜻입니다. 그러므로 관심사가 우수한 능력의 필
　　　수 조건은 아닙니다. 관심이 없더라도 다양한 분야
　　　에서 충분히 일을 잘해 낼 수 있습니다.
　　　물론 우리가 관심이 있다면 더 수월하게 열정적으로
　　　일을 수행할 수 있을 겁니다. 5장에서는 사명감을

찾는 방법을 다뤄볼 텐데요. 사명감을 가지면 우수한 능력이라는 습관을 기초로 자신이 가장 관심 있는 분야에서 실력을 한층 더 발휘할 수 있습니다.

독자: 작가님, 저는 지금 하는 일이 마음에 들지 않아서 이직을 생각 중입니다. 작가님께서는 비즈니스 스쿨을 졸업한 후 은행업에서 하이테크 산업까지 다양한 분야에서 일을 하셨다고 들었습니다. 경험담을 들려주실 수 있나요?

이쟈: 대답을 드리기 전에 독자분께서 먼저 확실히 해두셔야 할 문제가 있습니다. 직업을 바꾼다는 핑계로 자신에게 닥친 여러 문제들을 회피하려는 건 아닌지, 핵심 업무 가치 방법론을 이용해서 현재 직업과 본인의 적합성을 충분히 생각해 보셨는지 하는 점입니다. 혹은 독자분께서 여러 분야에 도전해 보고 싶고, 또 이직이 가져올 모든 결과를 감수할 준비까지 되어 있는지요. 이 중 해당 사항이 있다면 제 대답을 들어 주세요.

많은 사람이 하버드 MBA 진학을 간단하게 생각할 수도 있지만 결코 쉽지만은 않습니다. 실리콘밸리에는 훌륭한 인재가 넘쳐나고 경쟁이 치열합니다.

그리고 진짜 실력자들은 어디 출신인지 묻지 않아요. 정통 엘리트 문화를 대표하는 MBA라 해도 전혀 신경 쓰지 않죠. 어떤 사람들은 심지어 MBA 출신들은 서로 어울릴 줄 모르는 따로국밥이라고 생각합니다. 그러니 제가 MBA 출신이라고 해서 면접볼 때 메리트가 있었던 것도 아니었죠. 진로를 바꾸는 것 자체가 사실 쉬운 일이 아니에요. 미국에서 일해 본 경험이 없는 저로서는 더 힘들었습니다.

비즈니스 스쿨을 졸업한 후 3개월간 구직 활동을 했어요. 보스턴에서 샌프란시스코까지 3차례 왔다 갔다 한 결과 감사하게도 세일즈포스닷컴으로부터 합격 통보를 받았습니다. 그럼 이제 저의 업무 경험과 거기서 얻은 교훈을 말씀드려 볼게요.

충분한 사전 준비는 필수, 모든 업종을 샅샅이 연구하라

저는 기계치였어요. 하이테크 산업에 종사하기 위해 처음부터 하나하나 배웠죠. 전반적인 산업에 대한 이해부터 하나씩 늘려갔습니다.

저는 대부분 온라인상에 공개된 자료로 정보를 수집합니다. 일할 때 원칙이 하나 있습니다. 다른 사람이 저한테 온라인상에 이미 다 나와 있는 정보를 설명해 주기 위해 아까운 시간을 허비하게 해서는 안 된다는 겁니다. 그래서 매번 면접이나 협상에 들어가기 전에 저는 먼저 회사, 경쟁사, 업계 소식 등을 최대한 많이 찾아봅니다. 이렇게 하면 서로 더 깊은 이야기를 나눌 수 있고 상대방의 시간 낭비를 막을 수 있죠.

또 다른 정보 수집 창구는 업계 관계자들과 이야기를 나누는 것입니다. 미국에 처음 온 외국인에게 있어서 하버드 네트워크는 가장 소중한 인맥 풀이죠. 졸업생 연락망을 통해 하이테크 업계에서 일하고 있는 동창에게 이메일을 보내 약속을 잡았습니다. 맨 처음 만든 초대장은 솔직히 볼품없었어요. 회신율도 낮았죠. 수백 번 수정을 거듭한 후 초대장은 간결하고 심플해졌고 70%의 동창들에게 답장이 왔습니다. 하루 한두 명과는 약속을 잡을 수 있습니다.

솔직히 정보를 수집할 때는 공을 많이 들여야 합니다. 특히 처음에는 하루에 12시간 이상을 자료 보는 데만 써도 다 못 봤어요. 그래도 방법이 없으니 시간이 허락하는 만큼만 보고 못 본 것은 어쩔 수 없다 생각했죠. 근데 정보의 장점이 바로 티끌 모아 태산이라는 거죠. 모이면 어마어마한 양이 되잖아요. 45일 동안 죽을힘을 다했더니 준비 작업을 할 때 훨씬 수월해지더라고요. 이미 제 안에 기본적인 데이터가 입력되어 있으니 조금만 더 보충하면 되는 거죠. 때로는 제가 업계 관계자보다 업계 동향이나 회사 소식을 더 잘 알기도 해요. 저는 매일 방대한 양의 정보를 읽으니까요.

진로를 바꾸기 위해서는 말로만 얘기하는 것보다 진심을 보이는 것이 중요합니다. 이 진심은 실제 행동으로 증명해야 하고요. 더 중요한 것은 충분히 준비된 사람은 탐구하고 연구하는 정신을 갖고 있다는 겁니다. 인사 담당자는 이 점을 굉장히 중요하게 생각하죠. 면접 준비도 제대로 하지 않는 사람에게 입사 후 더 나은 모습을 기대하기란 힘들겠죠?

당신이 뽑혀야 할 '한 방'을 어필하라

세일즈포스닷컴에 입사한 후, 이곳에 입사하고자 하는 독자분들로부터 지원 방법을 알려달라는 편지를 많이 받았습니다. 우선 세일즈포스닷컴은 단 한 자리를 놓고도 경쟁이 무척 치열하다는 사실을 말씀드립니다. 경쟁자들 사이에서 돋보이기 위해서는 '충분히 합격할 만한' 정도로는 부족합니다. 강력한 '한 방'을 날리십시오. 면접관이 반드시 당신을 뽑아야 할 이유를 제시하세요.

저는 면접을 준비할 때 세일즈포스닷컴에 대해 알아보기 위해 샌프란시스코로 날아와 일주일을 머물렀습니다. 회사가 매년 주최하는 드림포스 컨퍼런스Dreamforce conference 연례 회의에 참가하기 위해서였죠. 온종일 드림포스의 바다에 푹 빠졌습니다. 신제품 프리젠테이션에 참석하고, 담당 매니저와 제품 콘셉트에 대한 의견도 나누고, 협력사 부스로 가서 제품을 조사했습니다. 또 세일즈포스닷컴의 고객사와 만나 제품 사용 피드백도 들었고요.

그 후 세일즈포스닷컴 면접에서 제가 회사에 관해 잘 알고 있는 부분을 많이 어필할 수 있었고, 저의 입사 의지에 대한 진심도 보여줄 수 있었어요. 예를 들면 "올해 귀사의 신제품은 고객들이 겪는 불편을 해결해 주었습니다. 정말 마음에 들어요", "귀사의 혁신과 창의성이 깃든 문화를 존경합니다", "제품에서 플랫폼에 이르는 귀사의 발전 방향이 옳다고 생각합니다" 등의 말을 할 수 있겠죠. 가볍게 나누는 이야기 속에서도 제품에 대한 이해 덕분에 다른 경쟁자 속에서 돋보였고, 면접관들에게도 제가 준비를 많이 했고 회사에 입사하고 싶은 의지가 강하다는 것이 전달되었습니다. 제가 관련 업무 경험은 없지만 이런 노력과 열정이 높이 평가되어 입사의 기회를 얻게 되었죠.

진로를 바꾸고자 하는 사람은 업무 경력과 자격 면에서 불리합니다. 다른 경쟁자보다 몇 배 이상으로 정성껏 준비하고 돋보이는 것만이 우리가 할 수 있는 유일한 방법입니다. 강력한 '한 방'을 날리십시오. 면접관이 반드시 당신을 뽑아야 할 이유를 제시하세요.

거절당하는 걸 두려워 말고 한 명만 공략하라

비즈니스 스쿨을 졸업한 후 회사를 창업한 친구가 있습니다. 자금 조달을 할 때마다 투자자들에게 엄청난 비난을 받았지만 그 친구는 늘 침착한 얼굴로 말했어요.

"나는 모든 사람이 나를 좋게 봐줄 필요는 없다고 생각해. 단 한 사람에게만 인정받으면 그걸로 충분해."

자금을 조달받는 건 결코 쉬운 일이 아니죠. 직업을 바꾸는 것도 마찬가지고요. 인사 담당자들이 경험이 많은 인재들을 뽑고 싶어 하는 건 당연한 일입니다. 그러니 우리가 거절을 당하는 건 지극히 정상인 거죠. 마음의 준비를 단단히 하세요. 단 한 명이라도 우리를 인정해 주는 사람이 있다면 충분합니다.

비즈니스 스쿨을 졸업하고 취업 준비를 할 때 저는 국적도 다르고 분야나 직책도 전부 달랐기 때문에 쉽게 기회를 얻을 수 없었어요. 거절당하기 일쑤였죠. 지원서를 넣은 곳에서 깜깜무소식이기도 했고, 면접에서 바로 탈락하기 일쑤고요. 가장 속상했던 건 자신만만했던 최종 면접에서 탈락했을 때였어요.

이렇게 처절하게 거절당하면 슬플까요? 당연하죠! 너무 가고 싶었던 곳이라 만반의 준비를 다 했음에도 불합격 통보를 받으면 정말 견디기 힘들 정도로 속상합니다. 하지만

워라밸 시대의 인생 디자인

이런 실망과 좌절도 아주 잠깐이었어요. 저는 다시 마음을 추스리고 의지를 불태우면서 두 가지 생각을 했습니다.

첫째, 평생 백수일 리 없다. 그렇다면 구직 활동을 몇 개월 더 하는 게 뭐 그리 힘든 일인가? 이렇게 생각하니 눈앞에 힘들어 보였던 일들이 아무것도 아니었습니다.

둘째, 나는 하루하루 발전하고 있다. 궁극적으로 더 좋은 방향으로 나아갈 것이다. 처음엔 전문 지식으로 보나 행동이나 말투로 보나 업계 종사자 같지 않았으니 거절당하는 것은 지극히 정상이라고 생각해요. 저라도 저 같은 사람은 안 뽑았을 거예요! 하지만 두 달 후에 상황은 완전히 바뀌었습니다. 업계 관련 지식도 풍부해졌고 면접 기술도 많이 익혔고요. 스스로 이제는 때가 됐다고 생각했습니다. 그리고 정말 몇 주 후에 마침내 제가 가장 가고 싶던 세일즈포스닷컴을 포함한 몇 군데로부터 합격 통지를 받았습니다.

인사 담당자들이 리스크를 줄이기 위해 경력자를 더 선호하긴 하지만 결국 그들이 찾는 건 '인재'거든요. 우리가 충분히 우수한 인재라면 선견지명이 있는 면접관은 경력자보다 진정한 인재를 알아볼 것이고, 우린 그렇게 기회를 잡을 수 있습니다. 자신을 최고 수준으로 끌어올린 다음 면접관에게 적극적으로 어필하세요. 단 한 명한테만 인정받으면 됩니다.

독자: 작가님, 저는 MBA에 지원하고 싶은데요. 알려 주실 팁이 있나요?

이쟈: MBA 지원 방법을 논하기 전에 우선 지금 독자분의 커리어 비전이 무엇인지, 그리고 MBA가 이 비전을 달성할 수 있는 최선의 방법인지부터 확실히 해두어야 합니다.

이론적인 측면을 강조하는 일반 석사 과정과는 달리, MBA의 목적은 경영자를 양성해 내는 것이기 때문에 입학생들의 실무 경력도 상당합니다. 학생들이 이곳에 지원하는 목적은 경영 능력을 향상시키고 인맥을 넓히고 진로를 바꾸기 위해서고요. 졸업 후에는 경영 관리_{시장 부서, 전략 부서 등} 쪽으로 많이 진출하고 금융업 또는 컨설팅 업계로 나가거나 개인 창업을 하기도 합니다.

한번은 제 친구가 MBA에 지원하기로 결심했죠. 그런데 몇 마디 나눠 본 후 친구가 프로그래머에서 데이터 분석가로 전향하고 싶어 한다는 사실을 알았습니다. 사실 그녀가 나아 가고자 하는 방향과 비즈니스 스쿨의 목표는 전혀 달랐고, 데이터 분석가로 성장하기 위해서는 더 좋은 방법들이 많습니다. MBA가 유일한 선택지는 아니라는 거죠. 비즈니스 스쿨에 지원하기 전에 이곳이 정말 여러분의 커리어

비전을 달성할 수 있는 최선의 방법인지 신중하게 생각하시기 바랍니다.

MBA 지원 전략과 관련해서는 사람마다 각기 배경이 다르기 때문에 그에 맞는 맞춤형 전략이 필요합니다. 여기 몇 가지 팁을 준비했으니 참고해 주시기 바랍니다.

가장 원하는 곳에 지원하라

MBA를 준비하는 친구들은 종종 이렇게 말합니다. "○○비즈니스 스쿨에 제일 가고 싶지만 자격이 안 될 것 같아서 포기할래" 그럼 저는 이렇게 말씀드릴 겁니다. "어차피 지원하기로 결심했다면 왜 가장 가고 싶은 곳으로 가지 않는 거죠? 하버드 비즈니스 스쿨 입학생들은 자신이 100% 합격할 거라고 확신하고 지원했을까요? 그 당시의 제가 하버드에 들어올 자격이 있었다고 생각하시나요?"

물론 그렇지 않습니다!

친구 중 한 명이 첫해에 모든 학교에서 낙방했습니다. 다음 해에 지원할 때 하버드는 가능성이 희박하다며 지원조차 포기하려 했죠. 근데 참 다행히도 결과적으로 지원했던 학교 중 하버드 딱 한 군데에서 합격 통지를 받았습니다.

여러분 모두 스스로에게 기회를 주세요. 지원하지 않으면 당연히 입학할 수 없습니다. 하지만 지원을 하면 입학의 기회가 주어질 수도 있겠죠?

지원하는 학교의 범위를 폭넓게 잡아라

가고 싶은 학교는 딱 두 곳뿐인 유난히 고집스런 친구가 있었습니다. 두 학교에만 지원서를 냈고 결국 두 곳 모두 불합격해서 비즈니스 스쿨을 다니지 못했어요.

저의 입학 전략은 정반대였습니다. 5개 학교에 지원했고 그중 세 군데는 특히 가고 싶었던 학교였습니다. 나머지 두 곳 중 하나는 순위가 조금 낮은 학교로 차이를 벌여 놨고 나머지 한 곳은 그보다 더 낮은 학교로 '안전빵'으로 넣은 것이었습니다. 그래서 1위부터 10위권 밖의 학교까지 폭넓게 지원했습니다.

그 이유가 뭘까요?

첫째, 저는 이것저것 많이 따지는 사람이 아닙니다. 저한테는 'MBA를 배우는 것'이 '어느 학교'에서 배우는지보다 훨씬 중요했고, 또 미국의 비즈니스 스쿨은 전반적으로 퀄리티가 다 높습니다. 그러니 5개 학교 중 어디라도 저를 받아 주는 곳이 있다면 갈 마음이었죠.

둘째, 지원서를 낸 만큼 실력을 갈고 닦아야 더 많은 기회를 잡을 수 있습니다. 지원서 작성부터 인터뷰 응시까지 모두 수많은 연습이 필요합니다. 제 전략은 제일 낮은 학교부터 하버드까지 반복 훈련을 하는 것이었습니다. 지원서를 수백 번 수정했고 인터뷰 연습 역시 나중엔 도가 터서 모든 준비가 잘 되어 있었습니다.

마지막으로, 평정심을 유지하세요. 학교 한 곳만 응시를 하면 더 긴장되는 법입니다. 달걀 한 판이 가득 들어 있는 바구니 안에서는 하나만 깨져도 엉망진창이 되어 버리죠. 여러 학교에 지원하신 후 집중력을 분산시키면 심리적으로 좀 부담이 덜하실 겁니다.

그러니 '목에 칼이 들어와도 ○○학교에 가야 한다' 이게 아니라면 여러 군데 지원하시고 더 많이 연습할 기회를 주세요. 여러분이 가장 원하는 학교에 입학할 수 있는 준비를 미리 하는 셈이니까요.

에세이 주제가 유사한 학교에 지원하라

에세이 한 장 작성하는 것도 쉽지 않기 때문에 가장 원하는 학교에 집중하겠다며 한두 곳만 집중 공략하는 사람도 있습니다. 충분히 이해합니다. 지원하는 학교마다 주제가 전부 다르면 그것도 정말 피곤한 일이거든요.

저는 비슷한 주제로 최대한 응시가 가능한 학교에 지원하겠다는 전략을 세웠습니다. 학교마다 에세이 주제가 비슷하면 하나를 작성해 놓고 조금만 손을 보면 몇 군데는 더 지원

할 수 있어요. 시간도 줄일 수 있고 반복적으로 수정을 해나가니 퀄리티 높은 에세이를 완성할 수 있죠. 이렇게 해서 저는 총 다섯 군데 중 네 곳에 합격했습니다.

훌륭한 컨설턴트일지라도 도움은 최소한으로

사람마다 각자 다른 MBA 지원 전략이 필요합니다. 이때 훌륭한 컨설턴트는 가장 효과적인 지원 전략을 세워 주고 우리의 수고를 덜어줄 수 있습니다.

그 당시 나는 100여 개 비즈니스 스쿨의 졸업생들을 찾아다니며 자문을 구했습니다. 그 결과 나의 지원 전략이 조금 부족하다는 것을 깨달았어요. 그래서 컨설턴트를 찾아가 보기로 결심했는데 '미국 최고의 MBA만 지원' 해준다는 한 컨설팅 회사 광고가 무의식중에 눈에 들어왔습니다 _{끌어당김의 법칙}. 한번 만나나 보자 하는 마음으로 컨설턴트와 약속을 잡았습니다. 제 이력서를 본 컨설턴트는 학교 선택부터 지원 전략, 추천인까지 조목조목 설득력 있게 조언을 해주었습니다. 지난 몇 개월간 비즈니스 스쿨 졸업생들을 찾아다니며 들은 얘기보다 컨설턴트와 몇 시간 나눈 이야기가 더 영양가가 있었습니다. MBA 졸업생의 경험담은 본인에게만 적용되므로 배경이 다르면 별 도움이 안 될 수도 있습니다. 하지만 컨설턴트는 다양한 사례를 접해 봤기 때문에 더 넓은 관점에서 이야기해 줄 수 있죠. 제 지원 결과가 바로 컨설턴트의 전략이 아주 효과적이었고, 제가 먼 길을 돌아가지 않아도 되었음을 증명해 줍니다. 안타깝게도 이 컨설턴트 선생님께서는 지금은 다른 일을 하고 계십니다. 그렇지 않았다면 바로 소개해 드렸을 거예요.

　물론 어떤 직종이든 마찬가지겠지만 베테랑인 컨설턴트도 있고, 그렇게 신경 써 주지 않는 컨설턴트도 있습니다. 어떤 컨설턴트는 지원 절차만 좀 알고 특별한 지원 전략 같은 건 없어서 별 도움이 안 될 수도 있습니다. 또 일부는 자신들의 성공률을 더 중시해서 학교를 추천해 줄 때 보수적인 태도를 취하기도 합니다. 그냥 비즈니스 스쿨에 입학하는 것 자체만 도울 뿐이지 학생의 능력 범위 내에서 가장 좋은 학교에 들어갈 수 있게끔 신경 써 주진 않는다는 거죠. 그러니 여러분은 자신의 안목을 믿고 학교를 선택하셔야 합니다.

5

사명감을 찾아서: 자신의 무한한 잠재력을 일깨워라

들어가며…

사명감의 핵심은 바로 '당신이 존재하는 이유'에 있다. 그 이유를 찾았다면 당신은 다른 인생으로 이어지는 또다른 인생의 문을 연 것이다. 사명감은 어두운 밤을 밝게 비추는 등불처럼 우리가 나아가야 할 방향을 제시해 줄 것이다. 또한, 사명감은 우리가 지닌 모든 재능과 능력을 하나로 엮어 궁극적인 목표를 향해 나아가게 한다. 이런 삶은 하루하루가 충실하고 에너지가 넘치므로 그 자체로 살아가는 의미가 있다. 사명감은 자신이 지향하는 궁극적인 인생이기도 하다.

TIP

- 사명감은 개인이 아닌 특정 다수의 이익 도모를 발판으로 삼는다. 돕고 싶은 사람들에게 관심을 가질 때 우리의 삶은 더 힘 있고 활기차며 행복해진다.
- 사명감을 가지는 데에는 귀천이 없다. 돕고 싶은 사람이 많든 적든 그들을 도와야 하는 자신만의 이유를 찾았다면 당신은 세상에서 가장 강인한 존재이다.
- 사명감은 겉으로 드러나지 않으므로 시간과 정성을 들여 찾아내야 한다. 자신을 몰두시키고 당신의 가슴을 뜨겁게 만드는 일, 심지어 자신을 감동시킨 경험들의 공통점을 찾아보라. 그것이 바로 자신이 사명감을 느끼는 포인트다.
- 사명감을 찾은 후에는 행동하라. 실천 속에서 당신의 사명감은 검증되고 시간이 지날수록 사명감은 더욱 빛을 발할 것이다.
- 원대한 목표를 달성하는 것과 마찬가지로, 자신만의 사명감을 이루기 위해서는 끊임없이 공부하고 발전하며 고난과 역경을 극복해 내야 한다. 그래야 도와주고 싶은 사람들에게 진정한 도움의 손길을 내밀 수 있다.

인생의 조연에서 주연으로,
사명감의 큰 울림

먹이를 달라고 짹짹거리는 새끼 새처럼

서른 살 이전엔 '사명감'이라는 말을 들어 본 적도 없었고 딱히 인생의 목표랄 것도 없었다. 그 시기엔 다른 사람들은 뭐하고 사는지 구경하기 바빴다. 사람들이 좋다고 하면 나도 무조건 따라 했다.

목표가 없는 삶도 나쁘진 않다. 발이 이끄는 대로 가면 되니 자유롭다. 나는 세상이 궁금했다. 어미 새에게 먹이를 달라고 달려들며 짹짹거리는 새끼 새처럼 하나부터 열까지 전부 알고 싶었다. 이 과정에서 나는 세상의 다양한 얼굴과 마주했고 내 안의 또 다른 자아를 보았다. 다양한 경험들은 세상에 대한 나의 호기심을 충족시켜 주었고 스스로를 더 이해할 수 있게 해주었다. 이렇게 나는 아무런 목적 없이 그저 즐겁게 차곡차곡 경험들을 쌓아 갔다.

막연함 그리고 몸부림

남들이 맛있다고 추천한 요리를 먹고 허기를 달래고 나면 그제서야 내 눈앞에 놓인 요리사가 보인다. 그리고는 이건 내가 정말 먹고 싶었던 요리가 아니라는 생각이 스멀스멀 올라온다. 나는 남들이 맛있다니까 따라 먹는 거 말고 내가 진정으로 먹고 싶은 음식을 찾고 싶다.

나는 그동안 무엇을 싫어하는지는 알았지만 무엇을 원하는지는 몰랐다. 여러 가지를 시도했다. 자원봉사자도 해보고, 직장도 바꿔보고, 다른 업종으로 전향도 했다. 여러 나라와 도시를 이리저리 누비고 다녔지만 내 영혼 깊숙한 곳에서부터 열망하는 '그것'을 찾진 못했다. 이런 상태는 오래 지속됐고 한동안은 매우 괴로웠다. 나는 무엇을 해도 무기력하고 열정을 느끼지 못했으며 불안하기까지 했다.

때로는 내가 너무 까다롭거나 이상주의를 꿈꾸는 건가 싶기도 했다. 남들은 딱히 사명감 없이도 잘만 사는데 난 왜 이렇게 고집을 부리는 걸까. 사명감을 찾아야 한다는 욕망을 모른 척 회피하려고도 했다. "이 정도면 훌륭한 삶이야. 스스로 만족하면 됐지, 기대치가 너무 높을 필요는 없잖아"라며 스스로 주문도 걸었다. 하지만 더 이상 이렇게 살 수 없었다. 나의 영혼이 하나둘 깨어났고 이런 주문은 사명감을 찾겠다고 몸부림치는 나를 가둬 두기엔 역부족이었다. 훗날 몇 차례 자기계발 수업을 듣고 나서야 깨달았다. 뼛속부터 성장을 하고 싶다는 욕구, 그리고 누군가에게는 힘이 되는 존재로 성장하고 싶다는 욕구가 있다는 것을. 그리고 이것은 억압하거나 회피할 수 없는 아주 중요한 인간의 기본적 욕구라는 것도.

워라밸 시대의 인생 디자인

큰 깨달음

본격적으로 나의 사명감을 찾아야겠다고 결심한 건 아톤을 만나고서부터다. 그때 아톤은 헤지펀드 회사를 다니고 있었고 개인 펀드회사를 설립하기 전이었다. 다음은 아톤의 업무 시간을 뺀 나머지 여가 스케줄이다.

- 월~목요일 밤: 피트니스, 식사, 취침 전까지 주식 분석
- 금요일 밤: 데이트
- 토요일: 낮에는 주식 분석, 밤에는 데이트 또는 파티 참석
- 일요일 아침부터 밤: 주식 분석

그렇다. 아톤은 여가의 대부분을 투자 분석에 할애하고 거기에 푹 빠져서 시간 가는 줄도 모르는 사람이다.

그 당시의 나는 모든 게 막막하고 무기력한 상태였고 퇴근 후에는 딱히 할 일이 없었다. 아톤이 나와 더 많은 시간을 보냈으면 했다. 밥 먹고 영화도 보고 여행도 하고 싶었다.

하지만 아톤은 투자의 세계에 푹 빠져 촌각을 다퉈가며 일했고 나에게는 별다른 관심을 기울이지 않았다. 이 문제로 나는 불만을 터뜨렸고 아톤을 수도 없이 원망했다. '아톤은 나는 안중에도 없고 사랑하지도 않는다. 이게 무슨 연애인가?' 이 전쟁은 반년이나 지속됐지만 나 역시 아톤을 투자의 세계에서 끌어내기엔 역부족이었다. 그래서 마음을 가라앉히고 아톤을 관찰하기 시작했다.

은행에서 일한 경험이 있고 비즈니스 스쿨에서 공부도 해본 나는 주변에 투자 좀 한다는 사람들이 많다. 그런데 아톤처럼 이렇게 밤 잠까지 아껴가며 투자 삼매경에 빠진 사람은 거의 없다. 영화 보고 음악 듣고 맛있는 요리를 먹는 것보다 투자가 좋다는 사람이 과연 몇이나 될까? 그런데 나중에 워런 버핏의 자서전을 읽고 나서 '투자의 신'은 투자를 그야말로 자신의 사명감으로 삼는다는 것을 깨달았다. 아톤이 진심으로 투자를 사랑하고 즐기며, 투자하는 일에 가장 큰 행복감과 만족감을 느낀다는 것을 깨달았다.

'가만, 이게 바로 내가 그토록 찾던 모습 아니던가?'

이 사실을 깨달았을 때 마음속에선 깊은 감동과 희망이 밀려왔다. 내 곁의 누군가가 자신만의 사명감을 찾았다면 나 역시 분명 가능하다! 그때부터 나는 아톤에게 놀아 달라고 매달리거나 떼쓰지 않고 나도 나만의 사명감을 찾기 위해 노력했다. 내 곁에 아주 좋은 롤모델이 있으므로 나의 목표도 실현될 수 있을 것이라는 기대와 자신감으로 가득 찬 순간이었다.

사명감을 찾는 데 전부를 걸어라

정신을 차리고 나서 어떻게 사명감을 찾아야 할지 고민했다. 어디서부터 무엇을 어떻게 해야 할지 몰랐던 나는 이것저것 닥치는 대로 시도했다. 혼자 결론을 내보기도 하고 전문가, 친구, 어른들을 찾아가 자문을 구하기도 했다. 한 줄기의 희망이라도 보이면 주저 없이 시도했다. 나의 사명감을 찾는 과정은 어떤 체계나 계획 없이 마

워라밸 시대의 인생 디자인

구잡이로 이루어졌지만 머지않아 찾게 될 것임을 믿어 의심치 않았다. 그때 한 가지 일화가 떠올랐다.

스탠다드차타드 아프리카 지사에서 일할 때 아프리카에서 보고 느낀 점들을 중국인들과 공유하기 위해 '아프리카에서의 나날들' 블로그를 운영했다. 한 달에 한 번 업데이트되는 작은 블로그였지만 이 커뮤니티로 인해 아프리카에서의 삶이 더 행복하고 풍성해졌다. 중국의 독자들이 아프리카의 특색과 풍습을 잘 이해할 수 있도록 돕기 위해 내가 살던 지역에서 벗어나 평상시에는 잘 하지 않은 일들을 많이 시도했다.

- 아프리카 현지의 생생한 분위기와 문화를 알려주기 위해 한 번도 혼자서 여행해 본 적 없던 나는 큰 맘 먹고 홀로 모잠비크로 떠났다. 첫째 날은 무서워서 호텔 방문을 꼭 걸어 잠그고 지냈다. 이튿날은 원고를 써야 하므로 억지로 나와서 주변 관광지를 여행했다. 그 이후부터는 대담해져서 이곳저곳 마음 놓고 신나게 여행했다.

- 비교적 조용한 성격이었던 내가 예전과 달리 동료의 초대에 응해 가족 모임에 참석했다. 그 동료는 남아공에서 자란 인도 사람이고, 내가 화기애애한 인도인 가족 모임을 본 것은 그때가 처음이었다. 게다가 고등학생인 딸이 남자친구를 데려왔는데 조금도 위축되지 않고 당당하게 어른들과 자연스럽게 어울리는 모습에 무척 놀랐다. 그 당시의 나로서는 상상도 못했던 일이었다.

요하네스 버그에는 소웨토Soweto 라는 빈민가가 있다. 백만 명이 넘는 흑인들이 이곳에 모여 산다. 워낙 위험하고 범죄율이 높은 지역이라 여행자들은 대부분 꺼리는 지역이다. 그러나 나는 소웨토를 알아보기 위해 현지인에게 직접 데려가 달라고 부탁했다. 그때 소웨토의 새로운 모습이 눈에 들어왔다. 맨발로 길거리를 활보하고 호기심 가득한 눈으로 나를 쳐다보는 흑인 아이들이 있었다. 낡은 쪽방 한 칸에 어른과 아이 7~8명이 뒤엉켜 지냈다. 자식들이 도시로 나가 부잣집 가정부나 경비를 해서 번 돈으로 온 식구가 생계를 유지했다. 이곳에서 태어난 아이들에게 학교를 다니고 화이트칼라 직장을 찾는 것은 하늘의 별 따기였다.

한 달에 한 번 포스팅을 하면 많은 중국 독자들로부터 그동안 아프리카에 대해 오해한 부분이 많았는데 블로그를 통해 시야가 한층 더 넓어졌다며 고맙다는 메시지를 받곤 했다. 이런 이야기를 들을 때면 늘 행복했고 스스로 의미 있는 일을 하고 있으며 내가 다른 사람의 삶을 보다 풍성하게 만들어 준다는 생각이 들었다. 또 용기 있고 책임감 있는 내 모습이 좋았다. 많은 사람을 위해 내 스스로 한계를 뛰어넘는 느낌이 들었다. 이게 바로 사명감이 아닐까. 그렇다. 드디어 나만의 사명감을 찾은 것이다!

실천으로 옮겨라

페이스북 본사에는 '완성이 완벽보다 낫다'라는 포스터가 걸려 있다고 한다. 무엇이든 추상적인 개념에 머무는 게 아니라 행동으

워라밸 시대의 인생 디자인

로 실천해야 가치 있는 일이 된다. 이 방향으로 나아가는 것이 과연 나의 사명감인지 끊임없이 고민하고 연구했다. 하루는 이런 생각이 번뜩 들었다. 수년간 쌓아온 다양한 경험을 통해 느낀 점을 글로 써서 주변 사람들과 공유를 해야겠다고. 그래서 10년 만에 처음으로 중국어 키보드를 두드렸다. 제목은 「서른, 진짜 나를 만나다」. 나의 글은 예상치 못하게 엄청난 센세이션을 일으키며 몇 주간 온라인상에서 날개 돋친 듯이 퍼져나갔다. 이 글을 본 예전 지인들과 오랜만에 다시 연락이 닿았고, 글을 보고 느낀 점 혹은 자신의 이야기를 스스럼없이 전해오는 독자도 많았다. 이 모든 사람과 교감을 나누었던 몇 주 동안 내 가슴은 뜨겁게 뛰었다. 가슴이 벅차 올랐다.

그때 깨달았다. 내가 올바른 방향으로 나아가고 있다는 것을. 그래서 앞으로 몇 년간 나는 SNS에 글을 포스팅하고 강의도 하며 책도 낼 것이다. 이 모든 것이 바로 내 심장이 가리키는 방향이다.

끊임없이 나아가라

내가 올바른 방향으로 나아가고 있는 것은 맞지만 구체적인 사명감과는 분명 거리가 있었다.

힐링 수업에 참가한 적이 있다. 선생님께서는 "당신이 가장 돕고 싶은 사람은 누구입니까?"라는 질문을 던졌다. 학생들은 하나둘 마음의 문을 열고 마음속 깊은 곳에서 가장 도움을 주고 싶은 사람들을 떠올려 보았다. 대답은 제각각이었다.

- 자녀들을 가장 돕고 싶다고 한 사람들이 있었다. 그러기 위해서 자신이 먼저 좋은 사람이 되고, 열심히 일해서 돈을 벌고 아이들에게 좋은 본보기가 되겠노라고 다짐했다.
- 어린 나이에 고아가 되었다는 사람은 고아를 가장 돕고 싶다고 했다. 1년 후 그녀는 실제로 고아 지원 재단을 설립했고, 그 후 페이스북에서 그녀의 재단이 주최하는 행사 광고를 종종 볼 수 있었다.
- 환경 보호를 가장 중요하게 생각하는 사람도 있었다. 몇 달 후 그녀는 작은 트럭을 몰고 캘리포니아의 하천을 하나하나 찾아다니며 청소했다.

그럼 내가 가장 돕고 싶은 사람은 누구일까?

바로 여러분이다. 더 아름다운 삶을 향해 용감하게 나아가는 여러분 한 사람 한 사람이다. 이 사람들이 인생의 바퀴를 힘차게 굴리며 건강하고 행복하며 의미 있는 삶을 살아나가는 모습을 보았다. 이것이 바로 내가 처음 발견한 나의 사명감이다. 이때부터 나는 깜깜한 터널 속에서 한 줄기 섬광을 발견한 것처럼 짜릿하고 강력한 느낌이 들었다.

예전에는 책을 써보고 싶다는 상상만 했지 왜 써야 하는지, 누구를 위해 쓰는 건지, 어떤 효과를 기대하는 건지 몰랐기 때문에 그저 막연한 생각뿐이었다. 이렇듯 목표가 불분명하면 목표를 이루기 위한 동기도 부족할 수밖에 없다.

워라밸 시대의 인생 디자인

사명감을 발견한 나는 로켓 모터를 단 스포츠카에 이끌려 질주하는 것처럼 에너지가 넘쳤다. 여가는 모두 책을 쓰는데 투자했다. 퇴근 후에, 주말에도, 심지어 여행을 가서도 관광 명소를 찾아가기보다 호텔에 혼자 남아 집필에 몰두했다. 책을 쓰는 작업은 생각보다 훨씬 힘들고 긴 여정이었지만장장 3년 동안 수십 번을 고쳐 쓰고 수백 만자에 달하는 원고를 썼다 마음속 깊은 곳에서부터 행복이 느껴졌다. 좌절하거나 힘들지 않았고 불안하지도 않았다. 분명하고 구체적인 사명감은 나의 모든 에너지를 방출시켜 주변의 장애물을 물리치고 저 멀리 있는 목표를 향해 한 걸음 더 내딛게 했다.

사명감이 있는 사람이란 어떤 사람인가

바이두중국판 네이버 백과사전에서는 사명을 "선천적인 자아 속성에 대한 개인의 탐색과 실현"으로 정의하고 있다. 사명감은 개인의 영혼에서 나오지만 개인보다 훨씬 높은 단계에 있으며 외부 세계를 향하고 다수의 군중에게 아낌없이 봉사하는 것이다. 예를 들어 마틴 루터 킹Martin Luther King의 사명은 흑인을 해방시키고 인종 차별을 없애는 것, 셰릴 샌드버그의 사명은 여성 파워의 시대를 여는 것, 마크 저커버그의 사명은 전 세계 모든 사람을 연결하는 것이다. 각각의 사명은 세 사람에게 엄청난 의미를 지니고 내적 영혼의 갈망이기도 하다. 하지만 이는 결코 개인의 이익에서 비롯된 것이 아니라 특정 군중의 이익을 위한 것이다.

사명감을 가진 사람은 깨어 있고 책임감이 강하다. 저커버그는

2017년 하버드대학교 졸업식에서 '모든 사람이 사명감을 느낄 수 있는 세상을 창조하라'라는 주제로 연설했다. 페이스북의 성공 이후 많은 회사에서 인수 제의를 해왔고, 주변에서 모두 회사를 넘기라고 했지만 그는 전부 거절했다. 자신이 더 많은 사람을 연결시킬 수 있는지 직접 확인해 보고 싶었기 때문이다. 이 꿈이 이루어진다면 그는 인류가 세상을 인지하는 방식을 통째로 바꿀 수 있다. 22세의 젊은 나이로 이러한 결정을 내리는 것은 결코 쉽지 않다. 그리고 모든 사람이, 심지어 저커버그 스스로도 남들의 의견을 무시하고 자신의 뜻을 고집하는 이유는 바로 그의 사명감 때문이 아닐까. 남들은 볼 수 없는 미래를 내다보는 것, 이것이 바로 오늘날의 페이스북이다.

최근 몇 년간 나는 꽤나 매력적인 자리의 오퍼를 많이 받았지만 모두 정중히 사양했다. 그 이유 중 하나는 바로 그 직업들과 나의 사명감이 일치하지 않기 때문이다. 또한, 업무 강도가 높은 일을 하게 되면 나의 사명감을 수행할 수 있는 여가마저 뺏기게 되는데 이는 내가 바라는 삶이 아니다.

사명감을 지니면 내가 원하는 것은 무엇인지, 원하지 않는 것은 무엇인지가 분명해진다. 그 후의 선택은 더 이상 어려운 문제가 아니다.

게다가 사명감을 지닌 사람들은 누구보다 강하고 에너지가 넘친다. 가장 핫한 TED 강연 중 하나인 '위대한 리더들은 어떻게 행동하는가How Great Leaders Inspire Action'에서 사이먼 사이넥Simon Sinek은 평범한

워라밸 시대의 인생 디자인

리더는 기술적인 측면인 '어떻게 하는가'에 집중하지만, 위대한 리더는 핵심적이고 근본적인 문제인 '우리는 왜 이것을 해야 하는가'에 포커스를 맞추고 이로부터 강한 에너지를 발산한다.

'왜 이것을 해야 하는가', 그 대답이 바로 사명감에 있다.

과거 위대한 사람들은 도대체 어떻게 자신의 목숨을 희생하고 나라를 위해 몸과 마음을 바쳤던 건지 늘 궁금했다. 나중에서야 그들은 분명 그들만의 사명감으로 개인보다 한 차원 더 높은 곳에 있는 그 무엇을 위해 자신을 버렸던 것이었음을 깨달았다. 그들은 결정을 할 때 개인의 사사로운 이익보다 원대한 목표를 우선했던 것이다.

개인적인 손익을 하나하나 따지다 보면 한없이 작아지고 나약해지며 시야가 좁아진다. 본인이 하고자 하는 일의 의미와 영향력을 확실히 인지하면 자신을 내려놓고 내 안의 모든 잠재력을 목표에 집중할 수 있으며, 내면 깊은 곳에 잠재된 빛과 에너지를 사방으로 발산시킬 수 있다.

내가 참가했던 힐링 수업의 선생님은 책임감이 강하고 경험도 풍부하며 에너지가 넘치는 사람이었다. 선생님의 도움으로 단 며칠 만에 심리 상태가 개선된 사람이 많았다. 그런데 한 가지 이상한 점이 있었다. 선생님께서 수업 시간에 학생의 이름을 자주 틀리고 사과하기를 반복하는 것이었다. 하루는 수업을 마치고 다른 학생들이 서로 허그를 하며 작별 인사를 나눌 때 살며시 다가가 그 이유를 물었다. 그녀는 대뇌에 기억 신경을 누르는 악성종양이 자라고 있어서 종종 학생들의 이름을 까먹는다는 사실을 알려주었다. 또 다른 직원이 말하기를 의사의 조언대로 집에서 휴식을 취해야 하지만 선생님께서는 여생을 허비하고 싶지 않다며 더 많은 사람이 용기 있는 삶을 살 수 있도록 돕기 위해 계속 수업을 진행한다는 것이다. 매일 밤 피곤에 지친 학생들이 집에 돌아가 편히 쉴 때 그녀는 학생 명단을 보며 한 명이라도 더 기억하려 이름을 외우고 또 외운다.

나만의 사명감을 찾고, 왜 이것을 해야 하는지 그 이유를 찾는다면 우리는 사사로운 이익에 연연하지 않고 목표를 향해 전속력으로 나아가기 위해 모든 잠재력을 총동원 할 수 있다! 이것이 바로 사명감의 힘이다.

워라밸 시대의 인생 디자인

자신만의
사명감을 찾는 법

마르크스와 엥겔스는 "명확하고 현실적인 사람이 스스로의 규칙을 가지고 있다면 사명감과 책임감 역시 가지고 있을 것이다. 이 점을 스스로가 알고 있다면 모든 것이 괜찮다"라고 말했다. 어떤 이들은 코흘리개 시절부터 사명감을 가지고 있기도 하다. 청소년에 불과했던 저우언라이周恩來는 '중국의 발전을 위해서는 공부뿐이다'라는 원대한 의지를 가지고 있었고, 뉴턴은 7세 때 자연의 수수께끼를 풀겠다고 마음먹었다. 교량 전문가 마오이성茅以升은 11세에 튼튼한 다리를 만들고 싶다는 생각을 가졌다. 하지만 이런 사람은 소수에 불과할 뿐 대다수 사람들은 자신이 성인이 되었을 때 어떠한 사명감을 가지고 있을지 조금도 생각하지 않는다. 나 역시 그러했다.

자신만의 사명감을 찾기 위해선 우선 '왜?'라는 의문부터 찾아야 한다. 이에 대한 답은 우리가 살면서 가장 기여하고 싶은 분야 또는 대상에서 찾을 수 있다. 작게는 가족부터 크게는 전 세계까지 그 범위와 지위하고는 중요하지 않다.

어떻게 하면 이것을 찾을 수 있을까? 답은 마음속 깊은 곳에 있다. 다음 장에서 자신의 마음과 대화하는 법을 통해 빠르고 쉽게 사명감을 찾을 수 있는 방법을 소개할 예정이다.

가장 돕고 싶은 사람

여성 권익 보장, 동물 보호, 배기가스 감축, 지구 온난화 예방, 무분별한 벌목 금지, 독거 노인 케어, 의료 시스템 개선, 빈부 격차 해소, 농촌 아동의 교육권 보장, 아동 인신매매 처벌……. 이 세상에는 의미 있고 중요한 일이 정말 많다. 그렇다면 이렇게 많은 대상 중에서 당신이 가장 돕고 싶은 사람은 누구인가?

아마 이 질문에 서슴지 않고 바로 대답할 수 있는 사람들이 있을 것이다.

부모를 잃은 아이들을 위해 기금을 설립한 친구가 있다. 그 친구도 고아였는데 남동생과 함께 5년 동안 입양과 파양을 18차례나 반복했다. 안정적인 환경에서 자라본 적 없고 제 나이대에 맞는 옷을 입어본 적도 없으며 세상을 살아가는 법을 가르쳐준 이도 없었다. 늘 열등감에 사로잡혀 극도의 불안감을 느끼며 살았다. 그녀는 자신과 같은 처지에 놓인 아이들이 자신과 같은 경험을 하는 것을 두고만 볼 수 없어 고아들의 성장 환경을 바꾸기로 결심했다.

또 다른 친구는 수많은 반성과 자책 끝에 이렇게 말했다.

"사실 난 이 세상을 바꾸고 싶을 마음 따윈 없어. 난 그저 내 부모님과 아내, 그리고 토끼 같은 자식을 위해 필사적인 것뿐이야."

부모가 아프면 의사에게 진료받을 수 있게 하고, 아이들을 좋은 환경에서 교육시키고, 아내가 돈 때문에 골머리 썩지 않게 하는 것.

워라밸 시대의 인생 디자인

그가 필사적으로 돈을 벌고 성실히 살아가게 하는 삶의 에너지는 여기서부터 비롯되었을 뿐이다.

가족을 위하든 고아를 돕든 세상을 바꾸든 사명감에는 귀천이 없다. 스스로 그 이유를 찾기만 한다면 사명감에 대한 책임감, 그리고 무한대의 에너지를 느낄 수 있을 것이다.

물론 이 질문이 매우 모호하게 들릴 수도 있다. 하지만 전혀 상관 없다. 이제 다른 관점에서 살펴보면서 당신의 마음속에 자리 잡은 해답을 천천히 꺼내어 볼 테니.

가슴을 뜨겁게 하는 일

친한 친구와 함께 참석했던 모임에서 있었던 일이다. 상하이에서 샌프란시스코로 건너온 친구는 시차 때문에 무척 피곤한 상태였다. 저녁 식사 내내 말이 거의 없었고 모임이 절반가량 진행되었을 땐 잠에 취한 눈꺼풀을 힘겹게 뜨고 있었다. 그때 누군가 동물보호에 대한 얘기를 꺼내자 금방이라도 졸려 죽을 것만 같던 친구의 눈이 순간 번쩍 떠졌다. 그녀는 곧 정신을 차리고 적극적으로 참여했다.

식욕과 수면욕처럼 기본적인 욕구까지 잊어버릴 정도로 당신을 몰두하게 만드는 일이 있는가? 만약 그런 일이 있다면 여기엔 당신의 에너지와 잠재 능력이 숨겨져 있다는 사실을 명심하길 바란다. 이러한 능력에는 보통 두 가지 요소가 숨겨져 있다.

첫째, 이 일에 해당하는 영역이나 단체는 당신의 사명감과 직접적인 연관이 있을 정도로 중요할 것이다. 예를 들자면 동물 보호 같은 단체가 여기에 해당된다.

둘째, 이 일은 겉보기엔 별거 아닌 것 같지만 진행하는 과정에서 당신의 잠재력을 발휘하게 하는 특징이 있다. 뉴욕타임즈의 베스트셀러 작가인 마크 맨슨Mark Manson은 유년 시절 게임중독에 걸렸다. 나중에 그는 자신이 게임 자체에 중독되었던 것이 아니라 게임을 하면서 자신을 뛰어넘는 승리감이었다는 것을 깨달았다. 자신과의 싸움을 통해 에너지를 얻는다는 점을 알게 된 맨슨은 자기계발 분야에 새롭게 진출했다. 그는 관련 분야의 책을 쓰기도 하고, 블로그를 개설해 포스팅도 시작했다. 2016년, 그의 월간 블로그 방문객은 200만에 달했다.

어떤 일이 자신을 몰두하게 하는지 자세히 생각해 보자. 당신을 몰두하게 하는 일에는 어떠한 공통점이 있으며, 또 일이 가진 특징이 일 자체에 있는지 혹은 일을 진행하는 과정에 있는지 파악하는 것도 중요하다.

나를 감동하게 하는 일

사실 이유를 찾은 일들과 이유를 찾지 못하고 행하는 일들은 비슷해 보일 수 있다. 그러나 다르다. 아무런 이유 없이 하는 일들은 적게는 몇 분, 많아 봐야 몇 시간 정도밖에 못 하기 때문에 일에 몰두하는 지경에 이르지는 못한다. 하지만 이유를 찾고 난 후에는 내가 누구인지조차 잊게 만들 정도로 감동적이며 때때로는 뜨거운 눈물을 쏟기도 한다.

감동은 영혼에서부터 출발한다. 영혼까지 감동할 수 있는 그런 일을 해야만 만족감을 느끼고 종국엔 감동의 도가니에 빠질 수 있다. 사명감도 영혼 깊숙한 곳에 잠재되어 있다. 따라서 '내가 하는 일=사명감'이라 완벽히 정의 내리지 못해도 괜찮다. 내가 하는 일이 어떤 특징을 가지고 있는지 관찰함으로써 사명감을 발견할 수 있기 때문이다.

주변에 가히 '먹방 여신'이라 불릴 만한 친구가 있다. 그녀는 맛을 표현하는데 특별한 재능을 가지고 있었는데 심지어 요리를 만든 셰프의 마음까지 표현해낸다. 그래서 그녀는 가족이나 친구와 외식을 할 때 항상 미식 가이드를 자청했다. 요리와 맛에 대해 설명하는 그녀의 모습은 다른 차원에 빠져든 것만 같았다. 그뿐만 아니라 친구들이 미식가가 되어 가는 모습을 보며 감동에 젖었다. 그녀는 자신으로 인해 친구들이 미식의 즐거움을 알아가고 셰프의 열정을 느껴가는 점을 특히나 행복해했다.

다큐멘터리 제작 일을 하는 한 언니는 정말 안 가본 곳이 없었지만 가장 인상 깊었던 곳은 다름 아닌 지진 발생 후 찾았던 원촨汶川이었다고 했다. 보도 때문에 간 곳이라 리포팅 촬영만 끝내고 돌아오려고 했던 곳이었다. 그때 언니의 눈에 많은 부상자가 들어 왔고 차마 발길이 떨어지지 않아 자원봉사자로 남게 되었다. 챙겨온 개인용품은 모두 구호 물품이 되었다. 감동적인 스토리는 여기서 끝이 아니었다. 언니의 동료들도 자발적으로 개인용품을 기부하고 원촨에 남아 기꺼이 일손이 되길 자처했다. 그곳에서 지낸 며칠간 팀

원들의 심리 상태는 매우 고조되어 있었다고 했다. 언니도 누가 툭 치면 금방이라도 눈물이 쏟아질 듯한 기분이었다고 했다. 언니는 긴급 구조 현장의 일선에서 봉사하고 있는 자신이 그 어느 때보다 행복하다는 사실을 깨달았다.

두 사람의 얘기를 들으면서 나는 감격하고 또 감격했다. 내가 두 사람의 영혼과 소통한 순간 그들은 이미 자신만의 사명감을 찾았다는 걸 알게 되었다.

나를 감동하게 하는 순간

영화 「헝거게임」의 주인공 캣니스 에버딘은 반란군의 '모킹제이'가 되어 민심을 고무시키기 위한 연설을 한다. 하지만 말주변이 없던 에버딘의 연설 효과는 제로였다. 해결책을 모색하고자 에버딘과 동료들은 '에버딘에게 감동받은 순간이 언제였던가?'라는 주제로 토론을 벌이게 된다. 토론 끝에 공통점을 발견하게 되고 에버딘만이 가지고 있는 힘을 발휘할 수 있는 환경을 만들어 준다. 결국 성공적인 연설을 하고 혁명에서 승리하게 된다.

감동을 받는 것과 주는 것은 영혼과 영혼의 대화다. 마음속 깊은 곳 영혼이 목소리를 내야만 다른 사람에게 전달되고 감동을 선사할 수 있다. 설령 근본적 사명감이든 잠재된 사명감이든 이는 모두 내 영혼의 목소리를 통해 만들어진다.

지금 우리는 '에버딘에게 감동받은 순간이 언제였던가?' 하는 질문에 자신을 대입해 봐야 한다. 지인들을 거울로 삼아 스스로를 비

워라밸 시대의 인생 디자인

취 보고 자신의 잠재된 요소가 무엇인지 찾아야 한다. 혹은 이 과정을 통해 자신의 사명감을 찾아보자. 방법은 간단하다. 지인에게 이메일을 쓰거나 전화를 걸어 이렇게 질문하면 된다.

"나를 좀 더 알고 싶어. 내 사명감도 찾고 싶고. 내가 가장 빛나는 순간은 언제니? 나 때문에 감동받은 적은 언제야?"

나 역시 가족, 동기, 친구, 동료, 상사 등 많은 이에게 이와 같은 질문을 던진 적이 있다. 그때 나는 전혀 예상치 못한 답을 들었다. 공통점이 하나도 없었다. 모두 다른 시기의 나에 대해 말해 주었기 때문이다. 하지만 자세히 살펴보니 모두들 내가 한 번도 해본 적 없는 새로운 일을 할 때 가장 빛이 났다고 대답했다. 이 점은 내가 이전까지 한 번도 의식하지 못했던 부분이었다. 내게 정말 많은 도움이 되었다.

타인의 눈은 정확하다. 그들의 피드백은 금은보화처럼 귀중하니 잘 이용해 보도록.

돈 걱정 없는 여생을 보낸다면

나는 스트레스 없는 삶을 염원한다. 아마 다들 돈 버는데 바빠 속마음에 귀 기울일 여력이 없었을 뿐이다. 스트레스 없는 삶을 살게 되면 내가 진정으로 원하는 목표가 무엇인지, 내게 무엇이 중요한지를 알게 된다.

더 이상 돈을 벌지 않아도 될 때 남은 여생을 어떻게 보내겠는가? 이 질문에 대다수 사람들은 세계 일주, 쇼핑, 건강관리, 영화 보기,

스파 등 예상 가능한 답을 할 것이다. 하지만 얼마간의 시간이 흐른 뒤엔 생각은 바뀌어 있을 것이다. 다들 '자신의 가치를 보여 줄 수 있는 일이 필요하다!'라고 생각할 것이다. 자신의 가치를 보여 주는 건 많은 사람의 정신적 욕구이기 때문이다. 특히나 경제적인 여유가 있는 사람들은 이에 대한 욕구가 더 크다. 나에겐 돈 걱정 없이 사는 친구들이 꽤 있다. 이 친구들도 초반에는 대부분 사람처럼 사표를 내던지고 여행하고 쇼핑하며, 때때로 친구들과 티타임을 가지거나 집에서 요리를 하는 등 여가 생활을 즐겼다. 그러나 얼마 안 되어 하나둘 다시 일을 시작했다. 돈이 부족해서가 아니었다. 어딘가 공허했을 뿐이다. 그래서 의미 있는 일을 찾아 시작한 것이다.

그러니 이 질문에 대한 답을 하기 전에 신중히 고민해 보길 바란다.

휴식 시간을 보내는 법

어렸을 때부터 나는 정치, 경제, 사회 이슈나 연예인 루머, 명품 브랜드 같은 것에 별다른 흥미를 느끼지 못했다. 주위 사람들이 이런 얘기에 열을 올릴 때도 나는 '멍 때리기' 일쑤였고, 심지어 무슨 내용인지 기억도 안 났다. 내 관심사는 온통 '사람'뿐이었다. 구체적으로 말하자면, 사람의 잠재된 능력을 발굴하여 그들이 더 아름다운 인생을 살아가도록 돕는 일에 관심이 많았다. 나는 대부분의 시간을 독서를 하거나 강연에 참석하는 등 자기계발을 하면서 보낸다. 게다가 나는 자기계발에 관련된 정보는 종류를 불문하고 흡수하여, 하나를 배우면 두세 개씩 응용이 가능하다. 그러니 당연히 '사람'에게 눈길이 갈 수밖에 없다.

평소 어떤 분야에 관심을 두고 있나? 쉽게 이해하는 지식은 무엇인가? 스스로 잊어버릴 정도로 홀딱 빠져드는 화젯거리는 무엇인가? 이 질문에 대한 답을 통해 당신은 한 가지 사실을 알 수 있다. 누구에게나 보다 깊게 알고 싶은 분야가 존재하며 이는 자신이 가장 중요하게 여기고 소원하던 일이라는 점이다.

이러한 질문들을 통해 나를 자극하는 일이 무엇인지 알아갈 수 있다. 조각난 파편을 이어 붙이면 완전한 모양이 되는 것처럼 이를 통해 '사명감'이 갖는 특별함과 우리가 나아가야 할 방향을 대략적으로 알 수 있다.

사명감은 매우 명확한 개념도 아니고 쉽게 찾아지는 것도 아니라는 것을 당부하고 싶다. 사람들이 가장 큰 오류를 범하는 부분이 여기다. 행복 전문가 수잔 포워드Susan Foward는 대다수 사람이 사명감을 찾아가는 과정에서 '사명감을 찾기 위한 노력→ 방향 잃음→ 고통에 빠짐→ 점차 포기 상태에 진입→ 사명감이란 존재 부정' 같은 루틴이 형성된다고 했다.

하루아침에 당장 사명감을 찾을 수는 없다. 미국에선 대부분 사명감을 찾는데 최소 6개월의 시간이 필요하다고 생각하여 관련 수업도 6개월 이상으로 개설되어 있다. 나도 사명감을 찾기로 결정한 후 첫 번째 방향을 정하기 위해 1년이 넘는 시간을 할애했다. 사명감을 찾는 일은 시간과 인내심이 필요하다는 점을 꼭 명심했으면 한다.

사명감을 찾은 후에는

행동하라

나는 첫 번째 방향을 정한 후에 이 사명감을 대체 어떻게 발전시켜야 하는지 고민했다. 고민 끝에 내린 결론은 바로 이것이다. 행동하라!

머릿속으로만 하는 생각은 가치가 없다. 실천하고 행동해야만 사명감이 영향력과 진실성이 있는지 판단할 수 있고, 이를 통해 내가 가고 있는 길이 맞는 건지 알 수 있다. 또한, 행동으로 옮겼을 때 사명감은 더욱 빛을 발한다.

자신의 방향을 찾았을 때 비로소 체감할 수 있을 것이다. 나는 「서른, 진짜 나를 만나다」라는 글을 쓰고 난 후 피드백을 받았다. 아마 그랬기 때문에 나의 방향을 잘 찾아갈 수 있었던 것 같다. 그리고 자연스럽게 블로그 포스팅을 시작했고 강연을 하고 책을 썼다. 하나씩 하나씩 행동으로 실천하다 보면 행동하면 사명감이란 존재는 곧 모습을 드러내게 되어 있다.

글을 쓰는 것 말고도 할 수 있는 일은 무궁무진하다. 자원봉사를 지원하거나 사내에서 모금 활동을 펼쳐도 되고 투잡도 가능하다.

워라밸 시대의 인생 디자인

많은 미국인은 여가에 NGO 단체에서 자원봉사 활동을 한다. 이는 사명감을 발전시키기 위한 실천이다. 세일즈포스닷컴의 전 직원은 1년 중 봉사활동을 위한 6일간의 유급 휴가를 갈 수 있다. 이러한 제도를 통해 직원들의 봉사활동을 장려한다. 그뿐만 아니라 많은 직원은 6일의 봉사 휴가 외에도 자신의 여가를 활용하여 자원봉사에 참여한다. 참으로 아름다운 모습이지 않은가? 이것 말고도 다양한 방법이 있다. 상상력을 발휘하여 자신에게 가장 적합한 방법을 찾아보자.

공부하라

다들 사명감을 찾고 나면 온 세상이 아름답게 변할 거라고 생각한다. 안타깝지만 틀렸다. 사명감을 찾은 뒤에도 현실 속에는 많은 장애물이 존재한다. 오랜 시간 노력하고 공부하여 필요한 능력을 기르고 많은 문제를 헤쳐나가야 원하는 사람들에게 도움을 줄 수 있다.

부모 잃은 아이들을 위해 기금을 설립한 친구는 규모를 키우기 위해 밤낮없이 모금 활동에 매진했다. 비영리단체 운영에 대해 공부하고 상담 자격증을 취득하는 등 여러 가지 방법으로 아이들이 건강하게 자랄 수 있도록 도왔다. 모든 일에 힘을 쏟아부어야 했지만 그녀는 굳센 마음으로 차근차근 자신의 목표를 향해 나아갔다.

하천 보호를 위해 힘쓰는 친구도 효율적인 수질 개선 방법을 찾기 위해 대량의 관련 서적을 읽고 강의를 들었으며, 환경보호 법률도 분석했다. 부단한 노력 끝에 자신만의 해결책을 찾아냈고 이는 좋은 성과로 이어졌다.

사명감을 행동으로 옮기기 위해선 오랜 시간, 아니 어쩌면 평생의 시간이 필요하다. 이 과정에서 우리는 계속해서 공부하고 난관을 헤쳐나가야 한다. 쉬운 여정은 아닐 것이다. 다만 사명감을 지닌 우리는 건강하고 강인하며 희망과 열정으로 가득 차 있다. 다시 말해 우리는 세상 누구보다 아름다운 사람이라는 것이다.

PART

재테크 관리:
돈의 스트레스에서 벗어나는 법

들어가며…

현대 사회에서 재테크는 가장 현실적이며 기본적인 생존 스킬이다. 그러나 대다수가 이러한 사실을 모른다. 말로는 돈이 최고라 하지만 실질적으로 돈에 대해선 아무것도 모르는 셈이다. 이런 이들은 평생 뼈 빠지게 고생하며 일해도 결코 돈에서 자유로워질 수 없다. 퇴직 후 노후 생활의 보장 여부도 미지수다. 이 얼마나 안타까운가! 재테크는 쉽다. 원리를 파악하고 리스크를 피해갈 수 있는 법만 배운다면 '돈이 돈을 낳는' 엄청난 무기를 얻게 될 것이다. 창고에 돈이 쌓이는 건 식은 죽 먹기다.

- 똑똑하게 소비하기. 오늘의 지출로 아름다운 내일을 만든다!
- 저축 3원칙: 첫째, 저축 가능한 액수가 아닌 저축에 필요한 액수를 계산하고 남는 돈으로 알차게 생활하라. 둘째, 저축의 시작은 빠르면 빠를수록 좋다. 적은 액수라도 복리를 무시하지 마라. 셋째, 자동이체는 걱정을 덜어준다.
- 원금 보장이 제일이다! 고수익, 고위험 투자상품보다 안정적인 상품의 장기 수익이 훨씬 많다.
- 재테크 포인트: 분산, 분산, 또 분산! 고위험 자산에 투자하지 마라. 자신에게 맞는 적당한 자산 투자가 중요하다. 무턱대고 상승주에 투자해선 안 된다. 중국 주식시장의 펀드는 개인 투자자, 업계 심지어 국가의 리스크까지 분산시킬 수 있으니 알아 두어야 한다.
- 간단하고 최적화된 주식 매매 방식은 정기 투자와 재균형이다.
- 내 집 마련의 관건은 자신의 리스크 수용 능력에 달려 있다.
- 해외 지출이 많다면 달러 자산을 이용해 환율 변동이 가져오는 영향을 피하라.
- 고수익, 저위험 투자 기회가 생긴다면 더욱 각별히 조심하라.

돈, 가까이하기엔
너무 먼 당신

신입사원 시절 나는 월급이 오르면 당연히 돈을 많이 모을 수 있다고 생각했다. 재테크를 배울 생각은 전혀 하지 않았다. 당시 나에겐 재테크를 위해 재무 컨설턴트를 찾아갈 정도로 만반의 준비를 하는 동료가 있었다. 그의 행동력에 감탄은 했지만 나와는 거리가 먼 일이라고 생각했다.

눈 깜짝할 사이에 서른이 되었다. 우연히 내 통장 내역을 보게 됐다. 그때 지난 몇 년 동안 월급은 올랐지만 여전히 텅 빈 통장이란 사실을 알게 되었다. 순간적으로 식은땀이 흘렀다. 정말 이렇게 가다가는 여유로운 노후는 꿈도 못 꾸고 평생 돈의 노예로 전락할 것만 같았다.

이게 말이나 되는가! 물질적으로 풍요로운 노후를 보내는 것이 내 꿈인데……. 나는 야단법석을 떨며 재테크 계획을 세우기 시작했다. 경제학도는 아니었지만 은행에서 일했고 MBA 학위도 있었다. 그럼에도 불구하고 하나도 모르는 딴 세상이라 처음부터 배워야 했다.

많은 재테크 서적을 찾아보고 강의를 들으며 전문가들에게 조언을 구하기도 했다. 또 미국의 각종 세무 정책과 연금계좌의 특징 등을 연구했다. 이런 노력 끝에 나만의 재테크 시스템을 만들었고 차근차근 수익을 관리하기 시작했다. 마구잡이식 자산 관리에서 벗어나자 스스로가 대견했다. 그러나 나는 점점 더 많은 이익을 보길 원했고 결국 선물옵션에 손을 댔다. 리스크에 대한 아무런 대비 없이 그저 큰돈을 벌 생각에만 빠져 있던 나는 마치 이 세상에 혼자 던져진 것과 같았다.

1년 동안 십수만 위안을 선물옵션 거래에 쏟아부었다. 하지만 떼돈을 벌 수 있을 거란 야심찬 생각은 한 달 만에 물거품이 되었다. 그렇게 마음이 아플 수 없었다. 그 후 열심히 공부해서 거래 방식도 바꿔 보고 스킬도 연마해 보았지만 여전히 수익은 나지 않았다. 힘없는 개미투자자인 나는 주식시장의 잔인함을 뼈저리게 느낄 수 있었다.

주식의 늪에서 허우적거리던 나를 구제해 준 사람은 바로 지금의 남편 아톤이다. 그는 스탠포드 경영대학원의 알제이 밀러 ^{Arjay Miller} 장학생 출신의 전문 투자자다. 또 한방에 CFA 레벨 3을 통과했고 헤지펀드 투자 경험도 있다. 아톤의 도움으로 주식에 눈을 뜬 나는 경쟁이 적고 수익이 높은 전략을 찾게 되었다. 주식투자의 요점을 알게 된 것이다.

몇 년 후, 내 연봉 상승률은 안정적으로 두 자릿수를 유지했고 개인자산도 빠르게 늘어났다. 내가 꿈꾸던 풍요로운 노후 생활을 향한 여정은 순조로웠다. 부모님의 자산 관리도 도왔다. 리스크를 최대한 낮추는 더 보수적인 전략을 세웠는데 연간 수익률이 매우 좋았다.

이 경험은 내게 큰 깨달음을 주었다. 첫째, 사실 재테크는 어렵지 않다. 인생을 살아가는 법을 깨우치는 것처럼 재테크의 룰만 제대로 이해하면 달콤한 열매를 맛볼 수 있다. 둘째, 재테크보다는 투자가 상대적으로 어렵다. 시장 내 경쟁이 치열하기 때문에 보통 전문 투자자를 찾곤 한다. 하지만 이는 자칫하면 손실을 보거나 원금 회수도 힘들 수 있으니 조심해야 한다. 그러므로 투자는 반드시 신중해야 한다.

이제 올바른 재테크 방법을 소개할 테니 잘 따라오길! 이것만 알면 억만장자는 아니더라도 백만장자의 반열에는 오를 수 있다.

재테크에 대한 두 가지 오해

재테크, 해도 그만 안 해도 그만?

사실 나는 재테크는 옵션이라고 생각했다. 잘하면 좋은 거지만 못해도 괜찮다고 여겼다. 그런데 재테크를 공부하면서 이는 가장 현실적이며 기본적인 생존 스킬이란 것을 알게 되었다. 재테크를 모르는 사람의 경우, 해고나 부도로 인해 수입이 줄거나 끊기면 생존에 문제가 생긴다. 해고나 부도는 흔히 일어날 수 있는 일이다. 심각할 경우 노후도 문제다. 하지만 대다수 사람이 노후 생활에 필요한 돈이 얼마나 되는지 몰라 그 심각성을 모를 뿐이다.

흔히 생각하는 노후 대비는 연금, 자녀, 저축, 세 가지로 구성되어 있다. 이 중 연금이 생활에 도움이 된다. '자녀=노후 보장'이란 공식은 고령화와 산아제한 정책으로 인해 더는 통하지 않게 되었다. 점점 더 많은 사람이 퇴직 후 기본적인 생활 수준을 유지하기 위해서는 현재 수입에서 쌈짓돈을 만들 필요가 있다고 생각한다. 그러나 쌈짓돈으로 충분할까?

존 쇼벤 John Sauren 스탠퍼드대학 경제학 교수는 "사람들은 일반적으로 30년 동안 일해 번 돈으로 30년 이상의 노후 생활을 하고 싶어

하나 이는 비현실적인 일"이라고 못박았다. 왜 그럴까? 첫째, 인플레이션 때문이다. 물가 상승으로 인해 앞으로 우리가 감당해야 할 생활비는 점점 늘어난다. 1990년대 물가에 맞춰 저축한 돈으로 어떻게 21세기를 살아갈 수 있겠는가? 둘째, 현대인들의 수명이 늘었기 때문이다. 전체 인구 중 10%가 90세 이상까지 살 수 있고 100세 노인도 결코 적지 않다. 수명이 연장될수록 지출이 늘어나는 건 당연한 일이다. 셋째, 나이가 들수록 의료비 지출이 늘어나기 때문이다. 우리는 이처럼 삼중고를 겪게 되기 때문에 쌈짓돈으로는 턱없이 부족하다. 아마 죽기 전에 다 바닥 날 것이다. 그때가 되면 아마 '돈은 없는데 목숨은 붙어 있구나!'라는 말만 주구장창 늘어놓으며 비참한 노년을 보낼 수도 있다. 이 때문에 사람들이 퇴직한 후에 어쩔 수 없이 허리띠를 바짝 졸라매는 것이다.

사람들은 안락한 노후를 꿈꾸기 때문에 열심히 일을 해서 돈을 번다. 그래야만 이상적인 삶을 살아갈 수 있다고 믿기 때문이다. 하지만 불행하게도 이는 돈에 대한 잘못된 인식이다.

돈만 벌면 된다?

재테크는 모른 채 돈만 벌면 그만이다? 이는 국가대표 축구팀이 공격만 훈련하고 수비는 연습하지 않는 것과 같다. 가수 마이클 잭슨, 영화 「대부」의 감독 코폴라, 복서 타이슨, 배우 킴베이싱어, 중전타오鍾鎭濤, 장웨이젠張衛健은 한때 막대한 수입을 벌어들이는 스타였으나 돈을 물 쓰듯 쓰고 제대로 재테크를 하지 못해 결국 파산 신청을 했다. 좀 더 쉬운 예를 들어 보자? 당신은 수년간 열심히 일했고 월급도 올랐다. 그런데 왜 지출은 더 늘어났을까? 과거와 지금을 비교해 보면 답이 나온다. 과거엔 어디를 가도 대중교통을 이용했고 가족과 함께 살았다면 지금은 거의 매일 같이 택시를 타고 혼자 독립해 살고 있을 것이다. 또 용돈과 선물의 횟수가 늘었고 옷이나 액세서리도 점차 명품에 관심을 가질 수 있을 것이다. 수입이 늘었으나 지출도 함께 늘었다. 겉으로는 뭔가 있어 보일 수 있겠지만 통장은 분명 '텅장_{텅빈 통장}'일 것이다. 밤낮없이 열심히 벌어대지만 실속은 없으니 이보다 안타까운 일이 또 있을까?

들어오는 돈을 제대로 관리하지 못하는 건 밑 빠진 독에 물 붓기와 같다. 돈을 아무리 많이 벌어도 채워지지 않는 것이다. 재테크를 통해 '황금 알을 낳는 거위'를 길러야 한다. 그래야만 힘들게 번 돈을 눈덩이 굴리듯 불릴 수 있고 자신이 꿈꾸는 인생을 즐길 수 있다.

워라밸 시대의 인생 디자인

이렇게 돈 쓰면
'텅장'만 남는다

주식왕 워런 버핏은 1센트를 쓰더라도 투자 개념을 대입한다. 그래서 물건을 살 때 그는 가격표가 아닌 미래의 복리 증가율을 계산한다. 예를 들면 100달러짜리 셔츠가 그에게는 1,800달러인 셈이다 _{왜냐하면, 매년 10%의 수익을 30년 동안 얻을 수 있기 때문이다}. 이런 계산법으로 보면 이 셔츠는 너무 비싸 결국 구매하지 않는다. 워런 버핏은 이러한 소비 습관이 있어 매일 2~3달러밖에 되지 않는 맥도날드 모닝 세트로 아침을 때우고, 1958년에 3만 달러에 구매한 주택에서 살고 있다. 가진 돈의 대부분은 투자 자금으로 사용했던 그는 오늘날 800억 달러의 자산을 보유한 부호가 되었다.

이러한 그의 삶은 사실 재미가 없다. 사람들은 인생을 즐기면서 살고 싶어 하지 과도하게 허리띠를 졸라매며 궁핍하게 살고 싶어 하지 않는다. 그럼에도 불구하고 워런 버핏의 안목과 소비 습관은 꼭 배워야만 한다.

일상생활에서 지출은 크게 두 가지로 나눌 수 있다.

- 순수 소비형: 순수 소비는 미래 투자 가치가 없는 것으로 돈을 쓰는 행위만 있는 유형이다. 주로 의식주를 위한 소비, 커피값, 모임 회비, 영화 티켓이나 팝콘 구매 등이 포함된다.
- 자기계발형: 자기계발형은 미래적 가치가 있는 소비 유형이다. 책, 자격증 시험 접수, 헬스, 유기농 식품, 건강보조식품, 문화 여행, 심리 상담, 이미지 메이킹을 위한 소비 등이 포함된다. 이와 같은 소비는 액수에 상관없이 언젠가 이득을 얻게 된다. 물론 투자란 본디 회수율이 각기 다른 만큼 자기계발을 위한 투자의 이익이 언제나 높을 수만은 없다. 따라서 이성적인 판단이 필요하다.

두 가지 소비 유형 중 어떤 것이 더 옳고 그른지는 판단할 수 없다. 일반적으로 사람들은 대부분 순수 소비형의 지출 형태를 유지하고 싶어 한다. 그러니 모든 지출에 각박하게 굴지 말자. 다만 순수 소비형은 정말 쓰고 나면 남는 게 없지만 자기계발형은 인생을 더욱 아름답게 만든다는 점은 꼭 기억해야 한다. 만약 자기계발형의 지출 비중을 높게 잡았다면 몇 년 뒤에 새로운 경지에 오른 자신의 모습을 발견할 수 있을 것이다. 확실한 예를 들어보자. 수익과 지출 비용이 동일한 A와 B가 있다. A는 순수 소비형으로 먹고 놀고 마시는 것을 정말 즐기는 사람이다. 반대로 B는 자기계발형으로 독서, 강의, 자기계발, 세계 여행, 스펙 쌓기 등을 위해 돈을 썼다. 10년 후에도 과연 두 사람의 능력, 사회적 지위와 품격이 같을까?

꿈꾸는 삶을 위한 자금

대부분 사람은 돈을 좋아한다고 말한다. 그러나 한 번도 돈이 왜 필요한지, 돈으로 무엇을 할 것인지, 자신이 원하는 액수는 얼마인지, 원하는 액수를 어떻게 벌 수 있는지에 대해선 생각하지 않는다. 목표와 계획이 없는 재테크는 실패와 다름없다. 어디로, 어떻게 가는지 모른 채 목적 없이 운전만 하는 것과 같다. 왜 재테크를 해야하는가? 이 질문을 던져야만 우리는 재테크의 이유를 알고 의욕도 생기며, 꿈꾸는 삶을 위한 구체적인 예산안을 만들 수 있다.

사람마다 그 이유는 다르다. 이제 가장 중요한 재테크 목표를 단기, 중기, 장기로 나눠 보고 각각 어떻 내용이 있는지 살펴보자.

■ 단기 재테크 목표(3년 이내)

• 명품 코트 구매

• 해외여행

• 대학원 진학

- ■ 중기 재테크 목표(3~10년)
- • 내 집 마련
- • 자녀 교육

- ■ 장기 재테크 목표(10년 이상)
- • 부모님 부양
- • 여유로운 노후 생활
- • 경제적 자유

리스트를 작성했다면 각 목표를 달성하기 위해 필요한 예산을 계산해 보자. 중·단기 목표는 그나마 간단하다. 경제적으로 큰 문제만 없다면 물가 변동이 거의 없기 때문이다. 즉 올해 5,000위안에 팔던 명품 코트는 내년에도 같은 금액일 것이며, 50만 위안 수준의 유학 비용 역시 2년 뒤에도 비슷한 선을 유지할 것이다. 하지만 중국의 부동산은 예외다. 앞으로의 부동산 추세와 변화는 누구도 예측하지 못할 것이다. 그러므로 만일 내 집 마련을 중·단기 목표로 삼았다면 현재 가격을 기준으로 삼아서는 안 된다. 부동산은 잠시 후에 자세히 알아보기로 하자.

중·단기 목표 예산을 책정했다면 그다음엔 이를 달성하기 위한 매월 저축액을 계산해 보자. 만약 내가 1년 뒤에 5,000위안짜리 코트를 사고 싶다면 지금부터 매월 417위안5,000÷12 을 저축해야 한다. 대출을 받지 않고 내 돈 50만 위안으로 3년 뒤에 유학을 가고 싶다면 매월 1만 3,889위안_{500,000÷36}을 저축해야 한다. 이러한 계산은 매우 중요하다.

다음으로 장기 목표 예산을 세워야 한다. 이는 인플레이션을 고려해야 하기에 복잡하다. 이럴 때는 여유로운 노후와 경제적 자유를 고려해 계산을 해보는 것이 좋다. 이 방법만 마스터하면 다른 장기 예산 계산은 쉽다고 생각하게 될 것이다.

모두의 이해를 돕기 위해 내 위챗 공식계정_{ID:pioneeryijia}에 자세한 계산 방법의 설명과 전용 계산기도 올려 두었다. 자신의 기본적인 자산 현황을 기입하면 자동으로 매월 저축해야 하는 금액이 계산된다. 15초의 시간이면 충분하다. 이를 이용하면 아주 쉽게 장기 예산안을 짤 수 있다.

하지만 내가 제시한 예는 그저 예시일 뿐이다. 사람마다 각자 상황은 다르니 웬만하면 계산 방법을 다 마스터한 후 자신에게 적합한 예산을 짜길 바란다.

여유로운 노년을 위한 자금

도대체 노후 대비 자금은 얼마나 필요할까? 사실 이 문제는 많은 전문가가 수년간 논의해 온 쟁점이다. 중국 도시 거주 기준으로 300만 위안이면 된다는 사람도 있고 1,000만 위안은 있어야 된다는 사람도 있다. 금액의 차이가 이렇게 크니 헷갈릴 수밖에 없다. 사실 액수는 천차만별이다. 노후 대비 자금은 인플레이션, 경제 성장, 노후 생활 수준, 수명 등 전제 조건에 따라 결정된다. 각자의 전제 조건은 다를 수밖에 없으니 무조건 금액만 중시하기보다는 직접 계산하는 것이 정확하다. 그럼 이제 계산법을 알아보자.

전제 조건

- 월 지출: 중국 도시 거주, 매월 지출액 1만 위안, 대체적으로 여유 있는 삶을 지내고 있음_{기준 상, 하향 조정 가능}.
- 퇴직 후 생활 수준: 은퇴 후에도 현재와 같은 삶을 지내고 싶음_{조정 가능}.
- 퇴직까지 남은 기간: 60세 퇴직. 남은 기간 30년_{조정 가능}.
- 연금: 현재 기준으로 매월 약 4,500위안_{조정 가능}.
- 인플레이션: 앞으로 100년 동안 중국의 인플레이션율은 3%대의 안정적인 상황을 보일 것으로 예상_{조정 가능. 예를 들어 5년 내 8%, 5~10년 5%, 10년 후 3% 등 단계적으로 예상해도 됨}.
- 수명: 90세. 100세 시대이니 이 정도면 적당함_{조정 가능}.

퇴직 1년차의 생활비

연 3%의 인플레이션, 60세 퇴직, 월 1만 위안의 생활비. 이를 기준으로 계산한다면 월 지출 비용은 2만 4,000위안이 된다[$10,000×(1+3\%)^{30}$], 이해를 돕기 위해 계산 결과는 모두 반올림함].

또한, 이 인플레이션을 기준으로 한다면 현재 월 4,500위안의 연금이 30년 뒤에는 1만 1,000위안이 된다[$4500×(1+3\%)^{30}$].

따라서 생활비_{24,000위안}에서 연금_{11,000위안}을 공제하면 차액은 1만

3,000위안이다. 그러므로 60세가 되었을 때 1만 3,000위안/월(16만 위안/년)이 있어야 노후가 보장된다. 이 금액은 3%의 인플레이션을 적용한 예시라는 점을 잊지 말자.

비용 구간 계산하기

사실 모든 예시는 가설일 뿐이다. 전제 조건이 바뀐다고 하더라도 결과는 거의 비슷하다. 그러므로 자신의 노후 생활 기준과 물가 상승률의 책정에 따라 예상 구간을 설정할 수 있다.

【예시】

- 현재보다 검소한 노후 생활: 월 생활비를 1만 위안에서 5,000위안으로 줄이면 매년 1만 5,000위안을 더 저축해야 한다. 인플레는 매년 3%씩 증가한다.
- 현재보다 여유로운 노후 생활: 월 생활비를 1만 위안에서 2만 위안으로 늘리면 매년 45만 위안을 더 저축해야 한다. 인플레는 매년 3%씩 증가한다.
- 향후 중국 인플레가 5%일 때_{미국 1.5~2%}: 월 생활비를 1만 위안으로 정하면 매년 29만 위안을 더 저축해야 한다. 인플레는 매년 5%씩 증가한다.

노후에 필요한 금액 (방법 1)

이를 통해 우리는 물가 상승률 3%, 60세 퇴직을 기준으로 지금과 같은 생활 수준을 유지하려면 매년 16만 위안이 더 필요하다는 것을 알 수 있다. 90세까지 산다고 가정했을 때 우린 도대체 돈이 얼마나 필요할까?

그 답은 바로 762만 위안이다. 지금부터 30년 동안 762만 위안을 저축해야 퇴직 후 죽을 때까지 우리가 원하는 생활 수준을 유지하며 살아갈 수 있다. 만약 물가 상승률이 3%를 넘거나 은퇴 후 생활이 생각보다 여유롭거나 90세 이상 살게 되면 이 금액 역시 증가한다.

(단위: 1,000위안)

연령	생활비/년	연령	생활비/년	연령	생활비/년
60	160	70	215	80	289
61	165	71	222	81	298
62	170	72	228	82	307
63	175	73	235	83	316
64	180	74	242	84	326
65	186	75	250	85	335
66	191	76	257	86	345
67	197	77	265	87	356
68	203	78	273	88	367
69	209	79	281	89	378
총 필요 노후 자금: 7,620					

워라밸 시대의 인생 디자인

매월 저축해야 할 금액 (방법 1)

그렇다면 매월 얼마나 저축해야 60세 전까지 762만 위안을 모을 수 있을까? 3%의 인플레이션을 기준으로 우리는 매월 13,500위안을 저금해야 한다.

초기 저축액/월 13.5

(단위: 1,000위안)

나이	저축액/년	나이	저축액/년	나이	저축액/년
30	160	40	215	50	289
31	165	41	222	51	298
32	170	42	228	52	307
33	175	43	235	53	316
34	180	44	242	54	326
35	186	45	250	55	335
36	191	46	257	56	345
37	197	47	265	57	356
38	203	48	273	58	367
39	209	49	281	59	378
총저축액: 7,620					

한 달 생활비로 1만 위안을 쓰는 월급쟁이가 가처분 소득의 6%에 달하는 13만 500위안을 저축한다는 건 매우 어려운 일이다. 이제 왜 존 쇼벤 교수가 30년 동안 일해 번 돈으로 노후 생활을 한다는 건 비현실적인 일이라고 말했는지 이해할 수 있을 것이다.

이 방법으로는 안 될 것 같으니 다른 방법을 한번 살펴보자.

노후에 필요한 금액 (방법 2)

전제 조건은 동일하게 두고 '재테크' 한 항목만 추가해 보자. 재테크로 인한 연수익률이 7%, 인플레가 3%라고 가정하고 연수익률에서 인플레를 제외하면 실제 수익률은 4%가 된다7~3%. 60세 퇴직 후 지금과 같은 생활을 유지하려면 매년 16만 위안이 더 필요하다는 사실은 앞에서 설명했다. 그렇다면 우리가 얼마만큼의 원금을 재테크에 투자해야 4%의 실제 수익률로 매년 16만 위안의 돈을 벌 수 있을까?

원금 400만 위안16만÷4%이 필요하다. 이 계산은 매우 간단하다. 퇴직 시 수중에 400만 위안의 현금을 가지고 있으면, 재테크를 하며 평안한 노후를 즐기면 된다.

이 방법의 장점은 너무 많다. 첫째, 초기 저축액이 적기 때문에 대부분 이를 감당할 수 있다. 둘째, 인플레 때문에 매년 생활비가 오르더라도 재테크를 한 자산도 오르기 때문에 저축액이 늘어난다. 89세가 되면 800만 위안이 넘는 현금을 손에 쥘 수 있다. 이 돈을 노후 자금에 보태어 쓸 수 있기 때문에 장수한다고 해서 걱정할 필요가 없다. 병에 걸리는 등 예측하지 못한 상황을 만나도 난감해할 필요가 없다. 충분한 자산이 있으므로 그 어떤 불확실성 요소도 걱정할 필요 없다.

워라밸 시대의 인생 디자인

연령	연초 예금액	연간 보조 생활비	연초 예금액 - 보조 생활비	재테크 수익	연말 예금액
60	4,005	160	3,845	269	4,114
61	4,114	165	3,949	276	4,225
62	4,225	170	4,055	284	4,339
63	4,339	175	4,164	291	4,456
64	4,456	180	4,275	299	4,575
65	4,575	186	4,389	307	4,696
66	4,696	191	4,505	315	4,820
67	4,820	197	4,623	324	4,947
68	4,947	203	4,744	332	5,076
69	5,076	209	4,867	341	5,208
70	5,208	215	4,992	349	5,342
71	5,342	222	5,120	358	5,478
72	5,478	228	5,250	368	5,618
73	5,618	235	5,382	377	5,759
74	5,759	242	5,517	386	5,903
75	5,903	250	5,653	396	6,049
76	6,049	257	5,792	405	6,197
77	6,197	465	5,933	415	6,348
78	6,348	273	6,075	425	6,500
79	6,500	281	6,220	435	6,655
80	6,655	289	6,366	446	6,811
81	6,811	298	6,513	456	6,969
82	6,969	307	6,662	466	7,128
83	7,128	316	6,812	477	7,289
84	7,289	326	6,964	387	7,451
85	7,451	335	7,116	498	7,614
86	7,614	346	7,268	509	7,777
87	7,777	356	7,421	519	7,941
88	7,941	367	7,574	530	8,104
89	8,104	378	7,727	541	8,268

주의: 생활비 보조는 연초에 제외하기에 재테크 수익 미발생

매월 저축해야 할 금액 (방법 2)

그렇다면 매월 얼마나 저축해야만 60세 전까지 762만 위안을 모을 수 있을까? 3%의 인플레를 기준으로 우리는 매월 2,575위안을 저금해야 한다.

(단위: 1,000위안)

연령	연초 예금액	재테크 수익	추가 예금액	연말 예금액
30	-	-	31	31
31	31	2	32	65
32	65	5	33	102
33	102	7	34	148
34	148	10	35	188
35	188	13	36	237
36	237	17	37	290
37	290	20	38	349
38	349	24	39	412
39	412	29	40	481
40	481	34	42	557
41	557	39	43	638
42	638	45	44	727
43	727	51	45	823
44	823	58	47	928
45	928	65	48	1,041
46	1,041	73	50	1,163
47	1,163	81	51	1,296
48	1,296	91	53	1,439
49	1,439	101	54	1,594
50	1,594	112	56	1,761
51	1,761	123	57	1,942
52	1,942	136	59	2,137
53	2,137	150	61	2,348
54	2,348	164	63	2,575
55	2,575	180	65	2,820
56	2,820	197	67	3,084

57	3,084	216	69	3,368
58	3,368	236	71	3,675
59	3,675	257	73	4,005

주의: 그해 예금액은 연말에 추가함으로 재테크 수익 미발생

한 달 생활비로 월 1만 위안을 지출하는 직장인에게 2,575위안 가처분소득의 약 26%은 감당할 수 있는 금액이다. 퇴직 전까지 이렇게 하면 400만 위안을 수월하게 모을 수 있다.

이제 재테크가 왜 현대인의 기본 생존 스킬인지 알겠는가? 재테크는 안정적인 노후 생활로 향하는 지름길이자 유일한 통로이다. 나와 같은 결과가 나오는지 여러분들도 꼭 계산해 보길 바란다.

경제적 자유를 위해

경제적 자유란 무엇일까? 『부자아빠, 가난한 아빠』의 저자 로버트 기요사키는 일하지 않아도 발생하는 소득 '패시브인컴 passive income'이 매달 지출보다 많으면 일을 그만두어도 된다고 했다. 이때 우리는 경제적 자유를 얻게 된다.

경제적 자유는 거의 모든 사람이 원한다. 그렇다면 경제적 자유를 얻기 위해선 얼마가 필요할까? 아마 이 질문을 받는다면 순간 합죽이가 될 거다. 잠시 생각하곤 가늠도 안 되는 천문학적인 금액을 내뱉을 것이다. 노후 자금을 계산하면서 느꼈을 테지만 경제적 자유를 얻기 위해 필요한 금액은 우리가 생각하는 것보다 낮다. 그럼 함께 계산해 보자.

전제 조건

- 월 지출: 중국 도시 거주, 월 지출 1만 위안, 대체적으로 여유 있는 삶을 지내고 있음_{상, 하향 조정 가능}.

- 경제적 자유 후 생활 수준: 현재와 같은 수준의 생활_{조정 가능}.

- 남은 시간: 15년_{조정 가능}.

- 현 예금액: 20만 위안_{조정 가능}.

- 재테크 수익률: 7%_{조정 가능}.

- 인플레이션: 앞으로 100년 동안 중국의 인플레이션율 3%대의 안정적인 상황을 보일 것으로 예상_{조정 가능. 예를 들어 5년 내 8%, 5~10년 5%, 10년 후 3% 등 단계적으로 예상해도 됨}.

- 연금: 계산 과정을 간단히 하기 위해 포함시키지 않음.

45세에 경제적 자유를 얻는다면

매달 1만 1,440위안_{가처분소득의 53%}을 저축한다고 가정하자. 이때 인플레는 3%를 기준으로 한다. 여기에 매년 추가 저축이 가능한 자금이 있고 재테크 수익률이 7%라면 당신의 자산은 빠르게 증가할 것이다. 45세가 되면 실제 재테크 수익이 처음으로 생활비를 넘어설 것이고, 그 이후부터 당신은 경제적으로 자유를 얻게 된다.

워라밸 시대의 인생 디자인

연령	연초 예금	재테크 수익률 (7%)	추가 예금	연말 예금	재테크 실수익 (4%)	생활비
30	200	14	137	351	8	120
31	351	25	141	517	14	124
32	517	36	146	699	21	127
33	699	49	150	898	28	131
34	898	63	155	1,115	36	135
35	1,115	78	159	1,353	45	139
36	1,353	95	164	1,611	54	143
37	1,611	113	169	1,893	64	148
38	1,893	133	174	2,199	76	152
39	2,199	154	179	2,532	88	157
40	2,532	177	184	2,894	101	161
41	2,894	203	190	3,287	116	166
42	3,287	230	196	3,713	131	171
43	3,713	260	202	4,174	149	176
44	4,174	292	208	4,674	167	182
45	4,674	327	214	5,215	187	187

주의: 그해 예금액은 연말에 추가함으로 재테크 수익 미발생

연령	연초 예금	생활비	연초 예금 - 생활비	재테크 수익률 (7%)	연말 예금
46	5,215	193	5,022	352	5,374
47	5,374	198	5,176	362	5,538
48	5,538	204	5,334	373	5,707
49	5,707	210	5,496	385	5,881
50	5,881	217	5,665	397	6,061
51	6,061	223	5,838	409	6,246

52	6,246	230	6,017	421	6,438
53	6,438	237	6,201	434	6,635
54	6,635	244	6,391	447	6,838
55	6,838	251	6,587	461	7,048
56	7,048	259	6,789	475	7,265
57	7,265	267	6,998	490	7,488
58	7,488	275	7,213	505	7,718
59	7,718	283	7,436	520	7,956
60	7,956	291	7,665	537	8,201
61	8,201	300	7,901	553	8,454
62	8,454	309	8,145	570	8,716
63	8,716	318	8,397	588	8,985
64	8,985	328	8,657	606	9,263
65	9,263	338	8,926	625	9,550
66	9,550	348	9,203	644	9,847
67	9,847	358	9,489	664	10,153
68	10,153	369	9,784	685	10,469
69	10,469	380	10,089	706	10,795
70	10,795	391	10,403	728	11,132
71	11,132	403	10,728	751	11,479
72	11,479	415	11,064	774	11,839
73	11,839	428	11,411	799	12,210
74	12,210	441	11,769	824	12,593
75	12,593	454	12,139	850	12,989
76	12,989	467	12,521	876	13,398
77	13,398	481	12,916	904	13,821
78	13,821	496	13,325	933	14,257

워라밸 시대의 인생 디자인

79	14,257	511	13,747	962	14,709
80	14,709	526	14,183	993	15,176
81	15,176	542	14,634	1024	15,658
82	15,658	558	15,100	1057	16,157
83	16,157	575	15,582	1091	16,673
84	16,673	592	16,081	1126	17,207
85	17,207	610	16,597	1162	17,758
86	17,758	628	17,130	1199	18,329
87	18,329	647	17,682	1238	18,920
88	18,920	666	18,254	1278	19,532
89	19,532	686	18,845	1319	20,164

자유의 몸이 되면 더 이상 소득이 없어도 생활이 가능하다. 모아둔 자산에서 생활비가 빠져나가도 걱정할 필요 없다. 재테크 수익이 계속 발생하기 때문에 원금은 계속 보장받는다.

여기에다 안정적인 재테크 원칙까지 고수한다면 원금은 오히려 늘어나 89세가 되면 2,000만 위안으로 늘어나게 된다. 이렇게 발생한 수익은 비상금으로 두고 급할 때 사용해도 된다. 아니면 조금 더 풍족한 노년 생활을 즐겨도 된다. 이것이 바로 진정한 경제적 자유다.

다시 한번 말하지만 이는 예시에 불과하다. 전제 조건이 간단할 수도 복잡할 수도 있다. 그러니 예시만 맹신하지 말고 계산법을 배워 자신의 상황에 적용하길 바란다.

이제 장기 예산 짜는 건 식은 죽 먹기일 테니 내 블로그에서 자신만의 플랜을 계획해라.

플랜을 짠 다음 단기, 중기, 장기 목표를 모두 달성하기 위해 필요한 자금을 계산하면 앞으로 매달 저축해야 할 금액을 알 수 있을 것이다.

지름신도 배울 수 있는
게으른 저축법

"얼마를 저축할 수 있는지 생각하지 말고, 얼마를 저축해야 자신의 인생 목표를 달성할 수 있는지를 생각하라."

토니 로빈스Tony Robbins의 말이다. 우리는 일반적으로 월급이 적어 경제적 여유가 없다 보니 재테크는 당연히 불가능하다고 생각한다. 이는 저축액부터 생각하기 때문이다. 이런 사고방식으로는 평생 재테크 할 수 없다. 항상 돈을 쓰기 때문이다. 돈을 모으고 싶으면 우선 자신의 목표액이 얼마인지 설정하고 당장 오늘부터 정기적으로 저축을 해야 한다. 금액은 앞 장의 계산법을 통해 자신이 설정하면 된다. 일단 월급을 받으면 일부는 바로 저축하고 남은 돈으로 생활 계획을 세워라.

이러한 사고의 전환이 쉽지는 않을 것이다. 남은 돈은 얼마 없고 쪼들리는 생활에 짜증이 날 테지만 걱정할 필요 없다. 실상은 그렇지 않으니까. 이는 투자 필승법이라는 것만 기억해라. 사회 초년생 시절 내 월급도 턱없이 적었다. 원래 내 계획대로라면 여윳돈이 남아 투자까지 해야 했는데 늘 부족했다. 후에 재테크에 대해 공부를 하니 내가 매번 좋은 투자 기회를 잡지 못했다는 사실을 깨닫게 되었다. 고심 끝에 나는 직원들만 살 수 있는 회사 주식에 매달 월급의 40%를 쏟아붓기로 결정했다.

이를 실행하고 나서 통장에 찍힌 내 월급을 보니 후회가 물밀 듯이 밀려왔다. 그 돈으로는 도저히 한 달을 살 수가 없었다. 하지만 난 이미 돌이킬 수 없는 강을 건넌 뒤였다. 다른 방법이 없으니 소소한 돈으로 행복해질 수 있는 방법을 찾기 시작했다. 필요 없는 지출을 모두 줄이고 돈을 쓸 때마다 머릿속 계산기를 두드렸다. 옷을 살 때는 가장 먼저 실용성과 가성비를 떠올렸고 내 기준에 부합하지 않으면 과감하게 구매를 포기했다. 사람과의 만남도 줄였다. 정말 좋아하는 모임만 참석했다. 영화도 항상 조조나 심야 같은 할인 가능한 시간에만 봤다. 내 일상은 전혀 궁핍하지 않았고 오히려 이성적인 소비 습관을 갖게 되었다.

이때의 경험으로 나는 돈의 특성을 알게 되었다. 돈은 아낀 만큼 모을 수 있다. 아마 주위에 분명 소득은 높지 않은데 저축을 많이 하는 지인들이 있을 것이다. 이들은 아마도 부모님에게 생활비를 드리거나 집을 샀거나 유학을 준비하는 등 자신의 목표가 있을 것이다. 목표가 있는 사람들은 항상 월급에서 저축할 금액부터 제외한다. 저축의 액수와 월급의 액수는 아무런 관계가 없다. 올바른 저축 습관은 세 가지로 정리할 수 있다. 첫째, 미래 목표를 설정하고 얼마나 필요한지 정확이 알고 있어야 한다. 둘째, 자동 이체를 이용하라. 월급 통장에서 바로 빠져나가게 하는 것이 좋다. 셋째, 남은 금액으로 생활 계획표를 짜라. 재미있는 생활은 얼마든지 가능하며 돈을 쓸 때는 항상 신중해야 한다.

요즘 월급이 너무 낮아서 여윳돈이 거의 없다는 사실은 나도 잘 알고 있다. 이럴 때는 너무 무리한 계획을 세우기보다 점차 저축액을 늘려 나가야 한다. 예를 들면 우선 월급의 3~5%를 저축액으로 설정하고 매년 1%씩 늘려가나는 것이다. 월급은 갈수록 오를 테니 여윳돈도 점차 늘어나는 건 당연한 논리다. 이 여윳돈을 생활비에 포함시키면 된다. 이렇게 하면 몇 년 뒤 저축 통장에 찍힌 숫자는 지금과 확연히 다를 것이다.

그들이 말하지 않는
재테크 비밀

빠를수록 좋은 저축

내가 왜 적은 금액이라도 하루빨리 저축을 시작하라 강조하는지 아는가? 그 이유는 하루라도 빨리 재테크 방법을 배우는 것이 좋기 때문이다. 게다가 저축을 빨리하면 할수록 복리의 혜택을 더 많이 누릴 수 있다.

"복리는 세계 8대 불가사의이다."

"나의 자산은 미국, 우수한 DNA 그리고 복리에서 나온다."

이는 복리에 대한 아인슈타인과 워런 버핏의 정의이다. 복리의 위력이 얼마나 크기에 저명인사들도 나서서 이를 강조하는 것일까? 만약 당신이 현재 1만 위안원화 160만 원을 투자하여 매년 10%의 수익을 창출한다고 가정해 보자. 100년 후엔 얼마일까? 1억 4,000만 위안원화 235억 원이 된다. 정말 놀라운 금액이 아닌가? 믿지 못하겠다면 차근차근 계산해 보길 권한다.

그래프로 보면 훨씬 명확하다. 투자 기간이 늘어나면 복리도 점차 증가한다. 재테크 전문가들이 저축을 권장하는 이유가 바로 여기에

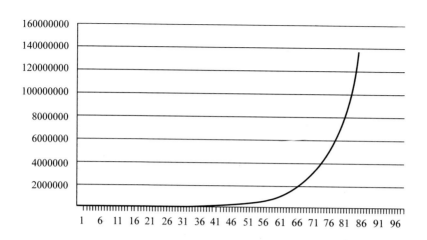

있다. 수익률 10%를 기준으로 하고 20세에 1만 위안을 저축한다면 50년이 지나 70세가 되었을 때 자산은 120만 위안원화 2억 원으로 늘어나 있을 것이다. 하지만 나이 마흔에서야 뒤늦게 1만 위안씩 저축한다면 마찬가지로 70세가 되었을 때 당신이 모을 수 있는 금액은 고작 17만 위안원화 2,800만 원밖에 되지 않는다. 이것이 바로 복리의 기적이다. 복리를 굴릴 수 있는 시간이 길어질수록 총저축액도 늘어난다. 그 때문에 적은 금액일지라도 빨리 재테크에 입문하라. 빨리 시작할수록 복리가 눈덩이처럼 불어나 나중엔 어마어마한 금액이 되어 있을 것이다.

고수익 전략의 비밀

무슨 일이 있어도 원금을 지켜라. 이는 매우 중요한 원칙으로 복리를 최대한으로 이용하고 싶다면 절대 잊어서는 안 된다. 워런 버핏은 투자의 3대 원칙이 있다. 첫째, 리스크는 피하고 원금은 사수한다. 둘째, 최대한 리스크는 피하고 원금은 사수한다. 셋째, 첫 번째와 두 번째 내용을 꼭 기억한다. 원칙치고는 참 쉬워 보인다. 하지만 여러분이 과연 이 원칙의 진정한 의미를 이해했는지 묻고 싶다.

'고수익', '성장형'이란 투자 전략은 한순간에 사람의 마음을 혹하게 만든다. '원금 보장', '안정형' 같은 상품을 졸지에 평범한 투자 상품으로 전락하게 만든다. 왜 '고수익, 성장형' 투자 전략은 매력적으로 느껴지는 걸까? 중요한 건 이 전략이 계속 매력적이냐는 것이다. 현실적으로 전혀 그렇지 않다. 우린 이미 고수익 투자 상품은 리스크가 높다는 점을 잘 알고 있다. 더 많은 수익을 내기 위해서 투자기관은 종종 리스크가 높은 투자 상품을 추천한다. 하지만 이는 다시 말해 수익률은 둘째치고 원금까지 홀랑 다 까먹을 수 있다는 것을 의미한다. 그렇다면 장기적으로 더 효과적인 투자 상품은 어떤 것일까?

두 개의 투자 상품으로 예를 들어 보자.

- 연이율 7%의 안정형 상품.
- 연이율 변동이 있는 성장형 상품, 이율 변동은 다음과 같다.

　1년차: +30%

　2년차: +30%

　3년차: −15%

　4년차: −5%

　5년차: −5%

어떤 투자 전략이 장기적으로 수익률이 높을까?

대부분이 성장형을 선택할 것이다. 일단 연이율 성장 폭이 보기에도 무척 높다. 물론 마이너스가 될 때도 있지만 하락세가 많지는 않다. 이는 큰 착각이다. 두 상품에 1만 위안 원화 160만 원을 투자하여 100년 후에 다시 비교해 보자. 안정형 상품은 870만 위안 원화 14.6억 원이 되어 있겠지만 성장형 상품은 180만 위안 원화 3억 원밖에 되지 않는다. 이제 투자 전문가들이 왜 원금을 사수하라고 강조했는지 이해할 수 있겠는가? 원금 손실이 발생하기 시작하면 이를 회수할 여지는 거의 없다고 보면 된다.

만약 원금 중 50%가 날아갔다면 여러분이 고를 수 있는 선택지는 다음과 같다.

- 1년 안에 원금을 회수하고 싶다면 수익률이 100%여야 한다.
- 2년 안에 원금을 회수하고 싶다면 2년 연속 42%의 수익률이 발생해야 한다.
- 5년 안에 원금을 회수하고 싶다면 5년 연속 15%의 수익률이 발생해야 한다.

하지만 이와 같은 높은 수익률을 달성하기란 매우 어렵다. 따라서 우리는 복리를 최대한 활용해야 한다. 우선 하루라도 빨리 저축을 시작한 다음 원금 보장이 가능한 상품에 투자해야 한다. 절대 고수익에 속아 넘어가지 말자.

재테크는 거물처럼

재테크 목표도 세웠고 투자할 목돈도 있다. 이제 무엇을 해야 할까? 바로 본격적인 재테크를 시작해야 한다. 돈이 돈을 낳는 비결을 알아야 원금이 자동으로 불어난다.

재테크 수익은 경제성장, 인플레이션, 정책, 미래 전망 등의 영향을 받는다. 투자 환경은 매번 달라지기 때문에 그에 따른 수익도 다를 수밖에 없다. 거의 모든 사람은 금융회사를 통해 재테크를 한다. 안정적이라고 생각하기 때문이다. 하지만 이는 잘못된 판단이다. 경제에는 변동 주기가 있다. 경제 환경이 변하면 모든 자산의 규모도 변한다. 그리고 이 변화는 우리가 상상하는 것보다 훨씬 빠르고 크다.

현금 자산

현금, 자유적금, MMF 등이 현금 자산에 속한다. 이러한 자산은 유동성이 높아 필요할 때 언제든지 활용이 가능하다. 이 때문에 3~6개월 동안 생활비로 사용할 수 있는 금액을 현금 자산으로 두고 평

워라밸 시대의 인생 디자인

소에 사용하거나 급할 때 활용하는 사람이 많다.

이러한 종류의 자산도 재테크가 가능하다. 이자가 높은 MMF를 잘만 활용하면 된다. 통장에 몇만 위안만 저축해 두면 반찬값 정도는 벌 수 있다. 은행에서 일하는 친구로부터 현재 대부분의 상하이 사람들은 현금을 가지고 있기보다 MMF에 예치한다고 들었다.

MMF의 리스크가 낮은 편이긴 하나 그래도 제1금융이나 신뢰할 만한 금융회사의 상품을 권장한다.

보험: 만일의 사고에 대비한 행복 지킴이

한번은 은행에 임원으로 있는 친구에게 일반인에게 추천하는 재테크 상품이 있냐고 물었다. 그러자 그녀는 투자하기 전에 보험을 먼저 들으라고 했다.

내일 무슨 일이 일어날지 절대 예측할 수 없다. 건강하던 사람이 하루아침에 갑자기 불치병 환자가 되어 있을 수 있다. 이렇게 예상치 못했던 큰일이 닥쳤을 때 어떻게 해야 자신과 가족의 부담을 덜어줄 수 있을까? 해답은 보험에 있다. 재테크 전문가 찌엔치簡七는 "힘든 손실을 적은 비용으로 감당하고 대응할 수 있는 것이 보험"이라고 했다. 보험의 종류는 헤아리기 힘들 정도로 많다. 보험에 대한 이해를 돕기 위해 찌엔치와 함께 네 가지 주의사항을 정리해 보았다.

보험 가입

보험의 가장 큰 장점은 감당하기 힘든 손실이 발생했을 때 우리를 지켜줄 수 있다는 것이다. 잔병치레나 사소한 문제는 스스로 충분히 해결할 수 있기 때문에 보험이 따로 필요하지 않다. 주로 상해, 중증 질환, 사망 등이 생존을 위협하는 일들이다. 그렇기 때문이 우리에게 가장 필요한 보험은 상해보험, 중증질환보험과 생명보험이다.

가입 대상자

흔히 노인이나 아이에게 보험이 가장 필요하다고 여기지만 실제로는 그렇지 않다. 물론 이런 노약자들이 예기치 못한 사고를 당하는 건 안타깝지만 적어도 이들을 돌봐 줄 사람이 있다. 그러나 우리의 상황은 어떠한가? 나를 대신해 가족을 보호해 줄 사람이 있나? 우선 가입 대상자는 가정에서 가장의 역할을 하는 사람이다. 가장이 무너지면 가정이 무너진다.

보험 가입액

보장액이 적다면 사고가 발생해 보험금을 받는다고 해도 별반 도움이 되지 않는다. 따라서 보장액이 충분한 보험을 가입해야 한다. 보험 가입액은 개인차가 있다. 큰 병에 걸린 사람은 적어도 3~5년의 생활비가 필요하다. 주택 대출이 있는 사람은 보장액을 남은 대출금에 포함시켜 계산해야 한다. 그렇다고 해서 무턱대고 보장액이 높은 보험을 선호해서는 안 된다. 원칙적으론 매년 보험 납부액은 연소득의 5~10%를 넘지 않아야 한다. 또한, 보장액은 연령과도 관계가 있다. 보장액이 같더라도 가입 연령이 낮을수록 납부액이 낮다.

예금보험

배당보험, 재테크보험 등 현존하는 보험 상품의 종류는 너무 많아서 이해하기 힘들 정도다. 소위 예금보험은 일정한 금액을 납부하고 보험금을 타는 것으로 전통적인 보험이라 생각하면 된다. 더 간단하게 정리하면 재테크 상품과 보험이 결합된 상품이다. 일부 상품은 사람들의 가입을 유도하기 좋게 되어 있다. 그러나 조금만 자세히 살펴보면 수지타산이 맞지 않다는 걸 알게 된다.

서른이 된 내 친구는 흔히 말하는 가성비 좋은 상해보험에 들었다고 자랑했다. 매년 1만 위안씩 50세까지만 납부하면 된다는 것이다. 납기 만료 후 60세가 되면 한꺼번에 30만 위안을 돌려받고 보장 혜택도 있었다. 겉보기엔 꽤 괜찮은 보험 상품이다. 납부 금액은 20만 위안에 불과한데 나중에 30만 위안을 돌려받고 보장까지 포함된다. 딱 봐도 가성비가 좋지 않은가? 하지만 연 7%의 수익률로 계산해 보면 친구가 60세까지 같은 금액을 납부했을 경우 총금액은 90만 위안이 넘는다. 보험을 들면 60만 위안은 만져 보지도 못하고 사라지는 돈이 된다. 이러한 상품을 두고 정말 가성비가 좋다고 할 수 있을까?

예금보험은 심사숙고해서 선택해야 한다. 이것이 절대적인 법칙은 아니지만 상품 약관을 요모조모 따져보고 결정해야 한다. 홍콩의 많은 상품은 배당보험형으로 보험금이 포함되어 있어 인플레이션을 막고 하이 레버리지의 효과를 볼 수 있다. 만약 합리적인 상품이라면 비교적 많은 사람을 유혹할 수 있을 것이다.

고정 수익 재테크 상품

국채, 회사채, 은행어음 등은 고정 수익 상품이다. 다른 상품에 비해 상대적으로 리스크가 낮다. 대다수 상품은 은행이 직접 판매하기 때문에 신용도도 높은 편에 속한다. 특히 은행에 대한 사람들의 신뢰도가 높기 때문에 은행에서 판매하는 상품은 적어도 원금 보장이 가능하리라 생각한다. 일전에 한 은행이 투자 상품에서 발생한 손실액을 책임진 사건이 있었다. 그 이후로 은행 재테크 상품에 대한 사람들의 신뢰도는 더 높아졌다. 하지만 투자와 리스크는 언제나 실과 바늘의 관계이다. 재테크 상품 약관에 원금 보장이라고 쓰여 있지 않으면 원금은 보장되지 않는다. 2008년 서브프라임 사태가 발생하면서 많은 중산층이 파산했다. 이는 은행의 재테크 상품을 너무 맹신했기 때문이다.

그렇다면 어떻게 해야 좋은 상품을 선택할 수 있을까?

전문 투자자로 일을 하고 있는 한 친구는 자신의 부모님에게 절대

워라밸 시대의 인생 디자인

망하지 않는 제1금융의 상품을 구매하라고 했다. 심지어 일반적인 수익률보다 다소 낮아도 상관없다고 덧붙였다. 여기에는 두 가지 포인트가 있다.

첫째, 제1금융권이 직접 판매하는 상품이다. 제1금융권에서 직접 내놓은 상품의 수익률은 원래 높지 않다. 은행은 잠재된 원금 보장이나 이자 같은 혜택을 들먹이며 고객의 신망을 얻는다. 꼭 짚고 넘어가야 하는 건 은행에서 판매하는 상품이 사실은 타 기관의 상품을 대리 판매하는 상품일 수 있다는 사실이다. 이러한 상품에 대해 은행은 어떤 손익도 책임지지 않는다. 가입 전 정확하게 파악해야 하는 부분이다.

둘째, 수익률이 낮아도 괜찮다. 세상에 공짜는 없는 법. 리스크는 낮은데 수익률은 높은 상품은 이 세상 어디에도 없다. 상품의 수익률이 좋다며 꿀 발린 말만 늘어놓는 자산 설계사들은 절대 뒤따르는 리스크에 대해서는 설명하지 않는다. 따라서 고수익률에 연연하지 말고 최대한 손실을 피할 수 있는 상품을 선택해야 한다.

부동산

부동산 자산은 투자 목적에 따라 크게 세 분류로 나눌 수 있다.

내 집 마련

중국 주요 도시의 부동산은 지난 몇 년 동안 수익률이 가장 가파르게 상승하였다. 중국에서 내 집 마련에 성공하기만 하면 평생 걱정 없이 살 수 있다. 하지만 집 없는 사람들에게는 50~60년을 땀 흘려 열심히 일해도 천정부지로 치솟는 집값을 마련하는 것은 하늘의 별 따기다. 부동산 가격이 미친 듯이 뛰어오르면서 내 집 한 칸 없는 사람들은 불안감에 몸서리치고 있다. 향후 부동산 시장에 대한 전망은 두 가지가 있다.

하나는 낙관론이다. 인플레이션이 높은 중국에서 모든 시장은 돈과 직결된다. 그에 반해 많은 돈을 해외로 돌릴 수 없어 대다수가 국내에서 투자할 대상을 찾는다. 거품이 아무리 많아도 일단 투자하고 본다. 그중에서도 부동산은 중국인이 가장 신뢰하는 투자 상품이다. 우선 인플레이션의 영향을 많이 받지 않아 사람들이 선호한다. 특히 좁아터진 방 한 칸짜리라도 대도시에 거주하길 원하는 사람들이 많아 지금까지 대도시의 부동산 수요는 줄어들지 않았다. 현재는 과열된 부동산 시장을 완화하기 위해 정부가 정책을 꺼내들었기 때문에 안정적인 상황을 유지하고는 있다. 하지만 정책이 완화되면 바로 상승할 것이며, 중국 정부 또한 부동산 가격의 하락을 절대 가만두진 않을 것이다. 만약 부동산 가격이 내려가면 은행이 가장 먼저 타격을 받는다. 그 충격은 국가 경제 전반으로 이어질 텐데 정부가 이를 보고만 있을 수 있을까? 따라서 중국 주요 도시의 부동산 가격은 오르면 올랐지 떨어지지 않는다.

또 하나는 비관론이다. 마윈馬云은 8년 후 부동산 가격이 양팟값만큼 떨어질 것이라 했고, 리쟈청李嘉誠은 자신이 소유한 중국 내 부

워라밸 시대의 인생 디자인

동산을 매도했다. 이는 무엇을 뜻할까? 거품은 언젠가는 꺼진다. 중국의 부동산 거품은 너무 심각한 수준이다. 미국에서 자본 수익률이 가장 낮은 도시인 샌프란시스코에서도 월 2만 5,000위안원화 420만원은 지급해야 700만 위안원화 12억 원의 집을 임대할 수 있는데, 상하이에서는 7,000위안원화 120만 원이면 충분하다. 이런 상황이라면 얼마나 지속 가능할까? 세상에 어떤 일이 발생할지 사람들은 전혀 예측할 수 없다. 서브프라임 모기지 사태가 발생하기 전 미국에서는 부동산 열풍이 불었었다. 앞다투어 집을 사려는 사람들로 가득했다. 당시 미국인들도 부동산 가격은 절대 떨어지지 않으리라 생각했다. 하지만 결과는 어떠했는가? 부동산 가격이 급등하면 사람들은 부동산 투기에만 전념하고 실물경제에는 관심을 두지 않을 것이다. 만약 이런 상황이 벌어진다면 그땐 국가 경제가 어렵게 된다. 정부는 절대 이러한 꼴을 그대로 두고 보지 않는다. 그리하여 2016년 중앙경제업무회의에서 "집은 거주를 위한 것으로 투기의 목적이 되어서는 안 된다"고 못박았다. 또 중국의 노동인구와 총인구는 2030년쯤 절정에 달할 것으로 예상되며, 그때 만약 인플레 상승이 멈추면 정부는 부동산세를 징수할 것이다. 이것이 현실이 된다면 집값이 폭락하는 건 시간문제다.

전문 투자자들도 쉽사리 예측하지 못하는 미래 부동산 시장 상황을 우리 같은 일반인들은 더욱이 판단하기 어렵다. 사실 그 누구도 쉽사리 미래를 예측할 수 없다. 새로운 정책이 발표되면 우리가 예상했던 시장 상황이 완전히 뒤바뀌기도 한다. 그러므로 모든 가능성을 열어두고 철저히 준비해야 한다.

앞으로 10년간 중국 부동산은 계속 오르는데 집이 없다면 어떤 기분이 들까? 집이 삶의 안정, 신분, 생활 수준, 자녀 교육과 연결된다고 생각하는 사람들은 초조하고 불안할 것이다. 따라서 내 집이 없다는 생각 때문에 불행하다 여긴다. 하지만 이렇게 생각하지 않는 사람들도 있다. 이들에겐 보통 일찍이 장기 임대에 대한 계획이 있다. 적은 비용으로 집을 임대하고, 이사하고 싶으면 바로 이사한다. 전혀 불편함이 없는데 왜 집을 사야 되나 하는 생각을 한다. 심지어 대도시를 떠나 자신이 좋아하는 곳으로 자유롭게 다니며 생활하는 사람도 있다.

반대로 앞으로 10년간 부동산이 40% 이상 내려가는데 집이 있는 상황이라면 어떠할까? 전국 곳곳에서 몸져눕는 사람들이 생길 것이다. 온 가족이 허리띠를 졸라매고 대출금을 갚느라 허리가 휠 것이고, 부동산의 노예가 되어 인생의 낙이 없을 것이다. 대출금을 갚지 못해 은행에 집을 압류당하여 그동안의 고생이 수포도 돌아가는 사람도 나타날 것이다. 물론 이와 정반대로 집을 구매할 때 이미 떨어질 것을 예상했기에 재빨리 상황 파악을 하고 마음의 준비를 하는 사람도 있을 것이다. 이런 사람들은 자신과 가족에게 안락한 보금자리를 만들어 주는 것이 그 무엇보다 중요하기 때문에 얼마를 손해 봐도 상관이 없다.

현재 중국 부동산 시장은 거품이 많고 미래가 어둡기 때문에 사든 사지 않든 모두 위험에 직면하게 될 것이다. 그러므로 마지막 결정은 스스로가 내려야 한다. 따라서 내 집 마련이 얼마나 중요한지, 리스크를 감수할 수 있는지 등을 생각해 볼 필요가 있다.

자산 증식

부동산 가격이 오를 것이라 생각하고 맹목적으로 투자하는 것은 투기에 속한다. 보통 부동산 거래는 매수와 매도를 통한 차익을 얻기 위함이 목적이다. 일단 정말 순수한 목적으로 투자했다면 앞으로 부동산 상황을 잘 판단해야 한다. 물론 더 좋은 투자처를 알아보는 것도 필요하다.

부동산 시장의 향후 상황에 대해 긍정적이든 부정적이든 확신이 있다면 괜찮다. 그 결정은 대부분의 예상과 비슷할 것이다.

만일 확신이 서지 않는 상황이라면 전문 투자자인 내 친구의 말을 빌려서 이렇게 얘기해 주고 싶다.

"확신이 서지 않으면 투자하지 말라."

장기적으로 시장이 하락세를 보이고 이미 몇 채의 부동산을 가지고 있다면 부디 워런 버핏의 "썰물이 돼야만 비로소 누가 발가벗고 헤엄쳤는지 알 수 있다"는 말을 잊지 말았으면 한다. 썰물에 밀려나가고 싶지 않다면 파도가 오기 전 재빨리 뭍으로 올라와야 한다. 그래야 손해를 보지 않는다. 따라서 우리는 반드시 자산을 분산 투자해야 한다. 중국 부동산 시장이 크게 하락한다 하더라도 현금, 해외 자산 등 다른 자산을 보유하고 있다면 큰 리스크를 피할 수 있다.

고정 수익

고정 수익을 보장받기 위한 투자는 임대사업을 통해 수익을 올리는 것이다. 중국의 주요 도시에서는 임대사업을 목적으로 부동산을 구매하지는 않는다. 임대 수익률이 1% 정도로 너무 낮기 때문이다. 미국은 그나마 괜찮은 편이다. 주요 도시에서도 비교적 합리적인 수익률이 보장되고 지방 도시의 경우에는 수익률이 7~12%에 달한다.

이같은 시장의 가장 큰 장점은 경쟁이 적고 별다른 기술이 필요하지 않으며 전문 투자자가 많지 않다는 점이다. 대부분이 개인 사업자로 개인 투자자들에게 상당히 우호적이다.

단점은 다음과 같이 세 가지가 있다.

첫째, 투자금에 비해 유동성이 부족하다. 부동산은 필요 자금이 많은 것에 비해 유동성이 낮다. 그래서 여유자금을 가진 사람에게 적합하다. 이들은 계약금 지급도 수월하고, 몇 개월간 임대가 나가지 않거나, 실직을 해도 대출금 상환이 가능하기 때문이다. 재무 상황이 온전치 못한 이들이 맹목적으로 부동산을 구매한 결과는 참혹했었다. 2008년 금융위기 발생 후 대출금을 상환하지 못해 은행에 집을 빼앗겨 노숙자로 전락한 사람들이 속출했다.

둘째, 인건비가 높다. 부동산 중개업을 하는 친구는 임대사업을 하려면 귀찮은 일까지 도맡아 할 각오가 되어 있어야 한다고 했다. 대부분 안락한 사무실에서 멀끔히 차려 입고 일하지만, 때로는 아주 사소한 잡일까지 맡아서 해야 한다. 인테리어 업체가 공사를 연기하거나, 오밤중에 세입자가 화장실 배관이 터졌다며 전화를 걸어 오거나, 임대료를 제날짜에 내지 않는 경우도 있다. 매일 있는 일은 아니지만 꼭 한 번쯤은 겪어야 할 일들이다. 외부 업체에 맡길 수도 있지만 그만큼 자신의 수익도 크게 줄어든다.

셋째, 수익률이 높지 않다. 국제적인 대도시에서 더욱 부각되는 점이다. 이런 도시의 부동산 가격 상승 폭은 임대료보다 훨씬 높기 때문에 수익률이 6%를 쉽게 넘기지 못한다. 도쿄 5.5%, 뉴욕 5%, 샌프란시스코 5%, 런던 5%, 홍콩 2%이고 중국의 베이징, 상하이, 광둥은 1%대에 불과하다. 대도시에서 부동산을 구매하는 목적은 임대가 아니다. 반대로 소도시는 일반적으로 가구 수가 적어 대도시보다 높은 수익률은 얻을 수 있다.

내가 만났던 많은 임대업자들은 이미 너무 많은 부동산을 가지고 있어 수익률은 계산조차 하지 않았다. 그저 가끔씩 손실 유무 정도만 계산했다. 이 점은 나를 매우 놀라게 했다. 자신이 가진 자산의 수익률조차 계산하지 못하는 사람들이 어떻게 투자 기회를 잡을 수 있겠는가? 따라서 간단한 자본 수익률 계산법을 익혀야 한다.

자본 수익률은 투자금 상환 여부를 알 수 있는 방법이다. 계산 공식은 다음과 같다.

$$(연간\ 임대료 \times 연간\ 운영비용)\ /\ 부동산\ 가격$$

예를 들어 샌프란시스코에 50만 달러 가치의 집이 있다. 1년 임대 수익은 3만 5,000달러고 운영비로 1만 달러를 쓴다. 여기서 말하는 운영비는 대략 다음과 같은 내용을 포함하고 있다. 이는 모두 임시로 책정한 수치이니 참고용으로만 활용하기 바란다.

- 부동산세: 1%를 기준으로 계산, 매년 5,000달러
- 인테리어와 청소: 집주인은 세입자가 이사 오기 전에 인테리어 회사를 통해 벽을 새로 칠하고 깨진 타일을 교체하며 청소를 해줌. 오래된 가전제품을 교환해 주거나 주방, 욕실 등 인테리어를 새로 해주기도 함. 이 비용은 집주인이 우선 지급하고, 향후 몇 년간 들어갈 운영비용에 균등하게 나누어 포함함.
- 수리: 수도관 누수, 하수구 막힘, 바닥 타일 깨짐 등. 인건비가 높아 한 번 방문 수리를 하면 적어도 몇백 달러는 깨짐.
- 수도 요금: 수도 요금은 주로 집주인이 부담.
- 쓰레기 비용: 쓰레기를 버릴 때도 비용 발생. 역시 집주인이 부담.
- 관리비
- 보험

임대료 3만 5,000달러에서 운영비 1만 달러를 차감하고, 다시 부동산 가격 50만 달러를 나누면 0.05가 된다. 다시 말해 이 집의 수익률은 5%라는 뜻이다.

주의할 점은 자본 수익률은 레버리지대출 등 기타 재무 요소를 제외하고 계산한 것이다. 도움이 안 되는 자산이라도 레버리지를 중

가시켜 이윤을 얻을 수 있다. 하지만 이는 리스크가 너무 크기 때문에 객관적으로 자본의 본질을 가늠할 수 없다. 그래서 고정 수익을 위한 부동산에 투자할 때는 레버리지를 제외하고 자본 수익률을 계산해야 한다.

주식

주식투자에 대한 오해

아마 모두가 2007년과 2015년 주가 폭락 사태가 발생하기 전에 일었던 주식 붐을 기억하고 있으리라 생각된다. 당시 모든 중국인은 마치 주식의 '신내림'을 받아 주식 차트란 차트는 다 볼 줄 아는 것만 같았다. 심지어 주식시장의 등락과 향후 추세에 대한 자기 의견까지 내놓는 지경에 이르렀다. 하지만 결과는 어땠는가? 모든 개인 투자자가 호구로 전락하는 비극이 펼쳐지게 되었다.

'주식의 신'이라 불리는 워런 버핏은 2013년 주주들에게 보낸 서신에서 "일반인의 투자 목표는 우량주 선택이 아니다. 투자할 주식 종목을 고를 때 일반인은 결코 전문 투자자를 이길 수 없다"고 밝혔다. 이들은 전문적으로 재무 관련 교육을 받았고, 많은 데이터를 가지고 있으며, 폭넓은 산업 지식을 보유하고 있다. 또 광범위한 연구 자료, 넓은 인맥, 시장 파악 능력까지 보유하고 있으며 심지어 먹잇감을 노리는 맹수처럼 온종일 시장의 동태를 살핀다. 따라서 일반인이 이들을 넘어선다는 건 평소 달리는 걸 좋아하는 사람이 육상 선수를 이기고 싶어 하는 것과 같다.

중국의 한 투자 교육기관에서 '주식 부자가 되는 법'으로 같은 슬로건을 내걸어 주식투자를 마치 시장에서 장을 보는 것처럼 쉽게 비유해 사람들을 선동하고 있다는 말을 들은 적 있다. 많은 사람이 유혹에 넘어가 한 강좌에 수백 위안에 달하는 수업을 듣고 수만 위안을 들여 1대1 코칭까지 받는다고 한다. 심지어 수십만 위안의 VIP 회원 가입비를 내는 사람도 있었다. 사람들은 하루하루 땀 흘려 모은 돈부터 미래 노후 자금까지 계속해서 쏟아부어 재테크 노하우를 배우길 원했다. 나중에 이 기관이 약 30억 위안의 달하는 강의료를 챙겼다는 사실이 조사를 통해 밝혀졌다. 이 소식을 접하고 나는 무척 놀랐고 가슴이 아팠다. 30억 위안이라는 돈에 대체 얼마나 많은 투자자와 가정의 아픔이 서려 있을지 가늠조차 되지 않았다.

워런 버핏의 최고의 파트너인 찰리 멍거Charlie Munger 는 "투자는 쉽지 않은 일이며 당신에게 투자가 쉽다고 얘기하는 사람은 바보 아니면 사기꾼일 것"이라고 했다. 주식시장은 모든 사람이 돈을 벌 수 있는 영역이 아니다. 로마의 콜로세움처럼 누구나 살아서 나올 수 있는 곳이 아니라는 것이다. 뛰어난 소질이 있어 임원의 총애를 받거나 스스로를 끝없이 채찍질하여 스킬을 보유하고 있지 않은 이상 주식 투자로 부자가 되라고 권유하고 싶지 않다.

그렇다면 주식투자는 일반인이 꿈꿀 수 없는 신의 영역일까? 당연히 아니다. 여기서 포기한다면 금광을 발견하고도 캐지 않는 것과 다름없다. 미국에서 주식시장은 지난 100년 동안 수익률이 가장 높았던 시장으로 채권, 부동산, 대량 상품Bulk commodity 시장을 넘어

워라밸 시대의 인생 디자인

섰다. 물론 지난 몇 년간 중국의 주식시장의 수익률이 부동산 시장을 넘어선 적은 없지만, 중국 경제가 계속 발전한다면 주식시장도 계속해서 커질 것이다.

개인적으로 일반인이 직접 주식을 골라 투자해서 전문가와 기관을 따라잡는 방식을 추천하지는 않는다. 하지만 재테크를 배우고 경제 발전과 주식시장의 장기적인 상승세라는 기회를 통해 자신의 자산을 축적해 가는 방식은 추천한다.

그렇다면 우리는 도대체 어떤 주식을 사야 할까? 2013년 워런 버핏이 주주들에게 보낸 서신에 답은 이미 나와 있다.

"일반인은 우량주가 아니라 다양한 업종을 아우르는 기업의 주식을 사야 한다. 그리고 이런 기업의 주식을 보유하기 위한 가장 좋은 방법은 인덱스펀드 index fund를 구매하는 것이다."

2014년 워런 버핏은 세상을 떠나면 부인에게 신탁기금을 남겨 인덱스펀드만 구매할 수 있게 할 것이라고 선언했다. 그는 말로만 그친 것이 아니라 행동으로 직접 보여준 것이다.

혹자는 인덱스펀드는 평균적인 시장 수익만 얻을 수 있기 때문에 증권 시세를 넘어서는 수익을 얻기 위해서는 고수익 상품인 뮤추얼펀드 mutual fund를 선택해야 한다고 생각할 수 있다. 이에 대해 리서치 어필리에이트 Research Affiliates의 창립자 로버트 아노트 Robert Arnott는 24년 동안 연구를 진행했다. 그는 펀드를 장기간 소유하고 있을 때 96%의 기타 펀드들은 인덱스펀드의 수익률을 넘어설 수 없다는 결론을 얻었다. 또 다른 데이터에 의하면 이 비율은 85~95% 정도에 머물러 있다. 따라서 장기적인 투자를 봤을 때 인덱스펀드보다 수익률이 높은 뮤추얼펀드는 극소수에 불과하다. 이는 투자계에서 알 사람들은 다 아는 공공연한 비밀이다.

JP모건 체이스의 CEO 메리 어도스Mary Erdoes는 "시장 정보가 불투명하고 변동이 심하다면 뮤추얼펀드도 승산이 있다"고 했다. 이것이 바로 과거 중국의 많은 뮤추얼펀드가 인덱스펀드의 수익률을 넘어설 수 있었던 이유이다. 그러나 중국 시장이 점차 성숙해지면서 이런 상황이 재연되기가 점차 어려워지고 있다. 2014년 초, 국제적으로 신망받는 펀드 평가 회사 모닝스타는 "지난 2년간 상하이선전 CSI 300지수를 넘어선 뮤추얼펀드가 급격하게 줄어들고 있다"는 내용인 담긴 보고서를 발표했다. 설령 소수의 펀드매니저들이 장기간 증권 시세를 웃도는 성적표를 받았다 하더라도 우리는 하나서부터 열까지 많은 문제에 또다시 부딪히게 된다. 관리해야 하는 펀드 수, 리스크 조절 후 수익, 펀드, 수수료율, 펀드매니저 교체 시기 등 전부 고려해야 한다. 일반인에게 이는 아주 중요한 문제이며 판단을 내리기가 어려워 쉽게 사기의 타겟이 된다. 고르고 골라서 선택한 뮤추얼펀드라 할지라도 인덱스펀드의 수익률을 넘어서기 어렵다. 따라서 대다수 사람은 증권 시세에 맞는 인덱스펀드를 사는 것이 안정적이고 효과적인 방법이다.

미국에서 인덱스펀드의 장점은 더욱 두드러진다.

첫째, 미국에서 인덱스펀드는 '종목 선택'을 하지 않으므로 수수료율이 액티브펀드active fund보다 훨씬 낮다. 과거 꽤 긴 시간 동안 중

워라밸 시대의 인생 디자인

국에서는 두 펀드의 수수료율의 차가 크지 않아 불합리했다. 지금 중국에서 새롭게 출시되는 인덱스펀드의 수수료율은 전에 비해 절반밖에 되지 않을 수도 있으니 가입 시 유의하길 바란다.

둘째, 미국에는 자본소득세가 있다. 단기자본소득세 1년 이내의 매입과 매출와 개인소득세 비율은 같지만 장기자본소득세 1년 이상의 매입과 매출는 오히려 20% 낮다. 여기에는 연방세와 주세가 포함된다. 인덱스펀드는 보유한 주식을 자주 매수하거나 매도할 수 없다. 그래서 여기서 발생하는 수익은 장기자본소득세에 포함될 것이다. 이에 반에 뮤추얼펀드는 매수와 매도를 자주해도 무관하다. 따라서 단기자본소득세를 많이 납부해야 한다. 그러므로 인덱스펀드가 세금을 절약할 수 있다.

인덱스펀드의 배분

인덱스펀드의 종류는 다양하다. 그렇다면 어떻게 분배해야 할까? 원칙대로 모두 분산해서 투자해야 할까?

첫째, CSI300, 상하이100, S&P500 등 일반적으로 잘 알려진 대형주로 구성된 인덱스펀드를 사는 것이 좋다. 업종별 또는 특정 지수를 추종하는 소규모 인덱스펀드는 신중히 고려해야 한다. 대중적인 인덱스펀드는 분산 투자하기가 좋다. 주식 선별 능력이 없는 우리가 특정 기업에 투자하는 것은 위험하다. 또 종합주가 시장은 전체 경제와 관련이 있기 때문에 이에 대한 이해가 있어야 한다.

둘째, 장기적인 안목을 가지고 투자하라. 만약 장기적으로 중국 경제를 긍정적으로 평가한다면 중국의 종합주가지수를 살펴보고 인덱스펀드를 구매하면 된다. 텐센트, 알리바바, 징둥, 씨트립, 넷이즈, 아이치이 등 중국의 경제를 이끄는 신흥 기업이 아직 중국 증시에는 상장을 하지 않았다는 점을 주의해야 한다. 그러니까 만약 CSI 300지수를 추종하는 주가지수선물을 매입했다면 이는 곧 중국의 장기적 경제 성장에 투자한 것과 같다고 여길 것이다. 하지만 여기서 놓친 부분이 있다. 바로 중국 경제의 주춧돌이 되는 성장이 빠른 기업들이다. 그러므로 자산을 분배할 때는 해외 증시에 상장된 중국 기업의 펀드를 눈여겨봐야 한다.

마지막으로 S&P500 같은 미국의 주가지수선물을 매수하자. S&P 500 지수는 미국의 500대 상장 기업을 포함한 여러 업종을 골고루 취급하고 인지도도 높다. 이 500대 기업에는 주로 애플, MS, 페이스북, 아마존, 존슨앤존슨과 같은 대기업들이 포함된다. 이 기업들은 미국 경제를 대표할 뿐만 아니라 세계 경제의 축소판이라고 해도 과언이 아니다. 따라서 투자 리스크를 분산시키는 효과가 있다. 중국에도 달러인덱스를 추적하는 주가지수선물이 있으므로 직접 매수가 가능하다. 이때 수수료율, 특히 매수 및 환매 수수료를 잘 확인해야 한다. 해외여행, 유학, 해외 직구 등 해외 소비가 많은 사람들은 해외 증권사를 통해 달러를 환전하는 것도 고려해 보도록 하자. 이렇게 하면 위안화 환율 변동 리스크를 분산할 수 있어 자산 관리에 도움이 될 수 있다.

주식 매매의 '낄끼빠빠' 포인트

효과적인 자산 포트폴리오를 완성했다면 이제 남은 것은 하나다. 바로 정확한 매수, 매도 시기를 포착하는 것이다. 그래야 수익을 낼 수 있다. 이 시기를 모른다면 아무리 잘 짜여진 포트폴리오가 있다 하더라도 손실을 볼 확률이 크다.

대부분 주식은 '무릎에서 사서 어깨에서 팔아야 한다'고 알려져 있는데 현실에서는 정반대의 상황이 훨씬 많다. 대부분의 개미 투자자들은 어깨에서 사서 무릎에서 판다.

주식시장이 상승세를 타기 시작하면 기관 투자가들은 주식을 대량으로 매도하여 큰 수익을 남긴다. 이때 우리 개미 투자자들은 뒤늦게 증시가 호황인 줄 알고 용감하게 주식을 대량으로 매수하는 전형적인 '호갱님'이 된다. 주가가 한 30% 정도 하락하기 시작하면 자신의 피 같은 돈이 증발하는 것을 보지 못하고 주식을 싸게 매각한다. 이때 관련 기관 투자가들은 다시 '우리 호갱님'들의 주식을 대량으로 매수한다. 개미 투자자들은 이렇게 원금을 회수하고 돈을 벌 수 있는 기회를 놓치게 된 것이다.

이러한 심리는 재미있는 상황을 연출한다. 사실 많은 펀드는 수익률이 높은 편인데도 일반 개미 투자자들은 오히려 손해를 보는 경우가 많다. 이는 투자자들이 눈앞의 이익에만 급급해 '반짝' 상승세를 타는 펀드에 꽂혀 비싼 가격에 매수하고 조금이라도 손해를 보는 것 같으면 바로 매도하기 때문이다. 이러한 상황이 반복되면 당연히 손실을 볼 수밖에 없다. 돈 벌 기회를 놓치는 것은 두말하면 잔

소리다.

그렇다면 정확한 매수, 매도 시점은 언제일까?

50% 싸게 펀드하는 법

아직 '분산, 분산, 또 분산'의 원칙을 기억하고 있는가? 사실 이 원칙은 '시간'이나 '시점'에도 적용 가능하다. 우리는 앞으로 어떠한 일이 일어날지 예측할 수 없다. 이는 주식시장도 마찬가지다. 그렇기 때문에 우리에게 가장 유리한 주식 매수 방법은 장기적으로 고정 투자 시점을 정하는 것이다. 분기마다 달을 정해 정해 둔 금액으로 같은 펀드를 구매함으로써 매수 금액의 평균 단가를 낮춰야 한다.

매월 1,000위안만큼 펀드를 산다고 가정해 보자. 첫 달에는 한 좌당 50위안이었고 두 번째 달에는 한 좌당 10위안이었다. 그렇다면 이 주식의 평균 가격은 얼마일까?

대다수가 별생각 없이 30위안이라고 말하겠지만 사실은 그렇지 않다. 첫 달에는 총 20좌를 매수했고 두 번째 달에는 총 100좌를 매수했다. 간단히 말하면 2,000위안으로 총 120좌를 매수한 셈이다. 따라서 한 좌당 가격은 16.7위안이기 때문에 우리가 단순하게 생각했던 30위안보다 거의 절반 정도밖에 되지 않는다.

어째서 이런 상황이 나타났을까? 왜냐하면, 고정 금액으로 투자를 했기 때문이다. 펀드라 비쌀 때는 적게 살 수 있고 싸면 많이 살 수 있기 때문에 투자 자본이 낮아지는 것이다.

워라밸 시대의 인생 디자인

정기적인 고정 투자 방식의 강점을 최대한 활용하려면 펀드 가격이 높든 낮든 정기적으로 꾸준히 매수해야 한다. 가장 좋은 방법은 자동으로 투자하게 만들어 스스로 판단하여 잘못된 영향을 주지 못하게 하는 것이다.

투자 고수의 자산 관리 비결

오래 묵은 장맛이 좋은 것처럼 주식도 오래 가지고 있으면 언젠가 오른다는 말이 있다. 그래서 많은 사람이 장기 보유주에 대해 한 번쯤은 들어 봤을 것이다. 가령 인덱스펀드를 샀다면 10~20년, 심지어 더 오랜 시간이 지나도 등락에 연연하지 않고 계속 가지고 있는 것이다. 물론 이론적으로는 맞는 말이지만 현실적으로 보면 대다수의 개인 투자자에게는 진득하게 10년이나 기다릴 인내심이 없다. 그리고 원래 주식시장은 주기와 변동이 빈번하게 발행한다. 이렇게 간단하고 수동적인 자산 관리 방법은 오히려 많은 기회를 놓칠 수 있다. 2007년 중국 증시는 6,000포인트 최고점을 찍은 뒤에는 한 번도 그 당시 수준을 회복하지 못하고 있다. 만약 그때 가지고 있던 주식을 팔지 못했다면 안타깝지만, 지난 10년간 복리는 제 역할을 못하고 허송세월을 보낸 것이다.

다음은 레이 달리오Ray Dalio, 칼 아이칸Carl Icahn, 데이비드 스웬슨David Swensen 같은 투자계의 레전드들이 사용했고, 우리도 쉽게 배울 수 있는 자산 관리 기술에 대해서 이야기해 보겠다. 이 기술과 장기 보유주 이론을 접목시키면 주식시장의 장기적인 성장을 이해할 수 있다. 또 중·단기 변동성을 이용해 수익을 극대화할 수 있다. 이 기술을 우리는 '리밸런싱 rebalancing'이라고 부른다.

리밸런싱의 기본 개념은 이렇다. 정기적으로 균등하게 자산을 배분하고 오른 자산은 팔고 떨어진 자산은 사서 초반의 자산 비중을 유지하는 것이다. 추상적인 개념이기 때문에 다음 예시를 보자.

자산 가치가 2,000위안인 동일한 가격의 다른 펀드를 가지고 있다고 가정해 보자.

- A펀드 50%: 10위안×100좌 = 1,000위안
- B펀드 50%: 10위안×100좌 = 1,000위안

1년 후 A펀드는 20위안으로 올랐고 B펀드는 5위안으로 떨어졌다. 이때 자산 가치는 2,500위안으로 상승한다.

- A펀드 80%: 20위안×100좌 = 2,000위안
- B펀드 20%: 5위안×100좌 = 500위안

여기에서 처음 상황으로 돌아가기 위해, 다시 말해 자산을 리밸런싱한다면 약 750위안의 A펀드를 팔고 약 750위안의 B펀드를 사면 된다. 이렇게 하면 자산은 원래대로 50대50의 비율로 돌아간다.

- A펀드 50%: 20위안×62좌 = 1,240위안
- B펀드 50%: 5위안×252좌 = 1,260위안

워라밸 시대의 인생 디자인

이 방법을 듣는다면 모두들 단번에 바보 같은 짓이라 욕할 수도 있다. 부인은 하지 않겠다. 실제로 이는 상식을 뛰어넘는 방법이다. 사람들이 이 방법을 상식이라 여겼다면 80% 이상의 개인 투자자들이 손해를 보는 상황은 발생하지 않았을 것이다. 리밸런싱의 가장 큰 장점은 정확한 매수와 매도 시점을 생각할 수 있는 시간을 준다는 것이다. 전문 투자자의 관점으로 적당한 투자금을 통해 이익을 얻고 리스크를 낮추며, 또한 매수 평균 단가도 낮출 수 있다.

리밸런싱의 시간은 정해진 것이 없다. 자신의 스타일이 곧 기준이 된다. 1년 이상의 장기 투자를 선호하는 사람은 주가가 오를 때까지 충분히 기다리면 된다. 반대로 단타로 수익을 내고 싶은 사람들은 6개월 이하로 기한을 정해 두면 된다. 개인적으로는 1년 정도의 시간이 필요하다고 생각했고, 내가 정한 시간 동안은 상승주는 더 상승세를 타도록, 하락주는 더 하락세를 타도록 내버려 두었다. 중국에서는 1년 안에 환매하면 많은 수수료를 내야 하는 펀드가 대부분이다. 우리는 불필요하게 수수료를 내는 일이 없어야 한다.

미국의 펀드는 수수료가 없다. 그러나 자본소득세는 있다. 그래서 재균형 기간을 보통 1년 이상으로 정한다. 그래야만 높은 단기자본소득세를 납부하지 않을 수 있다. 사실 장기 보유주는 자본소득세와 관련이 있어 중국보다 미국에서 더 인기가 높다. 특히 자본력이 있는 개인 투자자는 주식이나 펀드를 매수한 후에 최대 몇십 년간 그대로 내버려 둔다. 이렇게 해서 자본소득세 납부를 피해 간다. 수익에서 자본소득세 비율이 크다 보니 미국인들은 401k, IRA개인퇴

직계좌 , HAS건강저축계좌 등 세금 혜택을 주는 연금의 한도를 최대한으로 만든다. 법이 허용하는 범위 내에서 최선의 방법을 이용해 부를 축적하는 것이다.

예술적인 어셋 얼로케이션(Asset Allocation, 자산 분배)

주먹구구식 투자는 NO! 경제 공부 YES!

한번은 친구가 자신이 알아본 상품에 투자해야 할지 말아야 할지 고민 상담을 해왔다. 나는 투자 상품에 대해 전혀 몰랐기 때문에 딱 한 가지만 물었다.

"투자를 한다면 네가 가지고 있는 전체 자산 포트폴리오의 자산 분배가 안정적이니?"

전문 투자자인 그녀는 내 뜻을 단박에 알아차리고는 투자하지 않았다. 그 투자 상품은 충분히 유혹적이었지만 당시 친구가 가지고 있던 다른 상품과 거의 비슷했고, 만약에 투자하게 된다면 총자산에서 차지하는 비율도 높았다. 따라서 억지로 끼워 맞추는 퍼즐 같은 상품이었을 뿐이다. 만일 친구의 경제 상황에 변동이 생긴다면 지금껏 맞춰 놓은 퍼즐까지 흐트러지게 만드는 그런 상품 말이다.

해리 마코위츠Harry Markowitz는 자산 분배를 오케스트라에 비유했다. 즉 단순하게 투자 상품 하나의 리스크나 수익률만 따질 것이 아니라 자신의 전체 자산 포트폴리오의 상황을 살펴봐야 한다는 말이다.

워라밸 시대의 인생 디자인

자산은 저마다 특징이 있기 때문에 가장 적절한 상황에 맞춰야 한다. 우리는 살면서 경제적으로 수많은 변수에 맞닥뜨리는데 그렇다고 이를 일일이 예상할 수는 없다. 어쩌면 하루아침에 모든 것이 뒤바뀌어 버릴 수도 있다. 그 때문에 많은 재테크 전문가나 투자자들이 '분산, 분산, 또 분산'을 재차 강조하는 것이다. 모든 달걀을 한 바구니에 담으면 위험한 것처럼 자산 수익도 항상 극대화할 수 없다. 이 점을 항상 명심해야 투자할 때 일희일비하지 않을 수 있다. 모든 자산은 하루아침에 휴짓조각이 될 수 있다. 분산 투자의 중요성을 깨닫고 실행하면 스스로가 참으로 대견하다고 생각될 것이다.

내게 맞는 분산 투자

자산을 분배할 때는 경제적 환경을 고려할 뿐만 아니라 자신이 감당할 수 있는 리스크도 생각해 봐야 한다. 주식 같은 자산 유형은 '고위험, 고수익'에 속하고 재테크, 은행예금, 머니마켓펀드MMF 등은 '저위험, 저수익'에 속한다. 여기서 우리는 고위험, 저위험, 고수익, 저수익이란 개념을 확실하게 짚고 넘어가야 한다.

간단하게 말하면 고위험은 단기간에 큰 변동이 나타나는 것이고, 저위험은 단기간에 적은 변동이 나타나는 것이다. 고수익은 비교적 높은 장기 기대 수익을 말하며 저수익은 비교적 낮은 장기 기대 수익을 뜻한다. 일반적으로 고수익에는 고위험이 따르고, 저수익에는 저위험이 따른다. 고수익과 저위험을 동시에 충족하는 금융 자산은 존재하지 않는다.

위험은 단기 변동으로 측정되며, 수익은 장기 기대 수익으로 측정된다. 이 점이 매우 중요하다. 왜냐하면, 급전이 필요한 단기 투자자에게는 단기간에 나타나는 큰 변동이 주는 영향력이 매우 크기 때문이다. 오늘이 2015년 주가 폭락 사태 발생 하루 전날 밤이라 가정해 보자. 수중에 가진 돈은 전부 주식에 투자한 상태이고 당신은 현재 퇴직을 준비 중이다. 그런데 당신은 장기 투자자로 단기간 내에 큰 돈이 필요하지 않다. 그렇다면 단기 변동이 주는 영향은 그리 크지 않을 것이다. 당신은 하락세인 자산을 10년이든 20년이든 오를 때까지 내버려 둘 수 있기 때문이다. 이런 유형의 사람들이 더 중시하는 건 장기적인 고수익이다. 이 원칙은 주로 인덱스펀드에 적용한다. 주식이나 지분 투자 같은 자산은 일단 기업이 도산하면 본전을 회수할 수 있는 여지가 없다.

젊은 사람들은 리스크를 견딜 수 있는 능력이 강한 편에 속한다. 만일 투자에 실패해도 일하며 받은 월급으로 손실을 만회할 수 있다. 또 이들은 이런 고정 수입이 있어 생계를 유지하기 위해 원금을 건들지 않아도 된다. 그래서 많은 재테크 전문가는 젊을수록 리스크가 높지만 고수익 창출이 가능한 주식 같은 자산에 투자하라고 권한다. 지난 100년간 미국에서 가장 수익률이 높은 자산은 주식이었다. S&P500의 장기 수익률은 약 10%에 달한다. 중국은 아직 장기 수익률 같은 개념이 없고 채권 등 고정 수익형 자산의 수익률도 약 5%나 된다. 60%의 주식과 40%의 고정 수익형 상품을 가진 청년층은 8%대의 장기 예상 수익을 얻을 수 있다.

노년층은 이와 정반대이다. 투자에 실패하면 원금을 회수할 가능

워라밸 시대의 인생 디자인

성이 거의 제로에 가깝다. 일단 더 이상 월급 같은 고정 수입이 없고 오히려 원금으로 노후 생활을 이어 나가야 한다. 이러한 상황에서 노년층의 자산은 빠르게 소진되고 원래 30년을 살아갈 수 있는 자금으로 5~10년 정도 버틸 수 있다. 그래서 장년층의 재테크는 안전이 제일이다. 고위험 유형의 자산을 줄이거나 과감하게 포기하고 저위험 유형의 자산을 대폭 늘려서 원금 보장을 최우선으로 삼아야 한다. 현재와 같은 상황에서 노년층에게 가장 안전한 자산 비율은 고정 수익 상품 80%와 주식 20%를 가지고 있어 6%대의 장기 예상 수익을 얻는 것이다.

연령 말고도 개인적인 리스크 감당 능력도 모두 다르다. 내 친구 중 한 명은 부동산, 주식은 물론이고 재테크 상품도 믿지 않았다. 모든 자산을 은행 정기예금으로 묶어 두어야 안심하는 유형이었다. 그런데 아이러니하게도 창업은 신뢰했다. 그래서 모아둔 돈으로 창업을 했다. 이 친구는 자신의 경험과 인맥으로 창업 리스크를 충분히 견딜 수 있었다. 이것은 그 친구만이 가질 수 있는 독특한 리스크 감당 능력이다.

인생의 기회, 리스크 감당 능력 및 선호도는 사람마다 다르다. 그래서 누구도 함부로 돈을 어떻게 굴리라고 알려줄 수 없다. 이건 오로지 스스로만 할 수 있다. 그러므로 각종 자산의 특징을 파악하고 자산 분배 방법을 공부하여 최적의 자산 분배법을 만들어야 한다. 이를 통해 합리적인 장기 수익을 달성해야 한다. 그래야 두 발 뻗고 편히 잠들 수 있을 것이다. 이것이 가장 이상적인 결과물이라는 점을 잊지 말자.

폰지 사기Ponzi scheme,
한 번은 겪게 될 상처

몇 년 전에 상하이에서 휴가를 보내고 있을 때, 쇼핑센터에서 P2P 회사의 홍보 전단지를 받은 적이 있다. P2P는 당시에 막 붐이 일기 시작할 때였는데, 나도 처음으로 들었던 터라 너무 궁금해서 전단지에 적힌 회사로 전화를 걸었다.

상담원은 내게 열정적으로 설명했다.

"저희는 신용이 매우 높은 회사로 CCTV중국의 관영매체 등 많은 매체가 광고하고 협찬해 주고 있어요. 창립자는 A은행의 리스크 관리 전문가 출신이라 자산 리스크를 매우 중시하는 편이고, 고문직 또한 많이 맡고 있습니다. 저희 회사는 창립 이래 한 번도 고객님 자산에 손실을 끼친 적이 없습니다. 저희는 은행에 1,000만 위안의 보증금을 예치해 두고 만일의 사태에 대비하고 있어요. 만약 회사에 부채가 생기면 일단 이 보증금으로 대신 지급할 겁니다. 보증금의 잔액은 실시간으로 조회도 가능해요. 때마침 1주년 이벤트가 진행되고 있는데 정말 좋은 타이밍에 연락 주셨네요. 저희는 신규 및 기존 고객의 성원에 보답하기 위해서 디지털 제품 등 다양한 선물을 드리고 있습니다. 기존 고객님들 중 많은 분이 이번 기회에 추가로 더

워라밸 시대의 인생 디자인

투자하셨어요. 방금 전에도 수백만 위안에 달하는 계약을 몇 건 체결했어요."

마지막으로 상담원은 자신들은 원래 의약품을 판매하던 회사였는데 지금은 P2P까지 범위를 넓혔다고 했다. 그는 P2P가 미래의 유망 산업이 될 것이며 자사 창업자의 신용을 믿는다고 덧붙였다.

솔직히 말하면 당시 상담원의 말은 나의 열정을 끓어오르게 만들었다. 하지만 내가 알고 있는 금융 상식에 의하면 꺼림직한 부분이 꽤 있었다.

첫째, 리스크 관리 전문가 출신의 창업자가 의심스러웠다. 나는 바로 인터넷에서 이 회사의 창업자를 검색해 봤다. 은행에서 고작 4년 일한 경험이 다인 30대 초반의 사람이 전문가라고? 내가 은행에 다닐 때 경험한 바로는 은행에서 20년 이상 일한 베테랑들이야말로 진정한 리스크 관리 전문가라고 얘기할 수 있었다.

둘째, 신용이 좋다는 점도 미심쩍었다. CCTV에서 광고했다는 등 대부분 출처가 불분명한 홍보 루트들은 이 회사가 홍보에 얼마나 막대한 비용을 들이고 있는지 잘 보여 준다. 하지만 결코 자사의 신용을 증명할 수 없다.

셋째, 가장 중요한 건 내가 이 새로운 비즈니스 모델을 잘 모른다는 점이다. 이 회사는 분명히 내가 소액을 투자하면 대출금리는 25%, 예금금리는 15%, 중간 마진율은 10%라고 했다. 가지고 있는 모든 돈을 대출해 줘도 부채는 발생하지 않으며 1년에 적어도 수천만 위안의 이윤을 남길 수 있다고 했다. 하지만 이와 관련된 대출 정보를 아무리 찾아봐도 찾을 수 없었다. 이는 즉, 이 회사는 리스크 투자 같은 외부의 자금으로 지원을 확대할 수 없다는 말이다. 그렇다면 이윤만으로 CCTV 황금시간대에 광고를 내보내고 고객에게 선물을 준다고? 심지어 중국 대도시 내에 지점만 50개를 가지고 있고 이렇게 많은 상담원이 A부터 Z까지 친절한 상담 서비스를 제공할 수 있다고? 내 상식으론 도저히 이해가 되지 않았다.

그래서 투자하지 않았다. 그리고 얼마의 시간이 흐른 후 이 회사는 흔적도 없이 사라졌다.

소위 폰지 사기는 돌려막기와 같다. 이들은 실질적인 수익 모델이 없다. 신규 고객의 돈으로 기존 고객에게 이자와 단기 수익을 돌려주어 실질적으로 수익이 나는 것처럼 속인다. 이런 방식으로 더 많은 고객을 유치해 결국엔 돈을 가지고 튄다. 이러한 사기극은 펀드, P2P, 보험, 다단계 등 많은 비즈니스 모델에서 나타난다. 최근 중국 내에서도 창궐하고 있다.

폰지 사기는 사기 범죄로 피해자와 피해 금액이 상당하다. 이를 판별하기 위해서는 몇 가지 특징을 파악할 필요가 있다.

첫째, 매력적인 수익을 보장한다. 시장에 존재하는 비슷한 유형의 상품과는 달리 이상하리만큼 리스크가 낮다. 그뿐만 아니라 원금과 이자가 보장이 된다고 말한다. 특히 '우리 회사에 투자한 사람들은 한 번도 손해를 본 적이 없다', '매년 시세에 맞는 수익을 보장하고 10%의 수익을 추가로 되돌려주겠다' 등의 사탕발림 말을 꼭 덧붙인다. 2008년 전 세계를 놀라게 한 금융 사기의 주범 버나드 매도프

워라밸 시대의 인생 디자인

Bernard Madoff 전 나스닥증권거래소 위원장은 매년 10%의 수익을 약속하며 투자자들을 꼬여내 500억 달러를 가로챘다.

앞으로 누군가가 고수익, 저위험 상품을 추천한다면 만일의 사태가 발생할 경우 책임자가 누구인지 꼭 물어봐야 한다.

둘째, 사업 규모 확장에 대한 관심이 과도하게 많다. 폰지 사기는 많은 신규 고객의 돈으로 기존 고객에게 이자와 원금을 돌려주거나 높은 지출을 충당해야 한다. 사람들의 신뢰를 얻으려면 한동안 일정한 수익을 돌려줘야 하기 때문에 폰지 사기 기업은 계속해서 많은 신규 고객을 유치해야 한다. 벤처금융, 주식투자 등 외부 대출이 없는 상황에도 불구하고 회사의 규모와 맞지 않는 매출과 지출을 가지고 있는 회사가 가장 흔하게 볼 수 있는 사례이다. 일부 회사는 매우 높은 수익률로 기존 고객이 새로운 고객을 끌어들이게 만든다. 이때 반드시 도대체 어디서 돈이 나와 규모를 늘려가는지 곰곰이 생각해 봐야 한다.

물론 반대의 상황도 있다. 진입 장벽을 일부러 높여 투자자를 끌어모은다. 희대의 사기꾼 매도프의 경우 고객을 매우 깐깐하게 걸렀다. 초대받은 투자자만 그의 고객이 될 수 있었고, 정해진 최소 투자금도 있었다. 초창기에는 100만 달러였던 최소 투자금이 후에는 1,000만 달러까지 뛰어올랐다. 이러한 방법은 오히려 부자들을 자극했고 매도프에게 자산 관리를 받아야 자신들의 위치를 증명할 수 있다고 여겨 쉽게 돈을 그의 손에 넘겨주었다.

셋째, 비즈니스 모델의 변경이 불가능하다. 폰지 사기는 실제 비즈니스가 아니기 때문에 돈을 버는 방식을 영원히 바꾸지 못한다. 예를 들어 일부 P2P 기업이 미친 듯이 투자금을 흡수해도 돈을 내보낼 루트가 없다. 일부 다단계 회사는 온라인에서만 판을 치며 오프라인에서 그들의 상품을 실제로 구매하는 사람들을 보기 어렵다. 이러한 패턴의 비즈니스 모델은 조금만 자세히 관찰하면 문제가 많다는 것을 발견할 수 있다.

이에 비해 매도프의 사기 수법은 엄청 교묘하고 치밀하다. 그는 수십년 동안 돈을 잃어본 적이 없고 금융시장의 주기와 위기의 영향을 받지 않았다. 또한, 자신의 투자 전략을 사람들 앞에서 설명한 적이 없어 일반인들은 그의 비밀스런 수법에서 문제를 찾아내기 어려웠다. 하지만 1991년 매도프가 사기꾼이라고 주장하는 사람이 등장했다. 그는 매도프의 오랜 친구가 회계 감사를 대신 봐줬고, 매도프가 제출한 많은 거래 기록도 실제 증권소에 기록된 것과 일치하지 않는다는 점을 발견했다. 과연, 꼬리가 길면 언젠가 잡힌다는 말은 사실임이 틀림없다.

이 세상에서 거저 주어지는 것은 없다. 이 말을 늘 명심하라. 언젠가 고수익, 저위험의 투자 상품을 소개받게 되면 위의 세 가지 특징과 잘 비교해 보자. 사기라면 곧 그 추악한 면모가 드러나게 될 것이다. 만약 확신이 서지 않는다면 나는 투자하지 말라고 권하고 싶다. 피땀 흘려 모은 돈으로 모험할 필요가 없기 때문이다. 어쩌면 진짜로 일확천금의 기회를 놓치게 될 수도 있으나 이러한 상황은 대부분이 사기이다. 금융 사기범들은 주로 여웃돈은 있으나 금융 상식이 없는 퇴직한 노인을 공략한다. 그러므로 폰지 사기와 관련한 내용들을 부모님께 알려드려 사기 피해를 막아야 한다.

건강 관리:
어제보다 건강하고 아름다운 오늘

들어가며…

건강을 유지하는 비결은 어렵지 않다. 자신의 신체 리듬을 파악하고 좋은 생활 습관을 기른다면 어제보다 더 아름답고 건강한 오늘을 살아갈 수 있다.

만약 인생의 수레바퀴에서 건강 섹션을 따로 만든다면 정신은 건강 바퀴 전체를 굴러가게 하는 중심축이 된다. 여기에 수면, 영양, 운동의 질이 높다면 건강 바퀴는 쉬지 않고 돌아가며 활력 넘치는 생명력을 발산해 낼 것이다.

- 생기 있는 인생의 수레바퀴를 가지고 있다면 정신적으로 행복한 삶은 자연스럽게 따라온다.
- 좋은 수면은 신체의 각종 기능, 기억력, 감정을 곧바로 회복시켜 주며 밝은 모습으로 새로운 매일을 맞이할 수 있게 한다.
- 영양은 먹는 것보다는 체내 흡수가 중요하다. 장이 건강하면 체내에 영양을 충분히 공급하고 독소를 배출해 주기 때문에 면역력을 기를 수 있다.
- 음식 섭취를 주의해야 한다. 건강한 장의 기능을 십분 발휘하여 영양을 흡수해야 한다.
- 활력을 보충하기 위해선 건강이 답이다. 자신에게 맞는 운동을 찾아라. 운동을 통해 최대의 심장박동수를 유지해야 심폐기능이 좋아지며 전체 에너지도 올라갈 수 있다.

건강해지는 법

20대 때 나는 건강 관리를 전혀 하지 않았다. 야근은 기본이고 주말이면 새벽까지 친구들과 파티를 즐겼다. 내 삶에 식이 조절과 운동은 존재하지 않았다. 좋아하는 음식만 보면 배가 터지게 먹었고 운동은 고작해야 1년에 두어 번 헬스장에 가는 것으로 만족했다. 비록 20분 만에 돌아오긴 했지만……

이러한 라이프스타일이 잘못되었다는 생각은 꿈에도 못 했다. 오히려 스스로 건강하다고 자부했다. 흡연자도 아니고 애주가도 아니며 편식도 하지 않았으니 이러한 생각이 드는 건 당연했다. 일에 시달려 피곤하다 느껴지면 주말에 휴식을 취하며 체력을 보충하면 괜찮았다. 주변의 친구들도 거의 나와 비슷한 상태였으니 뭔가 잘못되었다는 생각은 전혀 들지 않았다. 20대에는 몸이 건강했고 거의 아프지도 않았다. 연일 계속되는 야근에 피곤하긴 했지만 주말의 늦잠으로 충분히 커버할 수 있었다. 그래서 건강을 챙겨야 할 필요성 따윈 전혀 느끼지 못했다.

하지만 나이의 앞자리가 바뀌니 상황은 100% 달라졌다. 30대가 되자 '건강이 최고의 자산이다'라는 우스갯소리가 피부로 와 닿기 시작했고 나이만 믿고 설치던 내 지난 모습에 후회가 물밀 듯이 밀려왔다.

- 체질: '병약미'라곤 찾아 볼 수 없었는데 이제는 《홍루몽》의 임대옥처럼 잠깐 찬바람을 쐬거나 조금만 피곤하면 감기에 걸린다. 심지어 조금만 아파도 몸져눕거나 몇 주는 골골거린다.
- 수면: 어려서부터 잠을 깊게 자지는 못했지만 중간에 깨지 않고 밤새 잘 자는 편이었다. 하지만 이제는 불면증에 시달린다. 매일 밤 2~4시간 정도밖에 못 잔다. 수면 유도제의 일종인 멜라토닌을 많이 먹어도 별 효과가 없다. 잠이 부족하다 보니 온종일 기운이 없고 집중하기가 힘들다. 오랫동안 불면에 시달리다 보니 컨퍼런스 콜 도중에 상대편에서 큰소리가 났는데도 꾸벅꾸벅 조는 지경에 이르렀다. 고개를 떨구다 깜짝 놀라 깨어나니 동료가 믿을 수 없다는 눈으로 나를 바라보고 있었다. 쥐구멍에 숨고 싶은 심정이었다.
- 피부: 원래 나는 여드름 피부 타입이었다. 어렸을 때는 사춘기 호르몬 문제이니 나이가 들면 자연스레 좋아질 거라고 단순하게 생각했다. 하지만 이제는 사춘기 소녀도 아닌데 여전히 여드름이 나고, 오히려 점점 심해져 얼굴에 곪은 여드름이 가득하다. 매주 비싼 돈을 주고 피부관리실에서 관리받는 데도 별 소용이 없다. 게다가 하필이면 점점 민감성 피부 타입으로 변해 조금이라도 자극을 받으면 트러블이 일어난다. 햇빛에 오래 노출되거나 장시간 화장을 하고 있으면 여드름이 난다. 수영을 하

워라밸 시대의 인생 디자인

거나 심지어 오랜 시간 컴퓨터 앞에 앉아서 일만 해도 여드름이 올라온다.

그제서야 문제의 심각성을 알게 되었다. 아직 한창 젊고 예쁜 30대인데 몸은 노년을 향해 달려가고 있으니 그대로 두고만 볼 수 없었다. 나는 건강해지기로 결심했다. 근본적으로 체력을 길러 건강한 나를 되찾아 활기 넘치는 삶을 살아가야겠다는 목표를 세웠다.

그 후 몇 년 동안 나는 모든 최선을 다해 건강해지는 방법을 연구했다.

- 방법 찾기: 나는 유럽과 미국 건강 전문가들의 책을 읽고 각종 강의를 들었으며, 영양학 자격증도 취득했다. 이 과정을 통해 많은 건강 관련 지식을 쌓았고 실제로 일어나는 신체적 반응을 살펴보았다. 이를 통해 나에게 가장 효과적인 방법을 찾아 노하우를 만들었다.
- 가지치기: 내 주변에는 신뢰할 수 있는 건강의 달인들이 많다. 요가 선생님, 헬스 트레이너, 피부관리사, 심리치료사, 마사지 관리사 등 매우 다양하다. 이들은 내가 꿈꾸는 건강 상태를 가지고 있다. 물론 엄청난 노력을 해서 얻은 결과라는 점은 나도 잘 알고 있다. 그래서 그들과 내 현재 건강 상태와 해결 방법에 대해 이야기를 나누고 노하우도 전수받았다. 그뿐만 아니라 해결 방법의 장단점에 대해서도 논의하며 필요한 부분만 골라 적용해

보았다.

- 전문가와 함께: 나는 유명한 영양학 전문가로부터 나에게 맞는 식단을 받았다. 수년간 축적해 왔지만 몸에 불필요한 영양소는 배출하고 건강한 영양소를 보충했다.
- 중의학의 도움: 절친한 친구가 추천해 준 중의학 박사님을 찾아가 침을 맞고 추나요법을 받아 최고의 건강 상태를 유지했다. 양의학의 건강 관리법도 연구하여 양의학과 중의학의 장점을 결합해 치료에 적용해 달라고 부탁했다.

끊임없이 노력하고 실천한 결과 나는 효율적이고 실용적이며 간단한 건강 관리법을 만들게 되었다. 이 관리법은 익숙해져 매일 실천하고 있다. 드디어 나만의 올바른 건강 관리법을 찾은 것이다. 이제 병약했던 나는 없다. 더 이상 골골거리지 않고 환절기에도 거뜬하며 에너지도 넘쳐난다. 매주 80시간을 일하지만 항상 생기가 넘친다. 불면증도 사라져 하루를 상쾌하게 시작할 수 있다. 피부도 좋아졌다. 한번은 생방송을 하는데 방청객으로부터 피부가 좋다는 칭찬을 들었다. 한때 건강을 잃었던 나는 이제 그 중요성을 잘 알고 있다. 건강을 다시 찾은 만큼 항상 조심한다. 왜냐고? 소중한 것을 잃는 바보 같은 짓을 두 번 다시 반복하고 싶지 않기 때문이다. 이제 그 비결을 여러분들과 나누고 싶다.

워라밸 시대의 인생 디자인

당신을 잠 못 이루게
만드는 네 가지

수면 전문가 커크 파슬리Kirk parsley 박사는 불면증에 오래도록 시달린 사람들은 면역력 저하, 호르몬 불균형, 비만, 피로 누적, 판단력 및 기억력 저하, 정서불안, 노화 가속화 등 건강상의 문제가 발생한다고 지적했다. 꽤 오랫동안 불면증에 시달렸던 나도 비슷한 증상이 나타났었다. 숙면은 건강의 핵심이다. 숙면을 하는 사람들은 일이 많고 스트레스를 받아도 잠을 통해 원기를 회복한다. 그렇기 때문에 다음 날 다시 밝은 모습으로 일할 수 있는 것이다. 하지만 불면에 시달리는 사람들은 아무리 체력이 좋아도 모아둔 에너지를 끊임없이 소모하기 때문에 결국 건강에 적신호가 들어온다. 과거의 나처럼 일을 하거나 놀기 위해 잠을 포기하는 사람들은 건강, 아니 심지어 생명을 담보로 살아가고 있다는 사실을 명심하라.

나는 잠과의 오랜 싸움 끝에 숙면을 취하는 방법을 알아냈다. 나만의 방법을 통해서 지금은 동이 틀 때까지 숙면을 취할 수 있게 되었다. 매일 아침 상쾌하게 일어나 새로운 하루를 맞이한다. 이제 나만의 비법을 공개하겠다.

안락한 집

살면서 자주 이사를 다녔던 나는 점차 수면의 질과 집의 상관관계를 분석하게 되었다.

어렸을 때 시끄러운 동네에서 살았다. 새벽 5시만 되면 원치 않아도 밖에서 들려오는 쓰레기 수거 차량과 부지런한 이웃들의 요란한 소리를 들어야만 했다. 그때마다 나는 머리를 이불 속에 파묻고 다시 잠을 청하기 위해 노력했지만 소용이 없었다. 결국 맞춰 놓은 알람이 울리면 침대에서 밍기적거리다 간신히 일어났다.

고등학생 때부터는 기숙사에 살았다. 대여섯 명이 한방을 썼는데 서로 사이가 정말 좋았다. 그러다 보니 매일 수다를 떠느라 늦게 잠자리에 드는 것이 일상이 되었다. 특히 나는 작은 소리에도 민감하게 반응해 새벽녘에 수다가 끝이 나야 겨우 잠들었다.

대학 졸업 후 남아프리카의 요하네스버그에서 일을 하게 되었다. 당시 내가 살던 레지던스는 조용하고 넓었으며 경관도 좋았다. 나는 마침내 아무런 방해를 받지 않고 8시간을 내리 잘 수 있었다. 내 인생의 불면증은 없을 것이라 생각했다. 하지만 행복도 잠시였다. 아프리카를 떠나 싱가포르에 정착하자 다시 불면증이 찾아왔다. 싱가포르에서 살던 오피스텔은 도심 한가운데 있어 교통은 편했지만 복잡하고 시끄러웠다. 싱가포르에서 지낸 2년 동안 나는 늘 2~4시간 정도밖에 자지 못했다. 건강은 점차 나빠졌다. 체중이 불어나고 멍 때리는 시간이 늘어났다. 가장 심각한 건 피부였는데 매일 약을 먹고 마사지를 받아도 손을 쓸 수 없을 정도로 여드름이 심하게 올

워라밸 시대의 인생 디자인

라왔다. 한번은 부모님이 오셨는데 넓고 호화스러운 오피스텔 창문 밖으로 끊임없이 이어지는 자동차의 헤드라이트를 보자마자 이렇게 말씀하셨다.

"여기 너무 시끄럽다. 네 건강에 좋지 않겠어."

싱가포르에서 얻은 교훈을 토대로 뉴욕에서 집을 구할 때는 정말 까다롭게 따져보았다. 이번에는 대로변에 위치한 집을 피해 창문을 열면 바로 벽이 보이는 집을 구했다. 조용하기는 했으나 해가 들지 않았고 환기가 잘 안 되어 실내에 산소가 부족했다. 그 때문에 집에 있으면 늘 잠에 취한 것처럼 멍했다.

그 뒤로 샌프란시스코로 거주지를 옮겼다. 몇 년간 불면증에 시달려 본 경험으로 이제는 어떤 집이 건강에 좋은 집인지 알게 되었다. 그리고 나에게 맞는 최적의 집을 구하기로 결심했다. 나의 기준은 다음과 같다. 이 중 단 하나의 항목도 절대 포기할 수 없었다.

- 밤낮 할 것 없이 온종일 조용해야 하고 대로변에 위치해선 안 된다.
- 주거 지역에 위치한 집이 최적이다. 오피스촌, 산업단지, 도심은 번잡해서 안 된다.
- 햇빛은 에너지의 원천이다. 채광이 좋고 해가 잘 들어야 한다.
- 실내 공기가 좋아야 하기 때문에 환기가 잘돼야 한다.
- 경관이 좋아야 한다. 가장 좋은 경관은 마음을 안정시켜 주는 녹색식물이 많이 보이는 곳이다.

• 출퇴근 시간이 각각 45분을 넘어서는 안 된다. 출퇴근 거리는 행복지수와 직접적인 관련이 있다.

내 기준은 비교적 높은 편에 속한다. 특히 미국은 '주거 단지' 혹은 '동네'라는 개념이 없고 대부분이 주택이다. 70%는 대로변에 위치해 있고 25%는 벽과 벽을 맞댄 집이다. 시끄럽지 않고 채광이 좋은 집은 극히 드물었다. 그럼에도 집은 나의 수면과 건강에 너무도 중요하기 때문에 원하는 집을 찾기로 했다.

당시 나는 집을 구하기 위해 두 발이 퉁퉁 부을 정도로 온 동네를 돌아다녔고 거의 50채의 집을 보았다. 이런 노력 끝에 내 기준에 부합하는 최적의 작은 오피스텔을 구할 수 있었다. 지난 몇 년 동안 나는 매일 숙면할 수 있고 현재 건강 상태도 매우 좋다. 이로써 내가 만든 기준이 건강에 유익하다는 사실도 검증됐다.

규칙적이고 충분한 수면 시간

난 원래부터 잠꾸러기였다. 성인이 되어서도 종종 9~10시간을 잤다. 하지만 많이 자고 일어나도 항상 피곤하고 졸린 것이 문제였다. 그래서 수면의 이론과 내 수면의 패턴을 연구하기 시작했다. 분석 끝에 이런 사실을 발견했다. 우선 밤 10시 이전에 잠들면 숙면을 취하고 아침 5~6시 사이에 저절로 눈이 떠지며 온종일 펄펄 날아다닌다는 것이다. 반대로 밤 11시 이후에 잠들면 아침 8시 이후나 되어서야 울리는 알람 때문에 어쩔 수 없이 일어나고, 온종일 병든 닭처럼 피곤해하고 무기력하다는 것이다.

다음 날 몸 상태가 이렇게 다른 이유는 무엇일까? 정리하자면 우리의 수면 패턴은 두 단계로 구분된다. 사실 수면의 단계는 이것보다 복잡하지만 여기서는 간단하게 정리했다. 1단계는 흔히 말하는 숙면으로 황금시간대에 잠드는 것을 말한다. 즉 우리가 가장 깊게 잠드는 시간이자 몸을 회복하기 가장 좋은 시간대이다. 이 시간대에 우리의 몸은 다량의 호르몬을 분비한다. 이때 면역력, 체력, 뼈, 근육이 빠르게 회복되며 소화기관은 영양을 흡수하고 독소를 배출한다. 가장 깊은 잠에 빠지는 시간은 자정부터 새벽 3시까지다. 만약 자정이 되기 전에 깊게 잠이 들면 체력이나 다른 신체 기능을 쉽게 회복할 수 있다. 보통 밤 10시쯤 잠에 든다면 자정 전에는 깊은 잠에 빠지게 된다. 반대로 너무 늦게 자면 깊게 잠들 수 있는 시간대를 놓치기 때문에 몸이 충분히 회복이 되지 않는다. 이런 상황이 지속되면 건강에 적신호가 켜진다.

그 때문에 많은 수면 전문가가 밤 10시쯤 잠자리에 드는 것을 권장한다. 나도 효과를 톡톡히 봤으니 여기에 한 표를 던지겠다. 하지만 사람마다 적정 수면 시간대는 다르니 이튿날 컨디션을 살펴보고 자신에게 가장 맞는 시간을 찾길 바란다.

2단계는 이상異相 수면으로 기억력과 감정이 회복되기 좋은 시간대이다. 이때 우리의 대뇌는 낮보다 더 활발히 움직이기 때문에 자정을 넘어서 꿈을 많이 꾸게 된다. 아무튼 대뇌는 두 가지의 일을 하느라 매우 바쁘다.

이상 수면을 위해서는 첫째, 습득한 지식과 기술을 소화하고 입력시켜 장기 기억으로 만든다. 일반적으로 새로 배운 지식은 시간이 흐르면서 뇌리에 깊게 박힌다. 이는 우리가 잠들었을 때 대뇌가 바쁘게 움직이기 때문이다.

둘째, 부정적인 감정을 긍정적으로 바꾼다. 흔히 '부부는 싸워도 한 이불을 덮고 자야 한다'고 말한다. 부부싸움을 해도 하룻밤 지나고 나면 서로를 향한 날이 섰던 감정은 옅어진다. 심지어 어제 왜 싸웠는지 잘 기억 못 하는 경우도 많다.

오래도록 이상 수면 시간이 부족하다면_{자정 이후 시간대의 수면} 학습 능력은 현저하게 떨어지고 마인드 컨트롤도 쉽지 않을 것이다. 때문에 자주 짜증이 나고 일상생활에서 마주하는 아주 사소한 일에도 감정을 제어하지 못한다. 그래서 잠이 부족한 사람일수록 성격이 좋지 않다.

결론적으로 신체 기능을 회복하려면 초저녁에, 기억력과 감정을 회복하려면 이상 수면 단계인 자정 이후에 깊은 잠을 자야 한다. 가장 좋은 방법은 저녁 10시에 잠자리에 들어 동이 틀 무렵 저절로 눈이 떠지는 것이다. 이 시간대는 숙면을 취할 수 있는 가장 좋은 시간대로 수면 효과가 가장 좋다.

그렇다면 우리는 얼마나 자야 할까?

수면 전문가가 권장하는 성인의 적정 수면 시간은 불면증이 없는 상태에서 7~8시간이다. 아이들은 이보다 조금 더 많이 잔다. 이 시간은 실험을 통해 나온 결과다. 성인 실험 대상자들에게 매일 밤 외부와 차단된 어두컴컴한 방에서 아무것도 않고 14시간을 지내도록 했다. 대부분이 평소 잠이 부족했기 때문에 3~4주 동안은 매일 12시간 이상 수면을 취했다. 하지만 점점 잠을 보충하고 나니 대부분이 7~8시간의 정도 수면만 취하고 저절로 잠에서 깨어났다. 이들은 어두운 방 안에서 딱히 할 일이 없음에도 불구하고 더 이상 잠이 들지 않았다. 이 실험을 통해 우리는 불면증이 없는 사람들이 취해야 할 적정 수면 시간을 알 수 있었다.

많은 자기계발서를 살펴보면 애플의 CEO 팀 쿡 Tim Cook은 새벽 4시 반, 대만 기업인 왕융칭 王永慶은 새벽 4시에 기상했다는 내용이 있다. 이것이 사실인지 아닌지는 잘 모르겠다. 어쩌면 이들은 남들과 다를 수도 있다. 나는 그저 건강하고 행복하게 오래 살자는 게 인생 목표인 평범한 사람일 뿐이다. 그래서 내게 숙면은 매우 중요하다. 만약 당신의 목표가 나와 같다면 매일 적어도 7~8시간은 잠을 자라. 만약 평소에 잠이 부족하다면 적정 수면 시간에서 몇 시간 더 자라. 언제까지? 부족한 잠이 채워질 때까지!

잠들기 전 뇌에게 휴식을

나는 효율을 중시하고 시간을 금으로 여기는 사람이다. 그 때문에 밤 10시에 잠자리에 들기로 결심한 초반에는 9시 반에 하던 일을 마무리하고 컴퓨터 전원을 껐다. 그리고 간단하게 세수와 양치, 피부 관리를 하고 10시 정각에 침대에 누웠다. 모든 동선은 한 치의 오차

없이 정확했다. 그런데 대부분 침대에 누워서 바로 잠 들지 못하고 뒤척거리거나 얼마 자지 못하고 중간에 계속 깼다. 심지어 자기 전에 하던 일이 계속 생각나기도 했다. 수면에 관한 많은 자료를 보고 연구하고 나서야 내가 잠들기 전 30분 동안 해온 일들이 수면의 질을 떨어뜨린다는 것을 발견했다.

우리의 뇌는 기계가 아니기 때문에 전원을 끈다고 바로 모든 것이 일시 정지되지 않는다. 그래서 잠에 들기 전에 천천히 뇌를 이완시켜야 한다. 빠르게 활동하던 뇌가 점차 속도를 늦출 때까지 기다려야 한다. 그런 다음에 우리는 꿈나라로 떠날 수 있다. 뇌의 움직임이 줄어드는 속도는 사람마다 다르다. 나의 뇌는 비교적 쉽게 흥분하기 때문에 평온해지기까지 꽤 긴 시간을 필요로 했다. 그래서 나는 8시 반쯤 일을 끝내고 1시간 반 정도의 휴식 시간을 뇌에게 주었다.

아마 하루가 바쁜 사람들에겐 어려운 요구사항일 것이다. 사실 1시간 반 동안 아무것도 하지 않는 것이나 마찬가지기 때문이다. 이 시간이 낭비라고 생각한다면 당신은 건강보다 일이 우선인 사람일 것이다. 일보다 건강이 우선인 나로서는 이 비결을 찾았을 때 정말 기뻤다. 일한 만큼 휴식을 취하면 내 생활을 되돌아보며 생각에 잠길 수 있다. 그리고 청소, 빨래, 화초 가꾸기, 요가, 명상, 수다, 거품 목욕, 마스크 팩하기, 음악 듣기, 춤추기, 독서 등 이전에는 사치라고 생각했던 일들도 여유롭게 할 수 있다. 이제 잠들기 전 보내는 한 시간 남짓한 시간은 하루 중에서 가장 여유롭고 만족도가 높은 순간이 되었다. 이 시간이 생기면서 나는 기분 좋게 잠에 들게

워라밸 시대의 인생 디자인

되었다.

자기 전에 일을 줄이는 것 외에도 1~2분 정도 짧은 시간을 투자해 온몸의 힘을 빼는 것도 뇌를 평온하게 만드는 데 도움이 된다. 나는 이미 몇 년 전부터 꾸준히 해왔는데 효과가 아주 좋다. 구체적인 방법은 다음과 같다.

우선 고개를 뒤로 젖히고 반듯하게 눕는다. 손은 위로 올렸다가 그대로 자연스럽게 내려 몸 양 옆에 둔다. 다음에는 머리부터 발끝까지 몸 전체의 힘을 뺀다. 그리고 마음속으로는 '뇌, 얼굴, 어깨, 팔, 손에서 차례대로 힘을 빼자'라고 곱씹는다. 이렇게 모든 부위의 긴장했던 근육이 풀어질 때까지 생각한다. 이렇게 몇 번 반복하면 아마 나른하면서 몸이 늘어지는 상태가 되고, 바로 숙면을 취하게 된다.

한밤중에 깨어나 다시 잠에 들지 못할 때도 이 방법을 사용해 보라. 아마 자신도 모르는 사이에 스르륵 다시 잠 들게 될 것이다.

잠들기 전 칼슘 보충

수면과 칼슘도 관련이 있을까? 당연히 있다! 이것은 경험치 최고 단계의 영양사 선생님이 직접 전수해 준 방법이다. 인체의 많은 기능은 칼슘을 포함해 각종 영양소를 필요로 한다. 체내에 칼슘이 불충분하면 영양이 부족해 신경계가 매우 예민해진다. 이렇게 되면 외부로부터 쉽게 자극을 받게 되어 깜짝 놀라는 등 과민반응증이 발생한다. 칼슘은 모든 신체 활동에 도움을 준다. 따라서 체내에 칼슘이 충분하면 신경계도 안정을 찾으므로 쉽사리 자극을 받지 않고 평온하게 잠도 잘 잔다.

사실 이러한 이론에 대해 반신반의했다. 그래도 칼슘 보충은 나쁜 일이 아니기에 매일 밤 자기 전에 씹어서 먹는 칼슘 츄어블 2알을 챙겨 먹었다. 그리고 몇 주 지나지 않아 수면제 없이도 잘 수 있게 되었다. 감탄이 절로 나왔다. 대신 자신의 신체적 반응에 따라 양을 조절해도 된다. 그리고 의사 처방 없이 장기간 많은 양을 복용해서 는 절대 안 된다.

그렇다면 왜 굳이 칼슘 츄어블일까? 일반적인 칼슘제는 안 되는 걸까?

나이 드신 분들은 자주 '위가 아프면 누워만 있어도 아프다'라고 한다. 저녁을 일찍 먹으면 잘 때 즈음엔 소화가 다 된 상태에서 위 액이 분비된다. 위액이 과다하게 분비되면 숙면을 취하기 어렵다. 이럴 때는 빵, 비스킷 등 곡물이 들어간 음식을 조금 섭취하여 과다 한 위액 분비를 막아야 한다. 물론 너무 많이 섭취해선 안 된다. 위 가 다시 소화 모드에 들어서면 살이 쉽게 찌기 때문이다. 칼슘 츄어 블 같은 식품은 부족한 칼슘을 보충함과 동시에 과도한 위액 분비 를 막을 수 있어 일거양득의 방법이다. 이 외에 아몬드를 갈아 만든 우유를 마셔도 좋다. 아몬드 우유에도 다량의 칼슘이 함유되어 있 다. 액체류도 위액 소모를 돕는 음식이다. 많은 사람이 추천하는 데 에는 다 이유가 있는 법이다. 자칫하면 오밤중에 화장실을 들락날 락하느라 혼이 날 수도 있으니 너무 많이 마시지는 말자.

워라밸 시대의 인생 디자인

영양: 건강한 식단 짜기

건강을 되찾는 과정에서 허약 체질을 바꿔 보려 많은 시도를 해봤으나 효과는 미미했다. 그러던 어느 날 일확천금과도 바꿀 수 없는 비법을 알게 되었다. 포인트는 영양이었다. 평소 편식을 하지 않고 삼시 세끼 꼬박꼬박 잘 챙겨 먹는 스타일이었던지라 이 비법은 상상조차 못 했던 부분이었다. 약간의 의심이 들긴 했지만 밑져야 본전인 셈 치고 베프가 강력 추천해 준 영양학 박사님을 찾아갔다. 박사님은 내가 까다로운 입맛을 가지고 있지는 않지만 영양 상식이 부족해 오랫동안 에너지를 계속 소모해 왔다고 알려줬다. 지금까지 쌓아둔 영양분을 소비만 했을 뿐 다시 채우지는 못했던 것이다. 그러니 조금만 충격을 받아도 견디지 못했던 것이다. 그래서 내게 가장 필요한 건 다름 아닌 영양분 보충이었다. 그래서 외부 충격에 견딜 수 있는 에너지를 다시 쌓아야 했다.

전문가 진단에 따라 나는 매일 각종 유기농 영양소를 챙겨 먹기 시작했다. 몇 개월 후 수면의 질이 향상되었고 활력이 넘쳤으며 여드름도 줄었다. 게다가 생리통과 변비도 나아졌다. 심지어 주변 사람들이 모두 감기에 걸려 골골거릴 때 나는 무척이나 건강하게 겨울을 보냈다. 이전에는 상상도 할 수 없었던 일이었다. 눈앞에서 효과를 보니 욕심이 생겼다. 계속해서 흔해 빠진 영양 식품으로 내 건강을 챙기고 싶지 않았다. 더 건강한 식습관에 대한 욕구가 폭발했다. 한 끼를 먹더라도 제대로 된 영양소를 섭취하고 싶어 영양학을 연구했다. 거액을 들여 영양학자에게 자문도 구하고 유명한 영양학 책도 보고 관련 자격증도 취득했다.

막 영양학에 입문했을 때는 머리가 어쩔했다. 셀 수 없이 많은 의료 용어는 잘 이해가 되지 않았고, 영양학에 대한 서양과 동양이 간극도 꽤 컸다. 특히 하나로 일치된 학계 개념이 없다는 점이 가장 나를 힘들게 했다. 많은 전문가가 의학박사 학위 소지자였고 기초 이론과 실험 데이터를 가지고 있었지만, 우리가 흔히 아는 상식과 반대되는 개념을 설명했다. 도대체 누구의 말이 맞는지 알 길이 없으니 답답해 미치는 줄 알았다.

그러나 나는 경험만이 진실을 확인할 수 있다는 점을 잘 알고 있다. 그래서 모든 이론을 정리해 내가 무척이나 신뢰하는 의학, 영양학 전문가를 찾아가 가장 안전한 방법을 선택해 달라고 부탁했다. 그리고 내게 적용한 뒤 나타나는 반응을 살펴보았고 나와 맞지 않는 방법은 과감히 버렸다. 몇 년간의 연구와 테스트 끝에 나는 관련 이론의 공통점을 찾았고 중국인의 식습관과 결합시켰다. 그리하여 마침내 간단하면서 효과까지 높은 나만의 식단을 만들었다. 이미 수년간 이 식단을 챙겨 먹고 있고 실제로 많은 신체적 변화를 눈으로 보고 느끼고 있다. 이제 나만의 식단을 공개하려고 한다.

워라밸 시대의 인생 디자인

건강한 위 만들기

영양은 음식 자체보다 흡수가 중요하다. 특히 위는 영양분 흡수를 위한 통제실 역할을 한다. 그래서 건강한 식습관을 길러야 건강한 위를 가질 수 있다. 건강한 위는 음식물이 소화되면서 변화한 에너지와 영양소를 우리 몸 구석구석에 전달한다. 만약 위가 건강하지 않으면 아무리 많은 음식이나 영양제를 먹어도 영양소나 에너지가 생기지 않는다. 그래서 이러한 상황이 오래 지속되면 영양실조에 걸리게 된다.

또한, 위는 영양을 흡수함과 동시에 독소를 체외로 배출한다. 이 독소가 제때 배출이 되지 않아 장에 쌓이면 세균이 쉽게 번식한다. 막힌 하수구를 뚫지 않아 음식물 찌꺼기가 변질되어 곰팡이가 피는 것과 같다고 생각하면 된다. 장은 인체 면역계의 주요 구성 요소로 독소가 쌓이거나 세균이 번식하면 면역력이 급격하게 떨어진다. 이렇게 되면 과거의 나처럼 걸핏하면 아프게 되는 것이다.

체내에 충분한 영양소를 공급하여 면역력을 향상시키려면 건강한 위를 만들어야 한다. 그렇다면 어떻게 내가 훌륭한 소화기관을 가지고 있는지 판단할 수 있을까? 좀 더러운 얘기일 수 있으나 내 영양사 선생님은 항상 '먹으면 바로 변으로 만드는 위가 가장 건강한 것이며, 이때 묽은 대변은 안 되고 냄새 없이 변기 물에 동동 떠 있어야 된다'고 했다. 하지만 많은 현대인에게 이는 너무 까다로운 조건이다. 현대인들은 왜 위가 약할까? 이를 알고 싶다면 위의 구조부터 살펴봐야 한다.

영화 「금발이 너무해」의 리즈 위더스푼 Reese Witherspoon, 「미녀 삼총사」의 드류 베리모어 Drew Barrymore 그리고 블랙 아이드 피스의 멤버 퍼기 Fergie 를 고객으로 둔 할리우드의 유명 영양사 킴벌리 스나이더 Kimberly Snyder는 베스트셀러 『뷰티 해독 해법』에 이렇게 서술했다.

"우리의 신체 구조는 채식을 하는 오랑우탄과 가장 비슷하게 형성되어 있다. 예를 들어 사람이 가진 어금니는 견과류 같은 딱딱한 껍데기를 까기 좋고, 호랑이가 가진 송곳니는 사냥이나 육식에 적합하다. 인간의 위산 농도는 매우 낮지만 이해 비해 호랑이의 위산 농도는 인간보다 10배 이상 높다. 그래서 소화하기 힘든 육류를 많이 먹어도 괜찮다. 인간의 장 길이는 8~9미터로 특히 과일이나 채소를 소화하는데 최적화되어 있다. 이렇게 장이 길어야 영양분을 흡수할 시간을 벌 수 있다. 반대로 호랑이의 장 길이는 짧다. 그래서 빨리 육류를 소화시켜 독소를 배출할 수 있다."

이에 관한 재미있는 에피소드가 하나 있다. 케냐 마사이 마라 국립보호구에서 있었던 일이다. 나는 거기서 이제 막 배를 채운 사자 무리를 보았다. 10마리 정도 되는 사자는 한 끼 식사로 물소를 택했다. 금세 해치운 뒤에 모두 배를 뒤집어 까놓은 채 누워 있었다. 알고 보니 소화를 시키고 있었던 것이다. 그렇게 누워 있는 사자들은 마치 귀여운 고양이 같았다. 우리는 사자 무리와 50미터 정도 떨어진 곳에 차를 세우고는 허리를 굽혀 사자와 사진을 찍었다. 사자들은 꼼짝하지 않았다. 동물원에서 길러진 사자가 아니었다. 자연에

워라밸 시대의 인생 디자인

서 생활해 야생성이 살아 있는 사자임에도 우리를 한 번도 거들떠 보지 않았다. 경험이 풍부한 현지 가이드는 사자가 소화시키는 데 온 정신을 집중하고 있기 때문이라며 일반적으로 1~2일은 저런 상태로 있을 것이라고 했다. 동물의 왕 사자도 고기를 먹고 소화하느라 저리 힘을 쓰는데 인간은 오죽할까!

현대인들은 잘 먹는다. 가공식품도 자주 먹는 데다 스트레스도 많다. 스트레스는 위 건강에 최악이다. 스트레스가 많은 사람은 대부분 위장병을 앓고 있다. 이러한 환경에 놓여 있다 보니 시간이 지날수록 감당이 되지 않아 위의 기능이 약해진다. 소화가 안 되고 영양 흡수나 독소 배출도 못 한다. 이는 많은 건강상의 문제를 야기한다. 그렇다면 어떻게 하면 위를 지킬 수 있을까? 방법은 다음과 같다.

프로바이오틱과 프리바이오틱스

장의 유익균 수 증가에는 프로바이오틱이 가장 탁월하다. 그 밖에도 프로바이오틱의 기능은 매우 다양한데 유해균 및 병균의 침입과 장 부패 현상을 억제하는 데 효과적이고 면역력 증가에도 도움을 준다. 세계적인 스트립 댄서 디타 본 티즈Dita Von Teese 와 슈퍼 모델 크리스티 브링클리Christie Brinkley 는 매일 아침 기상 후 공복에 유산균을 섭취한다. 아침의 장은 아무런 음식물이 없는 깨끗한 상태이기 때문에 유산균이 빠르게 장 속으로 흘러 들어가서 균 수량의 균형을 맞춘다.

프리바이오틱스는 쉽게 말해 유익균의 먹이다. 충분한 양의 프리바이오틱스는 유산균을 자라게 하여 장의 균형을 유지하게 한다. 사실상 프로바이오틱과 프리바이오틱스는 장 속 유익균 수 증가에 좋다는 기본적인 공통점을 가지고 있지만 그 원리는 약간 다르다. 프로바이오틱은 직접적으로 대량의 유익균을 보충하는데 특화되어 있고 반대로 프리바이오틱스는 먹이로 유익균이 빠르게 번식하는 데 도움을 준다,

그리고 효과도 직방이다. '외국 용병'처럼 보충만 하면 바로 효과가 나타난다. 아주 짧은 시간 안에 장이 건강해질 수 있도록 돕는다. 그렇기 때문에 마스크팩을 붙여 피부 관리를 하는 것처럼 많은 건강의 달인들은 꾸준히 프로바이오틱이나 프리바이오틱스를 복용하여 가장 훌륭한 장의 상태를 유지하는 것이다.

육식파보단 채식파

육류는 소화하기 가장 힘든 음식물로 장에 큰 부담을 준다. 고기를 배부르게 먹고 나면 몽롱해지면서 잠이 쏟아진다. 그것은 장이 온몸의 에너지를 이용해 섭취한 음식물을 소화시키기 때문이다. 그래서 많은 사람이 점심 식사 때 고기를 피한다. 그렇지 않으면 오후 업무시간에 졸음이 쏟아지기 때문이다. 특히 의사들은 환자에게 항상 담백하게 먹고 육류를 피하라고 권한다. 고기를 소화시키기 위해서는 에너지가 많이 필요하다. 그런데 환자는 우선 많은 에너지를 건강 회복에 쏟아야 한다. 음식물 소화는 일순위가 아니다. 그런데 고기를 자주 즐기는 사람들은 매일 50%가 넘는 에너지를 음식물

소화에 쓴다.

소화가 잘되는 음식은 신선한 과일과 채소로 장에 부담을 주지 않는다. 과채류는 먹어도 쉽게 졸음이 쏟아지지 않는다. 따라서 많은 건강, 뷰티 전문가들은 과채류 위주의 담백한 식사를 하라고 권한다. 에너지를 소화하는 데 쓰지 말고 신체 기능을 회복하거나 운동, 머리를 쓰는 데 활용하라는 것이다.

과채류 섭취를 위한 최적의 시간과 방법은 공복인 아침에 한두 잔의 과채 녹즙을 마시는 것이다. 따로 망에 거르지 않은 녹즙은 섬유질이 많아 장을 깨끗하게 씻어준다. 독소의 배출과 숙변이 가능해져 몸에 정말 좋다. 여기서 말하는 녹즙은 채소 혹은 과일 주스와 다르다. 건강에 아무리 좋아도 녹즙은 물을 대체할 수 없다. 그러니 기상 후 먼저 한두 잔의 따뜻한 물을 마시고 녹즙을 섭취해야 한다.

원래부터 아침을 적게 먹는 사람들은 녹즙으로 식사를 대신해도 된다. 채소와 과일 자체도 소화가 잘되지만 녹즙은 소화가 더 잘되게 한다. 따라서 아침 식사로 녹즙을 마시면 영양 공급이 가능할 뿐만 아니라 장이 쉬어 갈 수 있는 시간을 주기 때문에 집중적으로 독소를 배출할 수 있다. 이미 이런 습관을 가진 사람들은 녹즙을 마시면 즉시 신호가 와서 쾌변하기 때문에 아침부터 장이 상쾌한 느낌을 알고 있을 것이다.

아침부터 먹방을 찍는 스타일이라면 식사 30분 전에 녹즙을 마시는 걸 추천한다. 녹즙을 마시고 나면 어느 정도 포만감이 생겨 식사량이 줄어든다. 이것은 사실 영양이 풍부하고 소화가 잘되는 녹즙으로 일정 부분의 아침 식사를 대신하는 방법이다. 영양 공급과 에너지 비축을 동시에 하는 셈이다. 이때 꼭 30분 정도 시간을 주어 녹즙이 먼저 소화되도록 해야 한다. 그렇지 않으면 장은 음식물을 소화하느라 독소 배출 같은 더 중요한 일에 신경을 쓰지 못하게 된다.

과채 녹즙 만드는 법

꽃양배추, 믹스 샐러드, 어린 시금치, 오이, 고수, 생강, 레몬즙, 사과 혹은 배 반 개, 적당한 양의 물을 녹즙기_{믹서기}에 넣고 갈아 준다. 30초 정도만 돌리면 건강 녹즙이 완성된다. 녹즙은 따로 망에 거를 필요 없다. 녹즙기도 간단한 세척만 하면 되어 사용이 편리하다. 조리 시간을 합쳐도 3분이 넘지 않는다. 재료는 개인의 취향이나 건강 상태에 따라 조절하면 된다.

주의할 점

• 녹즙의 비율은 90%의 녹색 채소와 10%의 과일이 좋다. 파인애플, 사과, 바나나, 오렌지 등 당분이 높은 과일은 삼가는 게 좋다. 달면 설탕물과 다를 게 없다. 사실 과일 자체에 풍부한 영양이 들어 있지만, 현대인은 장에 너무 많은 독소가 쌓여 있다는 점을 명심하라. 과일 당분은 유해균의 먹이라 오히려 번식을 돕는다. 그래서 많은 사람에게 당분이 높은 과일은 득보다 실이 많다. 그러니 적당히 섭취하거나 아예 섭취하지 않는 게 좋다.

- 약간의 생강을 넣어라. 생강은 열을 돌게 하고 위를 보호하는 효능이 있다. 그렇다고 해서 너무 많이 넣으면 몸에 열이 많아져 자칫 큰일이 날 수 있으니 조심하라. 몸에 열이 많은 사람들은 의원을 찾아가 생강을 계속 먹어도 괜찮은지 확인해야 한다. 아니면 강황으로 대신해도 괜찮다. 강황은 생강과 거의 비슷한 효능을 가지고 있다. 하지만 열이 많은 사람에게는 과민 반응이 나타날 수 있으니 조심하자.
- 위가 약하고 추위를 많이 탄다면 차가운 녹즙은 피하라. 차가운 물을 즐겨 마시는 외국인들을 종종 볼 수 있는데 이들은 열이 많은 체질이라서 그렇다. 녹즙에 뜨거운 물을 약간 섞으면 몸에 주는 자극을 줄일 수 있다.
- 가능하다면 채소와 과일은 유기농을 택하라. 유기농 제품의 장점은 화학물질이 거의 묻어 있지 않아 세척이 용이하다. 이는 아침에 바빠서 스피드가 필요한 사람들에게 도움이 된다.

음식 궁합

최근에 부모님의 나이가 들어서 그런지 소화가 잘 안 되어 쌀밥과 채소 위주로 식사를 하신다고 하셨다. 이 말을 전해 듣고는 인간의 신체는 정말 똑똑하다고 생각했다. 신체적인 변화로 인해 부모님은 자신들도 모르는 사이 채식의 비중을 늘리고 음식 궁합 이론에 따라 식단을 조절하여 소화기관의 부담을 줄였기 때문이다.

채소와 과일을 많이 섭취하는 것이 좋다는 사실에 대해선 이미 마르고 닳도록 언급했다. 그렇다면 음식 궁합 이론은 도대체 무엇일까?

간단히 설명하면 밥을 먹을 때 대부분의 음식이 '고밀도'라면 소화할 때 필요한 에너지가 많아 위장이 받는 압박이 커진다. 그럼 여기서 '고밀도' 음식은 또 무엇일까? 그것은 바로 수분이 적은 음식이다. 크게 두 가지 종류로 나눌 수 있다.

- 전분 함량이 높은 음식: 감자, 쌀, 면, 빵 등. 이런 음식은 알칼리성 물질이 있어야 소화가 비교적 잘된다.
- 단백질 함량이 높은 음식: 고기, 생선, 견과류, 유제품 등. 이런 음식은 산성 물질이 있어야 소화가 비교적 잘된다.

수분 함유량이 높은 과채류는 '고밀도' 음식이 아니기 때문에 마음껏 먹어도 된다. 채소 위주의 식단에 단 한 가지 고밀도 음식을 더하는 것이 가장 효과적인 음식 조합이다. 예를 들면 다음과 같다.

- 끼니마다 고기나 생선 중 하나만 선택하라. 생선을 먹었으면 닭고기와 돼지고기는 먹어선 안 된다. 만약 돼지고기를 먹었다면 소고기나 양고기는 먹어선 안 된다. 이런 방식으로 식사를 해야 한다.
- 전분과 단백질을 함께 섭취하는 음식 조합을 피해라. 이는 모두 '고밀도'에 포함되기 때문에 음식마다 소화에 필요한 산성과 알칼리성의 양이 다르다. 만약 전분과 단백질이 포함된 음식을 한

워라밸 시대의 인생 디자인

꺼번에 같이 먹으면 산성과 알칼리성 위액이 동시에 분비될 것이다. 문제는 다른 성분의 소화액이 서로 만나 중화되면 모든 음식물을 완전히 소화시킬 수 없다. 신기한 것은 전분과 단백질이 합쳐진 음식이 꽤나 많다는 것이다. 우육면, 새우 달걀덮밥, 닭고기 국수, 고기만두, 참치 샌드위치, 미트소스 스파게티 등이 있다. 사실 이는 모두 음식 궁합 이론에 반하는 음식들이다.

이러한 음식을 섭취할 때 위장의 운동 강도가 엄청나게 올라간다. 에너지 소모가 많아지고 심할 경우 야근하는 것처럼 밤까지 음식물을 소화시키기 위한 장운동이 계속된다. 이러한 현상이 나타나기 때문에 고칼로리 음식으로 과식한 다음 날에도 계속 속이 더부룩하다는 생각이 드는 것이다. 이와 반대로 채소류나 과일류를 섭취하면 위장은 아주 수월하게 음식물을 소화시킨다. 필요한 에너지도 많지 않다. 그렇기 때문에 많은 한의사가 환자에게 가벼운 음식 위주로 섭취하라고 당부하고 있다. 이런 음식을 먹으면 에너지 회복이 가능해진다.

식사 순서

우리의 장을 고속도로라고 생각해 보자. 이 도로 위에는 스포츠카, 승합차, 트럭이 각각 한 대씩 있다. 어떤 차가 가장 먼저 고속도로에 진입할까? 교통체증을 막으려면 가장 빠른 스포츠카를 선두로 다음은 승합차, 트럭 순위여야 하지 않을까? 식사도 마찬가지다.

소화 시간이 긴 육류를 먹고 다음으로 과채류를 섭취한다면 육류에 가려진 과채류는 고온 속에서 점차 변질된다. 그러므로 소화가 쉬운 가벼운 음식이 먼저 위장에 도착할 수 있도록 해야 한다. 서양음식을 먹어본 사람들은 알겠지만, 서양식 코스요리는 주로 샐러드나 수프가 애피타이저로 나오고, 고기나 생선 요리가 메인으로 나온다. 이는 매우 과학적인 식사 순서다.

같은 논리로 보면 사실 과일도 식후가 아니라 식전에 먹어야 한다. 과일은 소화가 가장 잘되는 음식으로 독소 배출에 탁월한 기능을 가지고 있다. 그래서 서양에서는 과일 해독 주스의 인기가 높다. 그러나 이미 위에 음식물이 쌓여 있다면 과일은 바로 소화되지 못하기 때문에 다른 음식물과 함께 변질된다. 따라서 과일은 식사하기 30분 전이나 공복에 섭취하여 빠르게 소화기관을 통과하고 독소 배출을 돕도록 해야 한다. 하지만 산사, 감, 바나나 등의 과일을 공복에 섭취하면 배에 가스가 차거나 메슥거리는 사람이 있을 수도 있다. 그러니 모두 자신의 신체적 반응을 살펴보고 만약 이상 반응이 나타나면 즉시 음식을 조절한다.

날것, 찬 것, 뜨거운 것은 적게

날 음식과 찬 음식을 자주 섭취하면 냉한 체질로 변한다. 또 이는 신진대사와 오장육부에 영향을 주기 때문에 정상적인 생리기능을 방해한다. 위가 약한 사람들은 얼음물, 아이스 음료, 아이스크림과 같은 음식을 최대한 피하는 것이 좋다. 나도 항상 텀블러에 뜨거운 물을 담아 다니고 식당에 가서도 따뜻한 물만 마신다.

차가운 음식 외에도 채소 샐러드, 과일, 회 등 날음식도 피해야 한다. 지금까지 채소와 과일의 장점만 잔뜩 늘어놨는데 갑자기 왜 피하라고 하는지 모두들 의아해할 것이다. 위가 약한 사람들에게 생식은 안 좋다. 외국에서 유행하는 생식은 양기 충만한 사람들에게나 적절한 식사법이지만 대부분 냉한 체질에다가 위가 약한 동양인에게는 맞지 않는다. 적어도 자신의 위 상태가 어떤지 의사에게 상담을 받기 전까지는 생식은 피하는 것이 좋다. 건강한 위장을 가진 사람들이라면 생채소와 과일을 마음껏 먹어도 좋다. 심지어 풍부한 영양까지 포함되어 있으니 꾸준히 먹으면 더 좋다. 그리고 자신이 행운아라는 사실도 절대 잊지 말기를!

우리가 흔히 범하는 실수 중 하나는 지나치게 뜨거운 음식을 즐긴다는 것이다. 특히 바람이 쌀쌀해지기 시작하면 많은 사람이 따끈하다 못해 뜨거운 음식들을 찾는다. 보통 훠궈 중국식 샤브샤브, 죽, 찌개, 뜨거운 음료 등이 있다. 그리고 대다수가 이런 음식을 먹으면 속이 풀린다고 생각한다. 하지만 뜨거운 음식을 섭취하면 식도와 위에 자극을 준다. 심각한 경우 식도암까지 유발한다. 그러므로 뜨거운 탕이나 죽은 잠깐 식힌 다음에 먹는 것이 좋다.

적당한 온도의 음식을 먹어라. 너무 차거나 너무 뜨거우면 우리 몸에 지장을 줄 수 있다.

건강한 조리 방법

채식주의자라고 해서 건강하다고 생각하지 말아라. 미국에는 채식주의자인데도 뚱뚱한 사람들이 많다. 왜냐하면, 그들은 대부분 전분과 당분 함유량이 높은 음식을 좋아하고 건강에 해로운 방법으로 조리하기 때문이다. 예를 들면 기름 범벅인 어향가지가 담백하게 쪄낸 생선보다 위장에 더 해롭다. 따라서 건강의 기본이 음식 재료라면 건강의 핵심은 조리법이다.

중국인은 기름에 볶은 음식을 좋아한다. 게다가 조미료도 많이 넣는다. 이런 오래된 습관은 한번에 바꾸기 어렵다. 그렇다면 어떻게 해야 개선할 수 있을까?

좋은 기름

중국 가정에서는 볶음 요리를 즐겨 먹는다. 메리 에닉 Mary Enig 박사는 자신의 저서 『전통 보양식』에서 올리브 오일 같은 식물성 기름은 고온으로 가열하면 쉽게 분해되어 변질되기 때문에 독소가 생긴다고 했다. 그래서 식물성 기름은 샐러드 같은 요리에 잘 어울린다. 코코넛 오일, 아보카도 오일, 아르간 오일은 발화점이 높기 때문에 볶음 요리에 사용해도 괜찮다. 영양소도 파괴되지 않는다. 아무리 좋은 오일이라 할지라도 지나치게 기름기가 많은 음식은 위장에 좋지 않다.

그럼에도 불구하고 요리에서 오일은 필수 요소다. 그러니 가능한 한 적게 쓰고 올바르게 사용하길 바란다.

워라밸 시대의 인생 디자인

적당한 조미료

상하이 출신인 나는 매운 음식을 거의 먹지 않는다. 그런 나도 한때 쓰촨요리에 빠졌던 적이 있다. 당시 내 주변에 쓰촨 출신의 친구들이 많았다. 그들은 항상 내게 쓰촨요리의 장점을 입이 마르고 닳도록 얘기했다. 특히 그녀들의 눈처럼 새하얗고 아기처럼 뽀송뽀송한 피부를 보면서 나도 모르게 쓰촨요리의 마니아가 되었다. 그리고 '매운 음식은 몸에 좋다'라고 믿게 되었다. 거의 3~4일에 한 번꼴로 먹었다. 중독성이 어마어마했다. 문제는 내 위장이 더는 매운음식을 버티지 못했다는 것이다. 피부 상태는 말할 것도 없었다. 결국 자극적인 음식을 먹지 말라는 의사의 말을 듣고 나서야 내 건강은 다시 회복되었다. 그러니 평소에 담백한 음식을 즐기는 사람들은 지나치게 자극적인 음식은 피해야 한다. 그렇지 않으면 위가 남아나지 않을 것이다.

물론 선천적으로 매운 음식을 잘 먹는 사람이라면 자극적인 음식에 충분히 적응되어 있기 때문에 몸에 큰 지장을 받지는 않는다. 그래도 이왕이면 화학조미료 대신 신선한 재료와 천연조미료를 사용하자. 예를 들면 공장에서 대량생산해 파는 고추장 대신 신선한 고추로 매운맛을 대체한다면 화학 성분을 피할 수 있다. 마트에서 파는 포장된 조미료는 영양분은 없고 방부제 등 유해 물질이 포함되어 있다.

물 마시는 법

음식물을 소화시키기 위해 위는 열심히 소화효소와 위산을 분비할 준비를 한다. 그때 갑자기 식도를 타고 물 한 모금이 넘어온다면 어떨까? 독일의 영양학자 바바라 헨델Barbara Hendel은 『물과 소금』에서 식전 30분부터 식후 2시간까지 물을 마시지 말라고 했다.

담백한 음식을 먹으면 수분함량이 많은 과일과 채소를 먹는 것과 같아 식사를 할 때 물을 마실 필요가 없다. 스스로도 갈증을 잘 느끼지 않는다. 오히려 식전 30분에서 1시간 전에 물을 마셔 체내 수분을 보충하는 것이 중요하다. 국은 물보다는 음식에 가깝기 때문에 식사할 때 조금은 먹어도 된다. 그러나 식후 2시간 동안은 되도록 물을 삼가라.

정기적인 장 세척

정기적으로 집안 청소를 하는 것처럼 장도 청소가 필요하다. 장 청소의 목적은 장을 깨끗하게 하여 영양 흡수 효과를 높이고 궁극적으로는 면역력을 향상시키는 것이다. 장 청소의 진행 과정은 우선 항문에서부터 따뜻한 물전용 세척액을 사용해도 무관을 결장까지 흘려 보낸 다음 다시 몸 밖으로 배출시킨다. 이때 결장의 많은 노폐물과 세균이 함께 배출된다. 많은 서양의 영양사는 장 청소를 적극 권장하고 역시 많은 스타들도 건강과 아름다움을 유지하는 방법으로 장 청소를 택한다.

사실 장 청소의 느낌은 설사를 하는 것과 비슷해 자칫 불쾌할 수

도 있다. 물론 사람이 견딜 수 있는 정도이긴 하다. 장을 청소하고
나면 정상적인 생활이 바로 가능하다. 그래도 혹시 모를 만약을 대
비해야 하기에 미리 전문가를 찾는 것이 좋다. 일부 전문가나 병원
은 장 청소의 효과를 극대화하겠다는 이유로 진행 과정에서 과하게
배를 주무른다. 그들은 효과적인 마사지라고 하지만 오히려 해가
될 수 있다. 따라서 자신에게 맞는 좋은 전문가를 찾기 위해선 스스
로 공부해야 한다.

장 청소 빈도수는 개개인의 건강 상태에 따라 달라진다. 일반적으
로 3개월에 한 번이면 충분하다. 여기서 작은 비밀을 하나 공개할까
한다. 장은 인체에서 가장 중요한 면역기관이기 때문에 감기 증상
이 약간만 보인다면 장 청소를 신중히 고민해 봤으면 한다. 이때 장
청소를 하면 장 속의 모든 유해균이 싹 씻겨 내려가기 때문에 몸이
빠르게 회복된다. 단 감기 초기 증상이 나타났을 때여야 한다.

장 청소는 물리적으로 몸 안의 노폐물과 세균을 없애는 것이다.
문제는 이때 어쩔 수 없이 유해균도 같이 청소된다. 그러니 장 청소
를 마친 후에는 즉시 프로바이오틱을 보충해야 한다.

똑똑한 섭취

아무리 건강한 위장 기관도 온갖 노폐물로 가득찬 상태에서는 충
분한 영양을 흡수할 수 없다. 따라서 건강한 위장을 갖게 되면 건강
한 식습관을 지켜야 한다. 그렇다면 우리가 주의해야 할 점으로 무
엇이 있을까?

당분은 적게

영양학계에서는 많은 논쟁이 일어나지만 한 가지 사실만큼은 학자들의 의견이 일치한다. 주인공은 바로 설탕이다. 세계적인 니콜라스 페리콘 Nicholas Perricone 박사는 "몸속에 생긴 염증으로 인해 여드름성 피부, 심장병, 당뇨, 관절염 등 대부분의 질병의 발생한다는 점을 현대 의학이 증명했다. 그리고 그 염증의 원인은 바로 설탕에 있다"고 지적했다.

예로부터 중국인은 쌀을 주식으로 삼았다. 그래서 쌀밥은 당분 섭취가 가능한 주요 음식 중 하나이다. 과거에는 쌀밥의 영양분이 풍부했기에 우리 몸에 충분한 에너지, 비타민, 미네랄, 섬유질을 공급해 주었다. 하지만 지금 우리가 먹는 쌀은 지나치게 탈곡하거나 가공되어 본래의 영양소를 잃어버렸다. 지금의 쌀은 섬유질이 부족해 혈당을 높인다. 그래서 잡곡밥을 먹어야 한다. 잡곡밥의 식감이 별로라면 일단 소량의 잡곡만 섞어서 적응 기간을 가져 보아라. 잡곡밥의 향과 식감이 좋아졌을 때 잡곡의 양을 늘리면 된다. 빵이나 만두 같은 음식에도 비슷하게 적용할 수 있다.

최근 많은 외국 식품이 중국으로 수입되면서 젊은이들의 당분 섭취량이 늘고 있다. 식품 종류로는 콜라, 아이스크림, 케이크, 초콜릿, 도넛 등이 있다. 사실 미국은 과학기술 선진국이고 교육 수준도 높지만 식문화는 그다지 발전하지 못했다. 대부분이 정크푸드다. 미국인 3명 중 1명은 과체중이다. 이런 건 절대로 본받지 않아도 된다.

워라밸 시대의 인생 디자인

물은 많이

서양 영양학 전문가들이 권장하는 성인의 하루 물 섭취량은 체중 500g당 20ml다. 체중이 50kg인 사람은 매일 2L를 마셔야 한다. 약 6~7컵 정도다. 50kg이 넘는 사람들은 너무 지나치지 않게 적당히 조절하면 된다. 이는 우리의 몸이 필요한 가장 기본적인 수분의 양이다. 만약 여름, 운동, 사우나 등 탈수 증세가 나타날 수 있는 상황이라면 물의 양을 늘려라. 비행기를 타거나 온종일 에어컨이 켜진 방에 있거나 커피, 탄산음료 등을 마셨을 경우에도 마찬가지다. 수분은 너무 과해도 너무 모자라도 안 된다. 양을 적당히 조절하여 몸에 무리가 가지 않도록 하는 것이 가장 중요하다.

물은 언제 어디서든 마실 수 있도록 준비해야 한다. 우리가 물이 부족한 이유는 목이 말라도 물을 마시지 않고 참기 때문이다. 갈증은 참으면 잊어버린다. 나는 이러한 상황을 막고자 출퇴근, 회의, 헬스, 산책 등을 할 때 언제나 따뜻한 물을 담은 텀블러를 가지고 다닌다. 텀블러가 눈에 띄면 몇 모금이라도 물을 마신다.

집에 있는 정수기 물을 텀블러에 담아서 다니기 때문에 안심할 수 있다. 정수장에서는 보통 물을 끓여 세균 정도만 걸러 낸다. 그래서 신체에 유해한 중금속 등 물질은 걸러 내지 못한다. 그렇다면 생수는 믿어도 될까? 안타깝지만 그렇지 않다. 많은 영양사는 플라스틱 통에 담긴 생수를 마시지 말라고 한다. 플라스틱 통의 독소가 물에 침투할 수 있고, 통에 물을 담는 과정에서 각종 오염이 발생해 위험하기 때문이다. 그래서 집에 안심할 수 있는 정수 시스템을 설치하길 바란다. 또 항상 텀블러에 물을 담아 언제 어디서나 마시며 수분을 보충해야 한다.

좋은 소금

소금을 많이 먹으면 좋지 않다는 점은 많이들 알고 있을 것이다. 지나친 염분 섭취는 고혈압, 칼슘 부족, 부종 등을 유발한다. 그래서 WHO도 염분 섭취량을 제한해야 한다고 권고한다. 우리가 이렇게 소금을 홀대하는 이유는 사실 우리가 좋은 소금의 존재를 모르고 있기 때문이다.

바바라 헨델은 『물과 소금』에서 "물과 소금은 사실 만물의 기원"이라고 했다. 몇백만 년 전 지구는 거대한 바다였다. 바다의 물은 다시 말해 소금물이니 생명의 기원이 될 수밖에 없다. 지금까지도 지구 표면의 70%는 바다로 이루어져 있다. 채내 혈액도 주로 물과 염분으로 구성되어 있다. 바다와 비슷한 성분을 가지고 있다는 뜻이다.

청정 광산에서 나오는 히말라야 소금에는 인체의 모든 무기염류와 83종의 미량원소가 포함되어 있다. 영양소가 풍부한 히말라야 소금은 인체에 필요한 모든 미량원소를 보충할 수 있다. 내 담당 영양사는 나에게 히말라야 소금을 탄 물을 매일 1잔씩 마셔 미량원소를 보충하고 신체 기능을 조절하라고 권했다.

우리가 사용하는 식용 소금은 인류 최초의 가공식품이다. 공장에서 천일염에 포함된 많은 미량원소를 제거한 뒤 염화나트륨만 남기고 다시 화학 첨가제를 넣어 만든 제품이다. 습기가 잘 생기지 않아 장기간 보관이 가능해졌다. 이렇게 생산된 소금은 본래의 천연 원소를 제거한 것으로 천일염과는 완전히 다르다. 2~3가지 원소만 포함된 소금을 오랜 기간 섭취하면 체내의 미량원소가 불균형 상태에 빠지게 된다. 그렇게 되면 우리의 몸은 많은 에너지를 불필요한 요소를 배출하는 데 쓴다. 당연히 건강에 이상이 올 수밖에 없다.

좋은 소금을 잘 사용하면 소금은 더 이상 나쁜 조미료가 아니다. 오히려 신체 밸런스를 조절하고 무기염류와 미량원소를 보충할 수 있는 건강 식품이다. 현재 나는 히말라야 소금을 먹고 있다. 이 소금은 영양 밸런스가 좋을 뿐만 아니라 생긴 것도 예쁘다. 영롱한 분홍빛을 띤다. 큰 통에 30달러 정도 하고 유통기한은 6개월이다. 이 소금 말고도 전통적인 방식으로 만드는 바닷소금이 있다. 값은 히말라야 소금보다 훨씬 저렴하다. 이런 소금은 미국 유기농 마트에서 흔히 볼 수 있다. 중국에서도 건강 관련 온라인 쇼핑몰에서 판매되고 있다.

유기농

외국에서 유기농 식품은 주로 건강을 챙기는 사람들이나 구매한다. 그 이유는 뭘까?

첫째, 깨끗하다. 유기농 식품은 농약이나 첨가물을 더하지 않아 화학물질이 체내로 유입될 일이 없다. 세척도 매우 간편한데 물로 약간만 씻어주면 된다. 전혀 걱정할 필요가 없다. 우리의 선조들은 덜 깨끗해도 문제없다고 했지만 당시의 상황과 지금은 크게 다르다. 선조들이 말하는 덜 깨끗함은 약간의 흙이 묻어 있는 것을 뜻한다. 다시 말해 친환경 비료 정도라고 해야 할까? 인간은 본디 흙에서 왔다. 그래서 자연에 존재하는 해로움은 충분히 견딜 수 있다. 하지만 우리 선조들은 오늘날 존재하는 농약, 합성 비료, 항생제 등 '첨단과학'적인 화학물질은 전혀 생각하지 못했을 것이다. 화학물질은 독약과도 같다. 많이 먹으면 병이 난다.

둘째, 맛있다. 유기농 식품은 자연 본래의 모습을 유지한다. 유전자를 변형시키거나 성장 촉진제를 주입하지 않는다. 그래서 과즙이 풍부하고 달다. 유기농 마트의 상품은 다 좋아서 일일이 고를 필요가 없다. 편안한 마음으로 맘껏 사도 된다.

셋째, 신선하다. 유기농 마트에서 산 과일이나 채소는 냉장고에 일주일이나 보관해도 겉면이 약간 마르기만 할 뿐 먹는 데 문제가 없다. 맛도 좋다. 일반 제품은 구매한 뒤 최대한 빨리 먹어야 된다. 그렇지 않으면 무르거나 상한다.

넷째, 영양이 풍부하다. 사실 식재료는 토양에서 영양소를 흡수하여 자체적으로 변화 과정을 거친다. 땅이 비옥하고 주변 생태 환경이 좋은 곳에서 자란 식재료의 영양소는 풍부하다. 반대로 척박한 땅에서 자란 식재료는 당연히 영양이 부족할 수밖에 없다. 겉보기에는 그저 평범한 무나 당근처럼 보이겠지만 함유된 영양은 완전 다르다. 유기농 식재료의 경작 방식은 전 세계 지속 가능 발전 원칙에 부합한다. 농민들은 윤작, 간작 등의 경작법으로 토지의 수분과

워라밸 시대의 인생 디자인

영양을 유지한다. 이러한 토지에서 자란 식재료의 영양소는 당연히 풍부할 수밖에 없다. 많은 선진국에서는 특별 인가를 받은 농부가 키운 경작물만 유기농 식품으로 인정한다

유기농 식품의 가장 큰 단점은 가격이다. 미국의 유명 유기농 프랜차이즈 마트의 제품은 다른 마트보다 2~3배 이상 비싸다. 그래서 모든 미국인이 유기농 식품을 먹지는 못한다. 모든 식품을 유기농으로 구매하기에는 경제적 부담이 상당하기 때문에 육류를 우선순위로 삼는다. 가축의 호르몬이나 항생제 성분은 제거할 수 없어 위험도가 높기 때문이다. 채소나 과일이 유기농이 아니라면 물에 일정 시간 담가 두는 등 신경 써서 세척해야 한다. 이러한 방법으로 화학물질의 잔류도를 최대한 낮춰야 한다.

다양한 영양소 보충

우리의 몸은 매일 일정한 에너지, 비타민, 칼슘, 미량원소 등을 소모한다. 음식은 우리에게 가장 중요한 영양 공급원이다. 음식마다 다른 영양소를 가지고 있으니 편식하지 않고 골고루 먹는 것이 중요하다. 물론 개인마다 선호하는 취향이 있고 소화 능력도 다르다. 중국은 주로 푹 익혀 먹는 걸 좋아하는데 사실 조리 과정에서 많은 영양소가 파괴되어 체내 영양소 흡수를 방해한다.

매일 친환경 종합 영양제를 섭취해 기본적인 하루 영양소를 보충할 필요가 있다. 종합 영양제는 별다른 치료 효과는 없다. 그러니 만약 건강에 이상 신호가 나타났다면 즉시 전문의를 찾아가는 것이 가장 현명한 방법이다.

운동: 손쉽게 할 수 있는
효율 up 운동 지침서

당신은 운동의 장점을 확실히 이해하고 있는가?

많은 사람이 운동이 우리를 건강하게 해주고, 아름다운 몸매를 유지하게 해주며, 독소 배출로 피부미용에도 좋다는 것을 알고 있다. 그런데 사람들이 간과하고 있는 운동의 또 다른 장점이 있다. 바로 에너지를 넘치게 해준다는 것이다.

에너지 생성의 핵심은 바로 세포를 활성화시키는 데 있다. 세포는 생명체를 구성하는 기본 원소이고 모든 신체기관은 세포로 구성되어 있기 때문에 세포가 건강해야 우리의 몸도 에너지가 넘친다. 세포에게 가장 중요한 영양분은 바로 산소이다. 세포에 산소가 충분히 공급되면 활력이 넘치고 몸에서도 자연스레 건강한 기운이 발산된다. 산소는 세포가 산화하는 과정에서 당과 지방 등의 물질을 분해하며 다량의 에너지를 분출하는 핵심 요소이다. 이것은 연소 과정에서 충분한 산소를 필요로 하는 원리와 비슷하다.

안타깝게도 현대인들의 신체 상태는 대부분 엉망이다. 체지방이 높고 부종이 자주 일어나며 체내에 독소도 많이 쌓여 있다. 이런 신체는 정상적으로 산소를 공급하기 힘들고 세포의 활성화 정도도 갈

워라밸 시대의 인생 디자인

수록 저하되어 에너지를 효율적으로 만들어 낼 수 없다. 이렇게 신체의 악순환이 반복된다.

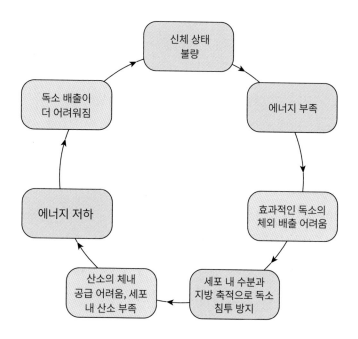

이 악순환의 고리를 끊으려면 스스로 에너지가 넘치는 건강한 신체를 가져야 한다. 여기서 가장 중요한 것은 신체 상태를 건강하게 만들어 산소의 체내 공급이 효율적으로 이루어지게 하고, 모든 세포를 활성화시키면서 몸에서 많은 에너지를 분출하는 것이다.

올바른 방식으로 운동을 하면 큰 효과를 볼 수 있다.

첫째, 체지방을 낮춘다.

체지방은 무척 중요하지만 많은 사람이 놓치고 있는 부분이다. 다들 몸무게에만 신경을 쓰기 때문이다. 많은 사람이 자신의 체중이 정상 범위에 들어가 있으면 괜찮은 줄 알고 있는데, 이렇게 생각한다면 오산이다. 같은 체형을 가진 두 사람이 있다고 하자. 이때 체내 근육 비중이 높은 사람이 몸무게가 더 많이 나가게 되는데, 그 이유는 근육의 무게가 지방보다 3배 더 무겁기 때문이다. 같은 이유로 몸무게가 같은 사람이라 할지라도 지방의 부피가 근육보다 3배나 더 크기 때문에 지방 함량이 높은 사람이 더 뚱뚱해 보인다.

사람들은 오로지 체중 감량에만 급급해 식단 조절을 하거나 다이어트 약을 찾는데, 이런 방법으로는 지방을 제거하는 것이 아니라 몸속의 수분만 내보낸다. 더 심각한 것은 허기가 느껴지면 몸 자체에서 일종의 불안 증세를 보인다는 것이다. 또 언제 허기가 질지 모르기 때문에 체내에 지방을 더 많이 저장해 두고 결국 살찌기 쉬운 체질로 점점 바뀌어 간다. 몸이 살찌기 쉬운 체질로 바뀌어 버리면 정상 식단으로 돌아오자마자 요요현상이 나타나서 결국 살을 빼면 뺄수록 더 뚱뚱해지는 악순환이 반복된다.

올바른 체중 감량은 지방 자체를 줄이고 체지방을 정상 범위로 낮추는 것이다. 여성의 정상 범위는 20~25%, 남성은 15~20% 정도이다. 체지방이 정상 범위에 있으면 세포는 정상적으로 숨 쉴 수 있고 신체 에너지도 크게 향상된다. 또한, 체지방이 줄어들면 근육의 비중이 높아져서 신진대사가 빨라지고 근육의 칼로리 소모가 빨라진다 많이 먹어도 살찌지 않는 체질로 바뀌며 체지방을 정상 범위 내로 유지하는 것도 한결 수월해진다.

가정용 체지방 측정기로도 단 몇 초 만에 손쉽게 체지방을 측정할

워라밸 시대의 인생 디자인

수 있지만 피트니스를 방문하면 더 전문적인 측정이 가능하다.

둘째, 최대 산소 섭취량을 높인다.

최대 산소 섭취량 역시 굉장히 중요하지만 사람들이 잘 모르고 있는 부분이다. 최대 산소 섭취량은 운동을 하면서 개인이 최대로 산소를 섭취할 수 있는 정도를 나타낸다. 최대 산소 섭취량이 높아지면 몸 안에서 더 많은 에너지를 낼 수 있는 '엔진'을 갖게 되는 것과 같다. 이 엔진은 산소를 체내에 효율적으로 공급할 수 있고 세포를 활성화시키며 많은 에너지를 만들어 낸다.

최대 산소 섭취량에 영향을 주는 요소는 다음과 같다.

- 심폐 기능: 올바른 방식으로 운동을 하면 최대 산소 섭취량을 높일 수 있다. 운동선수들의 최대 산소 섭취량이 일반인보다 월등히 높고 에너지가 넘치는 이유도 이 때문이다.
- 체지방: 체지방이 너무 높으면 세포 내 산소의 공급을 방해한다. 체지방이 높은 사람들이 기력이 없고 쉽게 피로해지는 것도 같은 이유에서다.
- 유전: 최대 산소 섭취량은 유전적 영향을 많이 받는다. 기본적으로 활력이 넘쳐나는 사람들이 있는데 이들은 선천적으로 타고난 심폐기능을 지녔고 최대 산소 섭취량도 높다.
- 성별: 일반적으로 여성의 최대 산소 섭취량이 남성보다 10% 낮다.
- 나이: 남성의 경우 30세, 여성의 경우 25세 이후부터 점점 최대

산소 섭취량이 감소한다. 그래서 많은 사람이 나이가 들수록 몸이 예전 같지 않다고 느끼는 것이다.

- 환경: 온도가 높은 환경에서 최대 산소 섭취량이 저하되며 운동 능력에도 영향을 미친다. 고산 지대에 거주하는 사람들은 산소 농도가 낮은 환경에 적응해야 하기 때문에 최대 산소 섭취량이 높은 편이다.

최대 산소 섭취량에 영향을 미치는 요소 중 우리의 노력으로 개선할 수 있는 것은 심폐기능과 체지방이다. 올바른 방식으로 운동을 한다면 단 몇 주 만에 최대 산소 섭취량이 크게 높아지고 에너지도 충만해지는 효과를 볼 수 있을 것이다.

최근엔 최대 산소 섭취량을 측정할 수 있는 스마트밴드가 많이 출시되어 있으므로 이 기능이 있는지 확인하고 구매하기 바란다.

셋째, 독소를 배출시킨다.

운동은 림프순환을 촉진시키고 독소 배출을 돕는다. 체내 독소가 적을수록 몸도 건강해지고 세포 스스로도 외부 독소의 침입으로부터 보호하기 위해 불필요한 지방을 저장하지 않아도 된다고 자각한다. 자, 이제 그토록 빼기 힘들었던 내 배를 둘러싸고 있던 두툼한 살들이 나도 모르게 하나둘 나가떨어지는 신기한 경험을 하게 될 것이다. 아래에 있는 독소 배출 과정을 한번 점검해 보자.

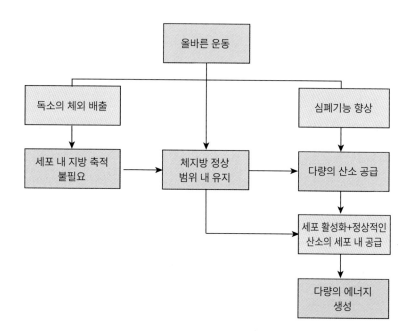

운동을 꾸준히 할 수 있는 비결

운동의 장점을 잘 알고 있다고 해도 규칙적으로 꾸준히 실행하기는 쉽지 않다. 나는 운동을 꾸준히 해보려고 해마다 고급 요가학원과 피트니스에 등록했지만, 초반에만 의욕적이었고 결국엔 흐지부지되어 매번 나 자신에게 실망했다.

그러던 중 몇 해 전 인도네시아 발리Bali의 작은 도시 우붓Ubud으로 떠난 여행에서 놀라운 체험을 했다. 우붓은 줄리아 로버츠Julia Roberts가 찍은 영화 「먹고 기도하고 사랑하라 Eat Pray Love」의 촬영지로 싱그러운 초록빛이 넘쳐나던 아름다운 마을이다. 내가 머무른 숙소 옆 산자락에는 요가원이 하나 있었다. 그 아름다움과 고요함에 매료된 나는 기초반 수업을 들어보기로 했다. 일본인 요가 선생님은 온화하고 또 당당함이 매력적인 아름다운 분이었다. 선생님은 초급자 학생들을 위해 모든 동작을 하나하나 자세히 설명해 주었다. 또 요가는 온전히 개인의 수련 과정이며 각자의 신체 조건에 따라 동작의 강도와 난이도를 조절해야 한다고도 일러주었다. 온화한 선생님의 목소리에 따라 마음을 가라앉히고 차근차근 진도를 따라갔다. 저녁 수업이 끝날 무렵 사방이 트인 유리창 너머 숲속과 작은 연못가에 은은히 비치는 불빛에 시선이 끌렸다. 마치 동화의 한 장면 같던 그 순간 나지막히 들려오는 선생님의 노랫소리까지 더해져 몸과 마음이 깨끗이 정화되는 느낌이었고, 처음으로 요가의 매력에 사로잡혔다.

샌프란시스코로 돌아오자마자 나는 개인 요가 트레이너에게 개인강습을 받았다. 그녀는 요가의 기본 동작, 호흡, 명상 그리고 노래 등을 자세하게 가르쳐 주었다. 6개월간의 개인강습으로 요가의 기본기를 닦고 나니 마침내 대형 요가 클래스에 '데뷔'할 수 있는 날이 왔다. 이제는 대형 클래스의 진도를 충분히 따라갈 수 있을 정도의 실력이 되었고 정말 요가 자체를 즐기게 된 것이다. 이제 나는 일주일에 세 번 있는 요가 수업을 손꼽아 기다릴 뿐만 아니라 에어로빅과 댄스 수업에도 참여한다. 또한, 정기적으로 트레이너에게 헬스 지도까지 받으면서 두루두루 체력을 기르고 있다.

이 일을 계기로 예전엔 운동 자체를 싫어하고 피트니스 가는 것도 차일피일 미뤘던 내가 도대체 어떻게 운동을 좋아하게 된 것일까를 곰곰이 생각해 보았다. 사실 비결은 아주 간단하다.

워라밸 시대의 인생 디자인

자신이 좋아하는 운동법을 찾아라

예전에는 내가 어떤 운동법을 좋아하는지 몰랐다. 달리기, 수영, 헬스 이것저것 해봤지만 다 똑같은 동작을 기계적으로 반복하는 것 같았고 무엇보다 너무 지루했다. 재미가 없으니 꾸준히 하기도 힘들었던 것이다. 이건 지극히 개인의 취향으로, 헬스를 좋아하는 사람도 많다.

나에게 맞는 운동법을 찾으면 운동하러 가는 시간이 기다려지고 또 그 시간을 즐길 수 있다. 엘리자베스 여왕 3세는 어렸을 때부터 승마를 배웠고 90세 고령의 나이에도 운동을 좋아했다. 캘리포니아 해변에서 자란 세계 최고 동안 모델 크리스티 브링클리 Christie Brinkley 역시 어렸을 때부터 수상 스포츠, 서핑, 윈드서핑, 잠수 등 못하는 것이 없었다. 중국 여배우 공리凡俐도 늘 친구들과 테니스, 배드민턴을 즐겼다. 지인 중에 40세가 넘어서도 개미허리를 유지하는 역대급 몸짱 여신이 있는데 그녀는 춤을 굉장히 좋아한다. 매주 재즈댄스와 탭댄스 수업을 세 번씩 듣고 해마다 새로운 춤에 도전한다. 세상에는 다양한 운동법이 있다. 요가, 하이킹, 헬스, 태극권, 수영, 농구, 카누 등 동적이거나 정적인 운동, 와일드하거나 소프트한 운동, 실내 또는 실외에서 하는 운동 등 얼마든지 취향에 맞게 선택할 수 있다. 많이 시도해 보라. 당신에게 딱 맞는 운동을 찾게 될 것이다.

아직 당신에게 맞는 운동법을 찾지 못했다면 건강한 운동법 중 하나인 빨리 걷기를 추천한다.

- 뛰어난 효과: 러닝머신의 경사도는 약간 높게, 4~6km의 속도로 걷는다면 최적의 심장박동수를 유지할 수 있고 _{334p에서 자세히 설명한다} 최고의 운동 효과를 볼 수 있다.
- 간편성: 퇴근 후 운동화로 갈아 신고 집 근처 피트니스로 가서 러닝머신을 한다. 주말에는 교외로 나가 산책을 하는 것도 좋은 방법이다. 아니면 아예 집에 러닝머신을 한 대 마련해서 시간이나 날씨에 구애받지 않고 언제든지 운동하는 방법도 있다.
- 멀티태스킹: 빨리 걸으면서 노래를 듣거나 영화, 뉴스 등을 시청할 수도 있고 영상 회의를 진행할 수도 있다. 멀티태스킹이 필수인 엘리트 직장인들이 바쁜 일정을 소화하면서도 건강한 체력을 유지하는 비결이다.
- 무릎에 무리가 가지 않는 운동: 걷기는 달리기나 에어로빅처럼 뛰는 운동에 비해 무릎 관절에 무리가 적게 가므로 체중이 많이 나가거나 무릎이 약한 사람들에게 적합하다.

이밖에 간편하면서 효과도 크지만 많은 사람이 놓치고 있는 것이 바로 호흡이다. 평소에 요가 수업을 듣거나 달리기를 할 때 트레이너가 항상 호흡을 강조하는 데 그만큼 장점이 많기 때문이다. 심호흡을 하면 체내 산소량을 단시간에 높여 주고 세포가 활성화되며 에너지를 무한대로 방출할 수 있다. 피로가 느껴지거나 허기질 때도 심호흡을 몇 번 크게 하면 정신이 번쩍 든다. 세포가 가장 필요로 하는 영양분_{산소}이 충분히 공급되었기 때문이다. 또 심호흡은 가장 간편하면서도 효과가 뛰어난 심폐 기능 훈련법으로 단시간에 최대 산소 섭취량을 높이고 몸속의 엔진 성능도 최대로 끌어올릴 수 있다. 이외에도 림프순환과 독소 배출에도 도움이 된다. 만약 운동을 하나만 해야 한다면 심호흡을 꾸준히 해볼 것을 강력하게 추천한다.

심호흡 훈련법

- 7초간 복식으로 들이쉬기: 숨을 들이쉬면 복부가 팽창한다.
- 28초간 숨 참기: 세포가 산소를 충분히 흡수할 수 있도록 한다.
- 14초간 내쉬기: 독소와 노폐물을 배출한다.
- 한 세트에 10회, 하루 최소 3세트씩하고 횟수를 점점 늘린다.

나는 자투리 시간을 잘 활용한다. 주로 글을 쓰거나 식사 준비를 할 때 심호흡 훈련을 하기 때문에 매일 30세트는 기본으로 하는 셈이다. 아톤은 컴퓨터 앞에서 타자를 치며 '습습후후' 호흡하는 내 모습에 이미 익숙하다.

주의할 점

자신의 폐활량에 따라 운동 시간을 조절하는 게 좋다. '들이쉬기 : 숨 참기 : 내쉬기'의 비율을 1 : 4 : 2로 지켜 주면 된다. 예를 들면 들이쉬기 5초, 참기 20초, 내쉬기 10초를 유지하는 것이다. 심폐기능이 안 좋은 사람들은 훈련을 시작하자마자 숨이 차오를 것이다. 이것은 지극히 정상적인 반응이다. 이렇게 꾸준히 연습해 나가면 심호흡 한 번 하는 시간이 점점 길어지고 또 쉽게 느껴질 것이다. 이것은 심폐기능이 갈수록 좋아지고 있다는 뜻이며, 그만큼 신체 에너지도 많아진다는 것을 의미한다.

덧붙이자면, 대기오염이 심한 곳에서 호흡 훈련은 지양하라. 차량 운행량이 많거나 스모그가 심한 곳에서 훈련을 하면 오히려 역효과가 나타난다. 만약 오염도가 높은 도심에 거주하고 있다면 교외로 나가거나 다른 지역으로 휴가를 떠났을 때 연습해 보는 것이 좋다.

기본기를 다져라

예전에 요가를 할 때는 기본기 하나도 모르는 상태로 대형 요가 클래스에 등록했더니 요가 강사의 구령에 맞춰 따라서 동작을 하는 것도 힘들었다. 수업 내내 옆 사람은 어떻게 하는지 훔쳐보고 우왕좌왕하느라 바빴고 전혀 흥미도 느끼지 못해서 중간에 포기했다.

대부분의 운동은 테크닉이 있기 마련이다. 이 테크닉의 기본기를 다지기 전에는 진정한 흥미를 느끼기 어렵다. 예를 들어 농구의 드리블, 패스 등 기본 동작을 모르는 상태에서 농구를 하면 그저 코트에서 뜀박질하는 데에 그칠 것이다. 또 골프의 스윙, 퍼팅이 뭔지도 모르면서 필드에 나간다면 아마 골프가 세상에서 제일 지루한 운동이라고 느껴질 것이다.

내가 요가의 '요' 자도 몰랐을 적엔 1년 회원권을 날리는 한이 있더라도 수업에 갈 마음이 들지 않았다. 그런데 지금은 일주일에 세

워라밸 시대의 인생 디자인

번씩 꼬박꼬박 나간다. 이런 변화가 생긴 가장 큰 이유는 바로 기본기를 어느 정도 다졌고 그때부터 요가의 매력을 느낄 수 있었기 때문이다. 만약 새로운 운동에 도전하려면 우선 기본기 다지기에 시간을 투자하라고 제안하고 싶다. 너무 조급해하지 말고 그 운동만의 매력을 천천히 음미해 보길 바란다.

한 단계씩 차근차근

예전에 나는 뭐든지 단숨에 빨리 해내고 싶었다. 피트니스에 가면 뭔가 '좀 있어 보이는' 클래스는 전부 다 들어 보고 싶었다. 하지만 운동에서 손 뗀 지 오래라 진도를 따라가기도 버거웠고 워낙 몸치인지라 운동하면서 몇 번 창피를 당해 보니 결국 초반에 불타오르던 의지마저 사그러들어 운동하러 갈 마음이 싹 사라졌다.

평상시에 운동을 잘 하지 않았던 사람들은 처음 운동을 시작할 때 어려운 점이 많다. 그래서 나는 난이도가 높은 운동은 추천하지 않는다. 중간에 그만두고 싶은 생각이 들 수도 있기 때문이다. 반대로 본인의 체력, 운동 테크닉과 맞는혹은 자신의 수준보다 조금 낮은 것도 무방하다 운동을 골라서 테크닉을 배우는 데 집중하고 흥미와 자신감을 기르며 운동 강도에 점점 적응해 나가기 바란다. 적응기가 지나면 강도를 하나씩 높여가며 한 단계씩 차근차근 수준을 높여 가는 것이 좋다.

건강한 운동의 핵심

나는 예전에는 고강도 운동을 좋아했다. 일주일에 세 번씩 핫요가 Hot Yoga를 즐겼는데 온몸이 땀으로 흠뻑 젖고 두 다리에 힘이 다 풀려야 직성이 풀렸다. 거기다 줌바댄스까지 등록해서 이리저리 방방 뛰어다니며 한 번에 500칼로리 이상의 열량을 소모했다. 이렇게 강도가 높은 운동을 자주 하니 다이어트 효과는 좋았다. 몇 주 만에 몸에 탄력이 붙고 2~3개 월만에 원하는 몸매를 가질 수 있었다. 하지만 이런 고강도 훈련을 4개월 이상 지속하기는 쉽지 않았다. 이상하게 툭하면 앓아 눕기 일쑤였고 체력이 부족해 한동안은 피트니스에 나가지 못했다. 이런 상황이 네다섯 번 반복되었다. 처음엔 운동량이 너무 많아서 그런가 싶었지만 확인할 방법이 없었다. 어느 날 중의학 의사를 찾아갔는데 맥을 짚어본 의사는 이렇게 말했다.

"그렇게 격렬한 운동은 본인에게 적합하지 않습니다. 교외로 나가서 산책을 많이 하고 수영, 요가, 단전호흡, 태극권 같은 게 좋아요."

그 당시 나는 어이가 없다는 표정으로 내가 하고 있는 고강도 운동들에 대해 설명했다. 내 말을 들은 의사는 빙그레 웃으며 이어서 말했다.

"그것 보세요. 그래서 지금 당신의 몸이 힘들다고 '파업'하고 있는 겁니다. 지금 하고 있는 운동들은 본인과 맞지 않다고 말하고 있는 것이라고요. 몸이 하는 소리를 잘 들어 주세요."

운동을 하는 목적은 단순히 미용 차원을 넘어서서 건강한 삶을 살아가기 위함에 있다. 그러므로 체력 소모가 심한 운동은 지양하기 바란다. 건강을 유지할 수 있는 범위 내에서 운동을 해야 진정으로 운동을 즐길 수 있고 아름다운 몸매도 유지할 수 있으며, 체내 독소도 빠지고 에너지 넘치는 삶을 살 수 있다. 건강을 해칠 정도의 운동은 신체에 무리를 가한다. 전문 운동선수들이 건강상 많은 문제를 안고 있는 이유도 바로 체력 소모가 심한 운동을 오랫동안 하기 때문이다.

건강하게 운동을 하고 싶다면 자신에게 맞는 운동 강도와 시간을 찾는 것부터 시작하면 된다.

나에게 맞는 운동 강도

많은 사람이 물론 예전의 나도 포함된다 운동 후 통증을 느껴야 운동을 좀 한 것 같고 숨이 턱 밑까지 차올라야 운동 효과가 좋다고 생각한다. 그런데 고강도 운동을 하거나 갑자기 힘든 운동을 하면 우리의 몸은 순간적으로 많은 에너지를 필요로 한다. 이렇게 순간적으로 생성되는 에너지는 지방을 연소시켜서 얻는 게 아니기 때문에 당 탄수화물 을 분해하는 무산소성 대사가 활발해지고 이로써 많은 에너지를 이른 시간 안에 만들어 낼 수 있다. 이것이 바로 무산소 운동이다. 무산소 운동은 지방을 소모하지 않을 뿐 아니라 당의 무산소 분해 과정에서 다량의 젖산까지 생성해서 운동 후 근육 통증, 피로감이 느껴지고 심지어 회복하는 데도 오래 걸린다.

더 심각한 것은 초고강도 운동은 굉장히 위험하다는 사실이다. 우리는 운동하는 사람들이 러닝머신을 하다가 넘어져 그 자리에서 즉사했다는 기사를 종종 접하곤 한다. 그 이유가 바로 운동 강도가 자신의 신체 '엔진'이 수용할 수 있는 범위를 넘어섰기 때문이며 이는 굉장히 위험한 행동이다.

만약 당신도 나처럼 운동을 하는 목적이 미용과 건강이란 두 마리 토끼를 모두 잡기 위해서라면 사실 최고의 운동법은 유산소 운동이다. 유산소 운동을 조절할 때 가장 중요한 지표는 바로 심장박동수이다. 최대 심장박동수 범위 안에서 운동할 때 심폐기능이 강화되고 1회 박출량이 더 커지며 산소 공급 능력도 더 좋아진다. 또한, 최대 심장박동수 범위 안에서 운동을 하면 지방을 연소시킬 수 있고 체지방은 줄이고 근육량은 늘리며 신진대사를 증가시켜 쉽게 살이 찌지 않는 체질로 만들어 준다.

그렇다면 최대 심장박동수의 범위는 어떻게 계산할까?

최대 심장박동수 상한선 = 180 - 본인 나이

위의 공식에 따르면 30세 성인의 최대 심장박동수는 150이 된다. 만약 운동을 계속해 왔고 건강 상태가 좋은 사람이라면 여기에 5를 더해서 155가 될 수도 있다. 반대로 체력적으로 약하거나 운동을 전혀 하지 않는 사람이라면 5를 빼서 145가 될 수도 있다. 심장박동수가 최대 범위를 넘어서면 숨이 차고 무산소 운동 상태로 들어간다. 이때는 적절하게 운동 리듬을 늦춰 주면서 심장박동수를 떨어뜨리

워라벨 시대의 인생 디자인

고 정상 호흡으로 돌아가야 한다. 사실 최대 심장박동수에 도달하는 것은 어렵지 않다. 5~10분만 걸으면 바로 도달할 수 있고 건강에 부담도 없으며 이튿날 근육이 당기거나 온몸이 쑤시는 일도 없다. 그러므로 평상시에 운동을 하지 않는 사람도 쉽게 도전해 볼 수 있다.

최대 심장박동수 하한선 = 최대 심장박동수 상한선 - 10

최대 심장박동수 상한선이 150인 사람의 최대 심장박동수 하한선은 140이 된다. 운동할 때 수치가 최대 심장박동수보다 내려가면 운동 효과가 낮아진다. 예를 들어 요가처럼 부담 없이 편한 운동을 할 때 내 심장박동수는 100을 넘지 않는다. 호흡도 안정적이고 숨이 차오르는 기색도 없다. 이때 운동 강도는 스트레칭할 때와 비슷한 정도일 뿐 지방 감소나 심폐기능 강화에는 큰 효과가 없다.

최대 심장박동수 범위 안에서 운동을 마치면 정신이 맑아지고 몸속의 세포가 살아 숨 쉬는 것처럼 에너지로 가득 찰 것이다. 이때가 바로 적절한 운동 강도를 찾은 것이다.

운동을 하면서 수시로 심장박동수를 측정하고 싶다면 스마트밴드를 구매하면 된다. 물론 전문 기기에 비해 정확성이 다소 떨어지긴 해도 호흡을 측정해서 결과를 보여 주므로 자신의 심장박동수가 현재 최대 심장박동수 범위 안에 있는지 쉽게 알아볼 수 있는 방법이다.

적정 운동 시간

운동 시간은 45분 정도를 유지하는 것이 좋다.

- 7분간 워밍업과 스트레칭하기: 최대 심장박동수까지 올라간다. 워밍업 없이 바로 운동을 시작하는 것은 금물이다. 쉽게 다칠 수 있다. 나는 피트니스에 갈 때 일부러 평소보다 빠르게 걸으면서 심장박동수를 높이는 것으로 워밍업을 대신한다. 이렇게 하면 피트니스에 도착했을 땐 준비 운동을 조금만 해도 바로 운동을 시작할 수 있다.

- 최대 심장박동수 범위 안에서 30분 이상 운동하기: 세계 최고의 퍼스널 트레이너 빌리 백 III Billy Beck III, 프로미식축구 선수 드웨인 존슨의 트레이너는 "인체는 운동할 때 테스토스테론이 분비되고 이 호르몬은 우리를 흥분시키며 즐겁게 만들어 준다"고 말한 바 있다. 운동을 시작한 후, 테스토스테론 분비가 정점에 달하는 30분 후에 운동을 중단하면 '운동은 사람을 정말 즐겁게 해주는 일'이라는 생각이 들 것이며, 다음 운동 시간도 무척 고대할 것이다. 그러나 운동 시간이 40분을 초과하면 코티솔cortisol, 스트레스 호르몬의 분비량이 행복 호르몬엔도르핀, 도파민, 세로토닌 등보다 많아지는데 이 상태에서는 운동이 일종의 부담으로 느껴진다. 그러므로 가장 스마트한 운동 시간은 바로 자신이 운동을 가장 즐길 수 있는 그 순간까지이며, 이때 운동을 멈추는 것이 좋다. 물론 스스로 운동을 진심으로 즐기게 되었거나 적합한 운동법을 찾았다면 운동 시간을 더 길게 늘려도 좋다.

워라밸 시대의 인생 디자인

- 7분간 힘 빼고 스트레칭하기: 온몸에서 힘을 빼고 심장박동수를 정상으로 떨어뜨린 후 가벼운 스트레칭으로 근육을 이완시킨다. 운동 강도가 높을 때 갑자기 멈추는 것은 금물이다. 값비싸고 귀중한 기계를 다루듯이 몸을 소중하게 다루고 온 마음을 다해 관리해야 건강을 유지할 수 있다.

운동하기에 좋은 시간

우리의 신체는 소화, 회복, 신진대사, 사고 등 모든 기능을 할 때 에너지를 필요로 한다. 어떤 때는 모든 에너지를 한꺼번에 모아 다른 중요한 기관에 공급해 주어야 하는데 이런 상황에서 운동을 하면 건강에 해로울 뿐 아니라 오히려 신체에 무리가 갈 수 있다. 그러므로 신체의 규칙을 잘 파악하고 자신이 운동하기에 적합한 시간을 찾아서 신체 손상이 일어나지 않도록 하는 것이 중요하다. 다음은 운동하기에 '부적절한' 시간을 적어둔 것이니 참고하여 자신의 상황에 맞게 운동 시간을 바꿔 보기 바란다.

- 아플 때는 운동을 하지 않거나 줄이는 것이 좋다. 우리 몸도 병을 이겨내기 위해서는 에너지를 집중적으로 소비해야 한다.
- 생리 기간에는 운동을 하지 않거나 줄이는 것이 좋다. 특히 생리통이 심한 여성은 몸이 생리주기가 되면 기본 체력이 약해지므로 관리를 잘해야 한다.
- 식후 두 시간 내에는 운동을 하지 않는다. 위장 기관도 음식물

을 소화시키기 위해서는 에너지를 집중적으로 소비해야 한다.

- 겨울에는 요가, 볼링, 걷기 등 강도가 약한 운동이 좋다. 땀을 뻘뻘 흘리면서 하는 격렬한 운동은 봄과 여름철에 더 적합하므로 겨울철엔 최대한 지양하는 것이 좋다. 겨울잠을 자는 동물들이 있는 것처럼 우리의 몸도 겨울엔 충전을 잘 해두고 각종 신체 기능을 유지 보수해야 한다.

워라밸 시대의 인생 디자인

건강의 첫째 요건

수면, 영양, 운동이 모두 중요한 것은 맞지만 전반적인 건강 체계에서 핵심 요소는 아니라고 생각했었다. 왜냐하면, '딱히 건강하지 않은' 생활을 하면서도 사리 분별이 명확하고 두뇌 회전도 빠른 100세 장수 노인들을 많이 보았기 때문이다. 이들은 과식은 기본이고 술과 담배를 입에 달고 살며, 운동은 거들떠보지도 않고 수면도 불규칙적이다. 아무리 생각해도 이해가 되지 않았다. 이들은 어떻게 건강한 정신을 유지하면서 오래 살 수 있는 걸까? 그 비결은 과연 무엇일까?

세계 최대 규모의 영양학 교육 전문 기관 Integrative Nutrition의 창립자 조슈아 로젠탈 Joshua Rosenthal 도 예전에 나와 같은 고민을 했다. 그는 젊었을 때 건강식품 매장에서 근무하며 보조식품을 사러 오는 '건강의 달인'들을 매일 접했다. 이들은 모든 영양 성분을 하나하나 꼼꼼히 읽고 상품의 효능에 대해 구체적으로 물었다. 또 자신의 식단 기록을 보여 주며 식단이 균형적으로 잘 짜였는지 자문을 구하고, 관련 정보를 하나도 빠뜨리지 않고 전부 기록했다. 퇴근 후에 종종 근처 영화관을 찾던 조슈아는 한 가지 사실을 발견했다.

영화를 보러온 사람들은 매일 같이 건강식품 매장에서 만나는 건강의 달인들과는 전혀 다른 모습이었다. 가족 또는 친구들과 함께 팝콘과 콜라를 먹고 하하호호 수다를 떠는 이들이 무척 즐거워 보였다. 이런 광경을 접한 후 조슈아는 몸에 해로운 음식을 먹는 사람들이 건강의 달인들보다 오히려 더 행복하고 활기차 보이는 이유는 도대체 무엇일까에 대해 진지하게 고민하기 시작했다.

수년간의 연구를 거쳐 조슈아는 자신의 저서 『Integrative Nutrition』에서 다음과 같은 파격적인 개념을 소개했다. 모든 유형의 건강 습관은 다 중요하다. 그러나 우리를 가장 배불리 살찌우고 생명의 자양분이 되는 것은 사실 '마음의 양식'이다.

누구나 한 번쯤 이런 경험을 해본 적이 있을 것이다. 어린 시절 친구들과 밖에서 신나게 놀면 엄마가 밥 먹으라고 불러도 배는 하나도 안 고팠던 기억, 또 우리가 좋아하는 일에 푹 빠져 있을 때 시간이 한참 지나도 배고픈지 모르고 일에 열중했던 경험 말이다. 다시 말하면 우리의 삶이 건강한 대인관계, 재미있는 즐길 거리, 의미 있는 일 등 영양 만점인 마음의 양식으로 배불리 채워졌다는 뜻이다. 이때 우리는 생명력이 넘치고 더 건강해진다.

다시 100세 장수 노인들의 이야기로 돌아가 보자. 장수 노인들을 자세히 관찰해 보니 각자의 생활 패턴이 다르고 심지어 일부는 건강을 해치는 습관까지 있지만 마음의 양식이 풍부하다는 공통점이 있었다. 행복하고 안정된 가정, 업무에 열중하는 자세, 굳은 의지와 사명감 등이 바로 장수 노인들은 살찌우는 마음의 양식이다. 장수 노인들은 매일 행복하게 충실한 삶을 살기 때문에 삶이 마음속 깊은 곳의 아름다운 광채가 외부로 발산된다.

그렇다면 어떻게 하면 정신적으로 건강한 삶을 살 수 있을까?

사실 이 문제에 대한 답은 다시 인생의 바퀴로 돌아가서 찾을 수 있다. 단단한 내면을 기르고 끝없는 배움과 실전 경험을 더해 다양한 '인생의 명제'에 대한 만족도를 높일 수 있다. 이렇게 열심히 굴려온 인생의 바퀴가 둥글둥글한 모습을 갖추면 바퀴는 더 빠르고 자유롭게 굴러갈 것이다. 이때 우리의 정신적인 삶도 충만하고 행복해질 것이며 우리의 생명도 아름답게 꽃 피울 것이다. 그리고 이 과정에서 몰라보게 건강해진 당신을 만나게 될 것이다.

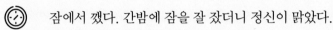

아름다운 인생 일정표

■ **평일 일과**

5:15
잠에서 깼다. 간밤에 잠을 잘 잤더니 정신이 맑았다. 알람은 6시 정각에 맞춰져 있었지만 보통 알람이 울리기 전에 먼저 잠에서 깨어난다. 침대에 누워 잠에서 서서히 깨도록 기지개를 몇 번 쭉 핀 후 배를 문질러주고 눈동자를 몇 번 굴린다.

5:20
침대에서 일어난다. 창문을 열어 환기를 시킨다. 그리고 양치질하고 머리에 트리트먼트를 하고 상쾌하게 하루를 시작한다!

5:50
얼굴과 목 주변을 마사지한 후 몸에는 보디로션을 바른다. 입술에는 립밤을 발라서 보습을 해준 후 생기 있는 느낌을 살려 준다.

6:00
감기에 걸리지 않도록 머리를 말린다. 단발을 한 다음에 머리 말리는 시간이 줄어들었다. 그리고 말리기만 해도 스타일링이 되어 매우 편하다. 나처럼 꾸미는 걸 좋아하지만 많은 시간 투자를 싫어하는 귀차니스트들에게는 딱이다!

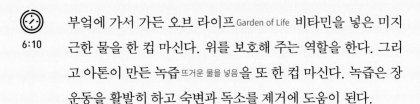

6:10 부엌에 가서 가든 오브 라이프 Garden of Life 비타민을 넣은 미지근한 물을 한 컵 마신다. 위를 보호해 주는 역할을 한다. 그리고 아톤이 만든 녹즙뜨거운 물을 넣음을 또 한 컵 마신다. 녹즙은 장운동을 활발히 하고 숙변과 독소를 제거에 도움이 된다.

6:25 녹즙 한 컵을 들고 컴퓨터 앞에 앉는다. 컴퓨터를 켜서 공식 계정에 올릴 글을 쓴다. 최근 냉동 난자에 대한 문의가 쇄도하여 실제로 난자를 냉동한 지 얼마 안 된 여성 지인들의 경험과 느낌을 공유하고자 한다. 사실 35세 혹은 그보다 연령이 높지만 아직 출산을 하지 않은 여성들은 미리 냉동 난자에 대해 알아보고 계획을 세워둘 필요가 있다.

7:00 책을 쓰면서 심호흡 훈련을 한다. 7초 동안 복식호흡을 한 후 28초 동안 숨을 참다가 14초 동안 숨을 내뱉는다. 총 10세트를 한다. 심호흡 훈련은 심폐기능을 강화하고 몸의 활력를 높이는 데 중요한 역할을 한다.

8:00 글쓰기를 끝내고 컴퓨터를 끈다. 표현과 논리를 반복해서 수정하는 것을 좋아하고 가끔은 전부 갈아엎고 다시 쓰기 때문에 글 한 편을 쓰는데 꽤 많은 시간이 걸린다. 한 번에 깔끔하고 완벽한 글을 쓸 만한 능력은 없지만 기준을 낮추고 싶지 않아서 결국 만족할 때까지 수정을 거듭하는 무식한 방법을 택한다. 이래야만 스스로의 기준을 통과할 수 있다. 하지만 좋아하면서도 만족스러운 일을 하면 매우 큰 성취감을 얻는다.

출근 준비를 할 시간이다.

8:01 메이크업: 선크림을 바르고 눈썹을 그리고 속눈썹을 가지런히 한 후 로즈색 립밤을 바른다.

옷: 편한 그레이 니트와 캐주얼 스타일의 청바지를 입었다. 굽이 낮은 숏 블랙 부츠를 신고 중간 길이의 트렌치 코트를 걸친다.

액세서리: 핑크색 펄 귀걸이와 새해에 동료에게 선물받은 실버 에너지 팔찌를 찬 후 진주 반지를 낀다.

실리콘밸리의 기업 문화는 상당히 자유로운 편이어서 이런 스타일을 좋아하는 나는 꾸미는 데 드는 비용을 절약할 수 있다.

아톤과 키스로 인사를 하고 애플 노트북이 들어 있는 백팩을 매

8:30 고 출근을 한다전에는 백을 맸는데 어깨와 척추에 압력을 많이 가해서 백팩으로 바꾸었다.
엘리베이터에서 정골整骨 전문 의사가 알려준 무릎 단련법을 한다. 어렸을 때부터 무릎이 약한 편인 데다가 평소에 운동량도 부족해서 다치지 않도록 평소에 무릎을 보호하고 단련하는 연습을 해야 한다.

회사는 집에서 10분 거리에 있다. 아침에 마신 녹즙 두 잔이

8:40 이미 소화가 되어 배가 살짝 고프다. 몸을 충전시킬 때가 되었다. 건물 아래에서 버터와 과일을 곁들인 프렌치토스트로 아침 식사를 해결한다. 버터는 영양이 풍부할 뿐만 아니라 포만감이 뛰어나다. 천천히 씹어서 삼킨다.

9:00 업무를 시작한다. 두 건의 대형 프로젝트를 얼마 전에 마쳤기 때문에 휴식기에 있어서 업무량은 적당한 편이다. 하지만 가장 도움이 되는 애널리스트가 임신을 해서 입덧 때문에 힘들어한다. 마음 편하게 몸에 신경 쓰게 하고 싶어서 최대한 일거리를 적게 주고, 내가 일을 대신하기로 한다.

9:55 중요한 업무 메일에 모두 회신을 한다. 텀블러에 다시 물을 채워 7층에서 37층까지 계단을 이용해 올라간다. 시간이 날 때마다 건강을 위해서 10층 아래에서 열리는 회의실까지 항상 계단을 이용한다. 올해 59세인 나의 멘토는 계단을 이용하여 30층에 있는 사무실에 올라간다. 그는 60세가 되면 60층을 계단을 이용해서 다닐 목표를 가지고 있다.

12:30 비즈니스 스쿨 동기 B와 점심을 함께한다. 올해 28세인 B는 결혼해서 두 살된 딸이 있다. 그는 일을 좋아하지만 워크홀릭이 되고 싶지는 않다고 말한다. 한가한 시간에 아내와 아이와 시간을 많이 보내고 재미있는 일드론으로 풍경사진을 찍는 걸 좋아함을 하고 싶다고 한다. 그래서 고소득에 화려하기는 하지만 스트레스도 많고 업무 시간도 긴 직장을 그만두고 싶다고 한다.
B와 나는 일과 인생에 대해 각기 다른 입장을 취하고 있다. 이는 매우 흥미로운 일이다. 최근 몇 년 동안 나와 비슷한 생각을 가지고 있는 엘리트들을 만난 적이 있다. 이들은 30세 이상의 아이가 있는 여성들이 대부분이었다. 하지만 B처럼 젊은 남성이 일과 인생을 담백하게 바라보는 일은 매우 드문 일이다.

이게 90년대에 태어난 젊은이들이 인생을 대하는 자세인 것일까?

13:30 화상 회의 시간이다. 마무리를 하는 가벼운 회의이기 때문에 주로 듣기만 하면 된다. 회의 내용을 간단하게 필기하고 심호흡을 한다. 회의 내내 약 40세트가량의 심호흡을 해서 오늘의 목표치를 초과 달성했다.
회의가 끝났다. 텀블러에 물을 담고 스트레칭을 한 후 멀리 있는 바다를 보면서 눈을 쉬게 한다. 그리고 다시 이메일을 확인한다.

14:30 부하 직원 엠마와 정기 미팅을 할 시간이다. 얼마 전 엠마가 조금 더 도전적인 프로젝트를 맡고 싶다는 의사를 밝혀서 새로운 프로젝트를 맡겼다. 엠마는 정말 많은 것을 배웠다며 이렇게 좋은 기회를 마련해 준 내게 거듭 감사 인사를 했다. 나는 그녀의 성과에 만족하며 다른 프로젝트도 맡기겠다고 말했다.

15:00 직장에서는 오로지 나 자신만이 커리어 계획을 세우는 주체가 될 수 있다. 상사는 부하 직원의 커리어에 신경 쓸 틈이 없다. 그러므로 원하는 것이 있다면 상사에게 이야기하고 조언과 지원을 받도록 하자. 이제 나도 내 상사에게 승진에 대한 이야기를 해야겠다.

17:30　오늘의 업무가 어느 정도 마무리되었다. 탁자 위에 있는 꽃과 화분에 물을 주고 컵을 씻은 후 퇴근한다.

집에 가는 길에 상하이에 계신 부모님께 전화를 했다. 부모님은 이제 막 일어나서 커피와 대추로 속을 채운 만두를 드시는 중인데 너무 맛있다고 한다. 커피와 만두의 조합이라니, 못 말려!

17:40　집에 도착했다. 아톤은 피트니스에 갔다. 손을 씻고 집에서 입는 옷으로 갈아입고 저녁밥을 한다. 오늘의 저녁 메뉴는 가지 토마토 파스타다. 매주 헬로 프레시Hello Frensh와 같은 앱을 통해 세트 음식을 주문한다. 세트 음식 회사는 필요한 재료에 레시피를 동봉하여 집으로 배달해 준다. 파스타면 1봉지와 마늘, 오늘 식사에 필요한 재료를 배송해 준다.

레시피대로 차근차근 요리를 하면 30분 후에 레스토랑 수준의 요리가 완성된다. 채소 섭취량을 늘리기 위해서 별도로 채소를 곁들이기도 한다. 오늘은 애호박을 추가로 넣었다.

18:15　저녁이 다 되었다. 아톤이 운동을 하고 돌아왔다. 우리는 같이 저녁을 먹기 시작한다.

평소에 둘 다 너무 바쁘지만 적어도 일주일에 네 번 정도 저녁을 같이 먹는다. 우리가 함께하는 소중한 시간이다.

아톤이 작성한 주식 분석 보고서가 바론즈Barron's에 실린 이후 많은 투자자가 아톤의 펀드에 투자할 의향을 밝혔다.

사실 아톤의 열정을 정말 높게 산다. 3년 전 헤지펀드 회사의 고연봉 포지션을 그만두고 나와서 자신만의 펀드를 창업했다. 창업은 매우 어려운 일이지만, 그는 자신이 뛰어난 두뇌, 실력과 노력 그리고 나의 엄청난 내조도 한몫한다을 갖추고 있으며 반드시 성공할 것이라고 믿는다.

19:00 저녁을 먹은 후 아톤이 정리를 한다. 우리 집은 한 사람이 밥을 하면 다른 한 사람이 설거지를 하기로 규칙을 정해 놓았다.
화장을 지우고 클렌징을 한 후 피부에 보습을 하여 피부가 숨을 쉴 수 있도록 신경 쓴다.

19:15 컴퓨터를 켜서 나의 주식 계좌를 본다. 최근 미국 증시가 폭락했지만 나의 자산은 안정적으로 늘어나고 있다. 자산 배분을 잘해 놓으니 리스크 관리 역시 더욱 잘 된다.

19:20 이어폰을 끼고 행동학 관련 강의를 듣기 시작한다. 강의를 들으면서 열심히 필기를 한다.
파편식 학습을 좋아하지 않고 멀티 태스킹에도 익숙하지 않다. 오랜 시간을 들여 차분하게 공부하는 것을 좋아한다. 단순히 지식을 쌓는 것보다는 완전히 나의 것으로 만드는 것을 좋아하는 편이다.
60시간에 달하는 강의 과정을 벌써 세 번째 듣고 있다. 어쩔수 없다. 나는 지극히 평범한 사람이라서 노력을 더 많이 하는 수밖에 없다. 강사님이 오랜 경험을 토대로 쌓아온 지식을 한번 듣고 소화할 수 없기 때문에 모든 지식을 내 것으로 만들 때까지 여러 번 반복해서 듣는 수밖에 없다.

20:30 한 챕터를 끝냈다. 이미 두 번이나 들었지만 이번에도 많은 깨달음을 얻어 필기도 많이 했다. 앞으로 한두 번 정도 더 들으면 될 것 같다.

20:35 운동복으로 갈아입고 미지근한 레몬수 한 병을 들고 아래 층에 위치한 피트니스로 향한다. 아톤이 문서를 보느라 집중을 하고 있으니 방해를 하지 않으려고 한다.

집을 나서기 전에 심장박동수를 체크한다. 73. 나의 정상 심장박동수는 135~145구간이기 때문에 운동을 하기 전에 심장박동수를 최소 130 이상으로 끌어올려야 최상의 운동 효과를 얻고 부상도 피할 수 있다.

피트니스까지 빠른 걸음으로 걸어가고 도착하자마자 스트레칭을 한다. 먼저 인대를 풀어 주고 폼롤러를 해서 딱딱하게 굳어 있는 근육을 풀어 준다. 그리고 손목과 발목을 돌리고 골반을 열며 워밍업을 한다. 마지막으로 스트레칭을 크게 해 준다. 스마트밴드의 심장박동수를 보니 110이 되었다.

20:40 러닝머신에서 천천히 걷기 시작한다. 경사도를 높여서 몸이 운동에 적응할 수 있도록 만든다. 심장박동수를 천천히 최저로 떨어뜨리도록 한다.

러닝머신에서 걷는 자세가 매우 중요하다. 많은 사람은 앞에 너무 바싹 붙어서 보폭과 팔의 움직임 정도가 상당히 작은 편이다. 러닝머신 중앙에 서는 것이 정확한 자세로 보폭과 팔의 움직임이 커져 가장 이상적인 전신 운동 효과를 얻을 수 있다.

20:45 숨이 가파르기 시작하면 심장박동수를 확인한다. 137. 이제 본격적으로 운동을 해도 된다. 속도와 경사도를 높이 하고 큰 보폭으로 걷기 시작한다. 운동을 하면서 여성 건강과 관련된 수업을 듣는다. 가벼운 강의라 머리를 쓸 필요가 없어 운동을 하면서 들을 수 있다.

21:15 가장 이상적인 심장박동수 범위에서 30분간 걸었다. 걷기를 가볍게 생각하지 말자. 땀도 많이 나고 몸의 모든 지방이 타고 모든 세포가 깨어나는 느낌이 매우 상쾌하다. 이제 마무리를 할 시간이다. 러닝머신의 속도와 경사도를 낮춰 심장박동수가 느려질 수 있도록 조정했다.

21:20 심장박동수 100, 이 정도면 됐다. 러닝머신에서 내려와 천천히 스트레칭으로 근육과 몸을 펴준다.

21:25 심장박동수 95. 운동을 끝내고 집에 간다. 집에 돌아와서 세수를 한 후 바로 팩을 붙여 피부에 수분을 공급한다. 양치질을 한 후 머리를 감는다 단발이라서 자주 머리를 감아도 괜찮다. 샤워를 하고 피부 보습을 마치고 머리를 말리고 다시 온몸에 바닐라 아로마 오일을 발라 준다. 깨끗한 상쾌한 느낌이 든다. 좋은 향까지 나니 기분이 참 좋다!

21:50 아로마 병에 바닐라 아로마 오일을 조금 넣어준 후 소파에 편안한 자세로 앉아서 유발 하라리 Yuval Harari 『호모데우스』를 읽는다. 아톤은 내 옆에서 투자 서적을 보고 있다. 머리를 쓸 필

요가 없어서 자기 전에 보기 좋은 내용이라고 한다. 그의 머리가 나보다 좋다는 사실을 인정할 수밖에 없다. 우리는 평소에 늦게까지 일을 하기 때문에 자기 전 책을 읽으면서 숙면을 위한 준비를 한다.

🕐 **22:10** 명상을 한다. 잠자기 전 명상을 통해 바빴던 하루를 마무리한다. 마음과 감정을 가다듬고 뇌를 쉬게 해주면 잠이 더 잘 온다.

🕐 **22:20** 잠옷으로 갈아입고 침대에 눕는다. 자기 전 아톤과 이야기를 나누는 것을 좋아한다. 그리고 애정을 듬뿍 담아 상대방을 안아준다.

🕐 **22:30** 불을 끄고 인사를 한 후 바로 깊은 잠에 든다.

⏰ **일과 정리**

일	8시간
잠	7시간
건강	5시간
학습(Input&Output)	4.5시간
가족과의 시간	1시간
사교활동	1시간
재무관리	5분

여러분이 본 시간표 중 가장 **빡빡한** 시간표가 아닐지는 몰라도 매우 균형적이며 과학적으로 설계된, 그리고 오랫동안 가볍게 유지할 수 있는 일상 시간표이다.

함께 노력해 봅시다!

아름다운 인생 일정표

■ 주말 일과

06:30
자연스럽게 눈이 떠진다. 아톤과 나는 잠이 부족한 편이 아니기 때문에 평일과 주말 기상 시간에 크게 차이가 없다.
기지개를 켜고 배를 문지르고 눈동자도 몇 번 굴려서 몸이 잠에서 깨도록 한다. 그리고 침대에서 일어난다.

06:40
크리넥스 일회용 수건으로 얼굴을 닦고 미지근한 물로 세수한 후 얼굴에 얇은 보습 팩을 바른다.
전동 칫솔로 2분 동안 열심히 이를 닦는다.

06:50
물을 한 컵 마신 후 가든 오브 라이프 Garden of Life 비타민을 먹는다. 몸에 기운이 도는 듯한 느낌이다.

06:55
박하, 베르가못, 파촐리를 섞어 만든 아로마 오일을 바른다.
상쾌한 향에 기분도 좋아진다.

07:00
녹즙을 만든다. 꽃양배추, 믹스 샐러드, 연한 시금치, 오이, 고수, 생강, 사과를 깨끗하게 씻어서 큼직하게 자르고 깨끗한 물과 레몬즙을 함께 바이타믹스 블렌드에 넣는다.
전원을 켜고 30초가 지나면 녹즙이 완성된다.

컵에 뜨거운 물과 차가운 녹즙을 붓는다. 대량의 섬유질이 장의 독소를 밀어낸다고 상상하면서 마시면 장이 움직이는 것이 느껴진다.

07:15 명상을 한다. 한 주의 생각을 정리하고 배에 힘을 주어 뇌에 에너지를 공급한다.

07:45 아톤이 아침을 차리고 있다. 아톤은 아침 식사를 풍성하게 먹는다. 달걀프라이, 아보카도, 살구씨잼 토스트를 만들었다. 아침을 적게 먹는 편이다. 몸에서 독소가 빠져나갈 수 있도록 위에 부담을 주지 않는 것이 좋다. 빵 두 조각에 살구씨 잼을 얇게 발라서 아톤과 같이 아침을 먹었다.
꼭꼭 씹으며 천천히 먹는다. 한입 한입 맛을 최대한 느끼려고 노력한다. 마트에서 사온 살구씨 잼이 정말 맛있다. 살구 외 다른 재료가 함유되어 있지 않기 때문에 몸에도 매우 좋다.

08:15 아침을 먹고 식탁을 정리하고 이메일을 확인한다.
우리 부서의 업무 문화는 상당히 좋은 편이라서 대형 프로젝트 기간 외에는 야근을 할 필요가 없다. 그래도 급한 일이 있을지도 모르니 주기적으로 메일을 확인하는 편이다.

08:30 자기계발 강사님이 내 주신 과제를 한다. 퍼포먼스 코칭은 매일 이상적인 상태를 유지하기 위한 것으로 집중력과 에너지를 가장 중요한 일에 사용한다. 이는 운동 코치가 내 컨디션 조정을 도와주고 계속 앞으로 나아갈 수 있도록 도와주는 것

과 같은 이치다.

코치가 이번 주에 내 준 과제는 타깃 독자층의 '초상화'를 그려 보는 것이다. 연령, 직업, 인생 단계, 겪고 있는 어려움 등을 상상해 보고 나의 독자가 누군지, 그들이 필요로 하는 것이 무엇인지 파악한다.

09:50

과제를 끝내고 나니 독자들이 마치 예전의 나같이 느껴진다. 독자들이 겪고 있는 어려움과 혼란스러움 그리고 내면의 희망이 고스란히 느껴진다. 나 역시 그런 길을 걸어왔기 때문에. 다 나아질 것이다.

몸을 일으켜 기지개를 켜고, 레몬 슬라이스가 담긴 물을 마시며, 먼 곳에 있는 바다를 바라보기도 한다.

그리고 미지근한 물과 일회용 수건을 이용해서 얼굴의 보습 팩을 닦아준다. 토너를 두드려 얼굴에 흡수해 준 후 페이셜 크림을 발라서 촉촉함을 유지해 준다.

10:00

운동복으로 갈아입고 미지근한 물 한 병을 챙겨서 운동을 하러 간다. 클래스 패스 Class Pass의 Dancehall 수업을 신청했다. 댄스 스튜디오는 우리 집에서 10분 거리에 있다. 워밍업 삼아 빠른 걸음으로 댄스 스튜디오까지 걸어간다.

10:10

댄스 스튜디오에 도착해서 스마트밴드를 보니 심장박동수가 125다. 최대 심장박동수 135에 근접하다. 스트레칭을 한 후 운동 중 관절이 다치지 않도록 미리 움직여 준다.

🕐 **10:15** 댄스 수업이 시작되었다. Dancehall은 자메이카의 열정적인 춤이다. 사실 춤을 잘 추지는 못한다. 하지만 기분이 좋으면 그만 아닌가! 신나기만 하면 된다!

🕐 **11:00** 춤 수업이 끝나니 땀이 많이 났다. 심장박동수는 143. 기분도 좋고 운동도 되니 일석이조가 아닌가! 심장박동수가 낮아지도록 스트레칭을 했다. 얼굴에 트러블이 생기지 않도록 얼굴에 난 땀을 닦고 집으로 돌아간다.

🕐 **11:15** 집으로 돌아와서 샴푸와 트리트먼트를 해준다. 세수를 하면서 각질을 살살 제거한 다음 바닐라 스크럽제로 전신 각질을 제거해 준다. 특히 발과 등 부분을 중점적으로 제거한다.

🕐 **11:35** 샤워를 한 후 피부관리를 한다. 로즈 향 토너를 화장 솜에 적셔 피부 산도를 조절해 가며 수분을 보충해 준다. 샌프란시스코는 많이 건조하기 때문에 보습이 매우 중요하다.
토너가 충분히 흡수될 때까지 몇십 초 기다려 준다. 기다리는 동안 아이크림과 립밤을 발라 준다.
토너가 거의 흡수되면 에센스를 얼굴에 바르고 남은 에센스를 목 부위에 두드리면서 발라 준다. 에센스가 충분히 흡수되도록 몇 분 동안 기다리면서 머리를 말리고 면봉으로 귀를 세척해 준다. 그리고 내가 좋아하는 아비노Aveeno 보디 로션을 바른다.
에센스가 거의 흡수되면 손을 깨끗하게 씻고 얼굴과 목 주위의 촉촉함이 유지될 수 있도록 보습크림을 발라 준다.

356

피부관리를 끝낸 후 아비노 크림을 손에도 바른다.

뷰티 달인들의 피부관리에 비하면 내 관리법은 걸음마 수준이라고 볼 수 있다. 피부관리 단계가 많고 복잡할수록 오히려 피부에 부담이 된다. 특히 나처럼 관리하기 어려운 민감한 피부일수록 득보다 실이 많다. 자신의 피부 타입을 파악하고 성분 보는 법을 배워야 한다. 자신에게 잘 맞는 성분과 맞지 않는 성분을 가려내어 맞는 제품을 찾게 되면 오랫동안 동안 피부를 유지할 수 있다.

11:55 오늘은 비즈니스 스쿨 동기들과 점심을 같이 먹는 날이다.

요즘 샌프란시스코 날씨는 매우 쌀쌀한 편이라서 어두운색의 옷을 입었다. 블랙 터틀넥 스웨터, 블랙진, 블랙 단화로 색을 맞추고 그레이 트렌치 코트로 포인트를 주었다. 의상이 심플하니 눈에 띄는 액세서리를 하면 좋다. 핑크골드 링 귀걸이, 로즈골드 팔찌, 다이아몬드 반지를 끼고 레드로즈 핸드백을 들었다.

메이크업은 연하게 했다. 선크림, 눈썹 정리, 가벼운 마스카라, 레드로즈색 립스틱으로 마무리했다. 마지막으로 내가 가장 좋아하는 Yosh Ginger Ciao 향수를 손목에 뿌려 귀밑에 문질렀다.

거울을 보니 오늘 상당히 괜찮은 걸?!

12:15 그리고 출발! 아톤은 오늘 투자자 겸 친구와 점심 약속이 있어 먼저 나갔다.

12:25 동기들이 고른 식당은 집에서 걸어서 10분 거리에 있다. 오늘도 가장 먼저 도착해서 꽃잎 차를 한 잔 주문하고 차분히 앉아서 동기들이 올 때까지 기다린다.

12:35 동기들이 도착했다. 평소 우리 다섯은 매우 바쁘게 지내지만 오늘만큼은 최대한 시간을 내어 모임에 참석했다. 실리콘밸리 내 남녀평등 문제가 우리의 주된 화제였다. 동기 하나는 최근 한 총회에서 연설을 했는데 업계에서 오랜 경력이 있는 남성이 자꾸만 말을 끊으며 반대 의견을 피력했다고 말한다. 그런데 남성 연사가 연설할 때는 말을 끊지 않는 걸 보니 매우 화가 났다고 한다.

안타까웠지만 이 문제를 단순히 남녀 차별 문제로 보고 싶지 않다. 만약 정말 그 사람이 친구의 의견에 반박을 한 것일 수도 있다.

내가 너무 이성적인 사람인 것을 양해해 주길 바란다. 우리 엄마마저도 내가 너무 이성적으로 문제를 접근해 분석한다며 불만을 터트린 적이 있다. 하지만 이래야만 문제 해결이 가능하고 계속 발전해 나아갈 수 있다.

게다가 우리가 이런 문제의 원인을 성차별이나 인종 차별로 규정하면 스스로를 사회의 약소 계층으로 분류하는 동시에 상대방과 바로 대립을 하기 때문에 의견을 조정하기가 어렵다. 물론 만약 정말 성차별을 한 것이라면 절대로 그대로 두어서는 안 된다!

사실 여성은 성별로 우대를 받는 경우도 많기 때문에 이를 잘 활용하면 엄청난 잠재력을 가진 외유내강형 인재가 될 수 있다.

15:00 모임이 끝났다. 동기들과 작별 인사를 나누고 집으로 돌아왔다. 아톤도 돌아왔다.

화장을 지우고 피부 관리를 하면서 상하이에 계신 부모님께 전화를 드린다. 부모님께서는 오늘 친구분들과 함께 닝보로 4일간 여행을 가신다고 한다. 5성급 호텔에서 먹고 자고 픽업까지 해주는데 한 사람당 비용은 고작 한 사람당 800위안밖에 들지 않는다고 한다. 이 비용으로 여행을 할 수 있다니 너무 부러웠다.

15:45 Eastern Mountain Sports 트레이닝 바지에 Keen 러닝화를 신고 Anessa 선크림을 바른 후 아톤과 차를 타고 교외에 있는 Lands' End 숲에 산책을 하러 갔다.

우리는 토요일에 항상 운동을 한다. 자연과 호흡하며 세포에 충분한 에너지를 공급해 주는 것이다. 그리고 무엇보다도 우리는 이 시간의 대부분을 특정 문제에 대해 심도 있게 논의하면서 보낸다. 우리는 산책을 하면서 의견을 나누고 서로 공감대를 형성하려 한다.

16:15 Lands' End에 도착해서 걷기 시작했다. 대자연의 공기가 너무 좋아서 마음이 후련해지는 기분이다. 자연스럽게 심호흡을 여러 번 했다.

빠른 걸음으로 걸으면서 아톤의 펀드 투자 방안과 다른 대안에 대해서도 이야기를 나누었다.

그리고 나의 새 책 홍보 방법에 대해서도 논의했다. 아톤은 중국 시장을 잘 모르지만 글로벌 마케팅 방법을 알려주었다.

세부적인 부분은 출판사와 이야기를 해봐야겠다.

우리는 매우 운이 좋은 편이다. 우리는 일, 투자, 창업, 생활, 감정 등 여러 분야에 걸쳐 다양한 주제로 이야기를 나눌 수 있다. 우리는 서로에게 든든한 지원군이기도 하고 또 서로를 위한 적절한 의견을 제시해 주기도 한다.

17:30

도착했다!

전에는 두 시간 동안 걸어야 했던 길이 새로운 운동 방법으로 심폐기능을 활성화하여 걸으니 걷는 속도가 두 배 이상 빨라졌다. 이제 이 길을 수월하게 걸을 수 있으니 이제 더 힘든 난 코스에 도전할 때가 되었다!

17:35

친구 샤오산과 샤오니 집에서 밥을 먹기 위해 출발했다.

18:00

샤오산과 샤오니는 차로 20분 거리에 있는 샌프란시스코 교외에 살고 있다.

남편 샤오산은 요리를 즐겨해서 <small>요리를 즐기는 친구가 있는 건 크나 큰 행운이다</small> 집에 들어서니 맛있는 냄새가 난다.

아내 샤오니는 분위기 메이커로 우리가 도착하자마자 준비한 VR 헤드셋을 꺼내 좀비 게임을 했다. 우리는 평소에 게임을 즐기지 않지만 VR 좀비 게임은 정말 재미있다. 우리 셋은 계속 소리를 지르면서 좀비를 제거했다. 내가 흥분해서 스틱으로 아톤의 등을 쳐서 아톤이 깜짝 놀랐다. 현실에서도 공격을 당하다니?

19:00 땀을 한 바가지나 흘리며 신이 나서 좀비를 제거하던 나는 이내 곧 음식이 가득 차려진 식탁 앞에 앉는다. 손맛이 좋은 샤오산은 중국 음식과 서양 음식을 한 가득 차려 놓았다. 채소를 많이 먹고 고기는 적게 먹고, 천천히 씹어 먹어야 하며, 적당히 배 불렀을 때 젓가락을 내려놓아야 한다고 스스로에게 말한다.

20:00 천천히 꼭꼭 씹어먹고 있다. 어느 정도 배가 부른 것 같다. 샤오산은 자신이 생각하고 있는 새로운 창업 방법을 말해 준다. 이번이 샤오산의 두 번째 창업이다. 첫 번째 창업으로 경제적 자유를 얻은 그는 평범한 아이디어로는 만족을 하지 못한다. 이번 아이디어는 정말 깜짝 놀랄 만한 것이라서 우리는 그의 박력과 생각에 푹 빠졌다.

21:30 우리는 샤오산과 샤오니의 환대에 고맙다고 인사를 하고 차를 타고 집으로 돌아온다. 돌아오는 길에도 샤오산의 창업 계획에 대한 이야기를 나눈다. 위험이 높지만 수익률도 높은 아이디어였다. 샤오산의 성공을 기원한다.

22:00 집에 도착해서 샤워를 하고 피부관리를 했다.

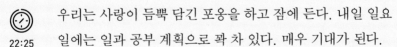
22:25 우리는 사랑이 듬뿍 담긴 포옹을 하고 잠에 든다. 내일 일요일에는 일과 공부 계획으로 꽉 차 있다. 매우 기대가 된다.

일과 정리

잠	8시간
모임	6시간
운동	4시간
가족과의 시간	3시간
일과 공부	1시간 30분

줄곧 성공이 가족, 사랑, 우정과 건강을 대신할 수 없다고 믿고 있다. 일이 아무리 바빠도 나와 사랑하는 사람을 위해 시간을 내어 인생의 바퀴를 신나게 굴려 봅시다.

모두 함께 힘을 냅시다!

감사의 말

항상 무조건 나를 믿고 지지하며 사랑해 주신 엄마, 아빠, 릴리아나, 페라리, 아톤 그리고 이 책이 나올 때까지 많은 도움을 주신 탕만리 선생님, 여러 번 교정을 하면서 소중한 의견과 멋진 글귀를 더해 주신 이신, Cece, Lena와 Alisa, 지속적인 믿음과 영감을 준 Karen, 제 인생이 바뀌게끔 지혜를 나누어 주신 인생의 모든 멘토님, 앞으로 나아가는 힘을 얻을 수 있도록 지지와 믿음을 주신 제 공식계정 '이쟈'의 구독자 여러분, 내 삶의 모든 날, 내가 만났던 모든 분께 진심으로 감사의 말씀 드립니다.

매일 새로운 하루가 기대됩니다.

역자 후기

인생에 답이 있었으면 좋겠다. 누구나 한 번쯤 생각해 보았을 것이다. 언제나 고정적인 답이 있는 주입식 교육을 받은 우리 세대는 성인이 되기를 갈망했다. 성인이 되면 무한한 자유가 우리 앞에 펼쳐져 있다고 어른들은 늘 말했다. 그래서 미래의 행복을 위해 당장의 욕망을 억압해야 했다. 하지만 막상 성인이 되니 인생이라는 망망대해에 홀로 놓이게 된 사실을 깨닫게 되었다. 차라리 답이 있던 학생 시절이 나았다는 생각이 들 때가 있다. 하지만 무수히 많은 어른들이 그랬던 것처럼 학업에 찌든 아이들 앞에서 학생 때가 좋았다는 발언을 하고 싶지 않다. 우리가 그랬듯이 아이들은 그저 자신에게 주어진 삶을 살고 있을 뿐이고, 그 순간이 얼마나 소중했는지는 나중에 깨닫게 될 것이므로.

우리 사회는 노력이라는 함정에 빠져 있다. 노력을 하면 안 될 것이 없고 노력을 하면 모든 것이 가능하다며 사람들에게 압박을 준다. 제각기 노력을 하던 사람들은 언젠가 벽에 부딪치게 되고, 그때 자신의 노력이 부족하다며 스스로를 자책한다. 하지만 또 남에게는 잘될 거라며 응원을 하고 격려의 말을 건넨다. 가끔은 자신의 노력을 타인에게 강요하는 사람을 만날 때도 있다. 당장 앞에 놓인 벽에 어쩔 줄 모르겠는 우리들은 회피를 선택한다. 생각하는 것이 힘들고 괴로우므로 한순간의 즐거움을 선택한다. 그래서 YOLO You Only

Live Once, 인생은 한 번뿐, **시발비용**스트레스를 받아 지출하게 된 비용, 즉 스트레스를 받지 않았으면 발생하지 않았을 비용 등과 같은 신조어들이 난무하게 되었다.

　우리 사회는 당장의 괴로움을 소비의 즐거움으로 바꾸는 것을 장려하는 소비 사회로 변모했다. 소비 자체가 나쁜 것이 아니다. 하지만 많은 이들이 소비로 생각을 멈추고자 하는 그런 모함의 늪에 빠져 있다. 이것으로는 본질적인 문제가 해결되지 않는다. 노력을 해도 안 되는 일이 있다는 사실을 우리는 어렸을 때부터 알아야 했다. 노력을 해도 안 되는 일이 있지만 그 과정에서 우리는 배워야 하고 배움을 통해 성장해야 한다는 가르침을 받아야 했다. 하지만 아무도 우리에게 사실대로 말해준 이들이 없었다. 모두 망망대해에서 자신의 길을 찾느라 급급했기 때문이다.

　나 자신이 바닥으로 내동댕이쳐지고 이를 악물고 이겨내려고 했던 과정들이 이쟈一稼의 책에 담겨 있었다. 만약 그녀를 조금 먼저 알게 되었다면 더 나은 해결책을 보다 일찍 얻게 되지 않았을까? 하지만 결국 자신을 구원할 사람은 오로지 자신뿐이다. 다른 사람들의 경험과 조언을 참고할 수 있지만 그대로 따라 한다고 그 사람들처럼 되지는 않는다. 결국 각자의 상황에 맞는 방법을 선택해야 하는 것이다. 하지만 무엇부터 시작해야 할지 감이 안 온다. 그래서 이쟈의 글이 현재 갈 길을 잃은 수많은 사람에게 삶의 방향을 제시해 줄 것이라는 믿음이 있다.

　우리가 하는 모든 노력은 헛되지 않았다. 우리는 우리가 하는 노력을 통해 분명 성장하고 깨달음을 얻는다. 하지만 때로는 노력의 방향을 바꿀 필요가 있으며 이는 끊임없는 사유를 통해서만 실현 가능하다. 이쟈의 경험을 바탕으로 우리도 인생 설계를 새로이 해 볼 필요가 있다. 인생은 내 마음대로 되지 않지만, 사전 설계를 통해 기회가 왔을 때 그 기회를 잡을 수 있는 여건이 마련되고 이로써 실행하고자 하는 용기를 갖게 된다. 우리는 인생을 통제할 수 없지만 많은 부분을 사전에 준비하고 설계할 수 있다. 성공한 사람들에게는 규칙적인 습관과 일상이 있다. 규칙적인 일상을 통해 여러 가지 가능성을 위한 기초가 다져진 것이다. 늦은 때란 없고 우리는 무엇이든 될 수 있다고 믿는다.

2019년 새로운 시작을 맞이하면서
유서영, 박소은, 윤경희

하버드MBA가 코칭하는

워라밸 시대의 인생 디자인

초판 1쇄 인쇄   2019년   4월   10일
초판 1쇄 발행   2019년   4월   15일

저자   이쟈(一稼)
역자   유서영 · 박소은 · 윤경희
펴낸이   박정태
편집이사   이명수   출판기획   정하경
편집부   김동서, 위가연, 이슬애
마케팅   조화묵, 박명준, 한성주   온라인마케팅 박용대
경영지원   최윤숙

펴낸곳   광문각
출판등록   1991. 5. 31 제12-484호
주소   파주시 파주출판문화도시 광인사길 161 광문각 B/D
전화   031-955-8787   팩스   031-955-3730
E-mail   kwangmk7@hanmail.net
홈페이지   www.kwangmoonkag.co.kr

ISBN   979-11-88768-13-4   03320
가격   18,000원